财务管理与会计实践研究

崔虎 王园 李颖 ◎ 著

中国华侨出版社
·北京·

图书在版编目（CIP）数据

财务管理与会计实践研究 / 崔虎，王园，李颖著. -- 北京：中国华侨出版社，2023.5
ISBN 978-7-5113-8707-3

Ⅰ. ①财… Ⅱ. ①崔… ②王… ③李… Ⅲ. ①财务管理－研究②会计学－研究 Ⅳ. ①F275②F230

中国版本图书馆 CIP 数据核字 (2021) 第 243187 号

财务管理与会计实践研究

著　　者：	崔　虎　王　园　李　颖
责任编辑：	李胜佳
封面设计：	北京万瑞铭图文化传媒有限公司
经　　销：	新华书店
开　　本：	787 毫米×1092 毫米　1/16 开　印张：13　字数：300 千字
印　　刷：	北京中弘印刷服务有限公司
版　　次：	2023 年 5 月第 1 版
印　　次：	2023 年 5 月第 1 次印刷
书　　号：	ISBN 978-7-5113-8707-3
定　　价：	65.00 元

中国华侨出版社　北京市朝阳区西坝河东里 77 号楼底商 5 号　邮编：100028
发行部：(010) 69363410　　　传　真：(010) 69363410
网　址：www.oveaschin.com　　E-mail：oveaschin@sina.com

如发现印装质量问题，影响阅读，请与印刷厂联系调换。

前言

　　金融体系的不确定性、汇率与利率的波动、股票市场的动荡、通货膨胀等外部环境的复杂变化，赋予了财务与会计的理论实践新的挑战。随着我国经济的发展，我国企业进一步发展壮大，企业财务管理的任务也越来越重要。因此，了解企业的财务管理现状并对其进行研究分析，找出其中存在的问题并加以改进，对现代企业管理具有重要意义。

　　财务信息资源是企业赖以生存的重要资源之一，财务管理牵涉企业所有的生产经营管理，是对企业资金运行进行整体的综合管理和评估（如建立现代企业制度、实现企业价值最大化、保证企业可持续发展等），是企业一切经济活动的中心，直接影响企业的经营、效率和战略的变化。目前，由于我国行业管理体制和水平的制约，我国企业的财务管理水平相对国外而言还比较低，但是财务管理作为企业管理的核心以及企业发展的命脉是市场经济发展的客观要求，因此，我国企业只有不断地发展、规范、增强财务管理意识，实际地加强财务管理，在企业运作中充分发挥财务管理的作用，才能使企业在未来的市场竞争中进一步地发展壮大以及实现企业价值最大化。

　　会计的产生和发展，是与其所处的环境密切相关的。它适应经济环境而产生，又伴随经济、政治、法律、文化、科技等环境变化而变化。会计决定着会计人员的行为举止，制约着会计工作所做出的各项成果。

目录

第一章 财务管理价值观念 1
    第一节 货币时间价值 1
    第二节 风险与报酬 4
    第三节 证券估值 9

第二章 投资决策 13
    第一节 投资决策原理 13
    第二节 投资决策实务 20

第三章 企业筹资活动 25
    第一节 企业筹资方式 25
    第二节 资金需求量预测 52
    第三节 杠杆效应与企业风险 54
    第四节 资本结构决策 56

第四章 营运资本管理 60
    第一节 营运资本管理策略 60
    第二节 现金管理 63
    第三节 应收账款管理 70
    第四节 存货管理 74

第五章 收入与分配管理 78
    第一节 收入与分配管理概述 78
    第二节 股利分配政策与管理 82
    第三节 股票分割与股票回购 90
    第四节 纳税管理 92

第六章 财务分析 106
    第一节 财务分析概述 106

第二节　财务能力分析 ……………………………………………………… 112
　　第三节　财务综合分析 ……………………………………………………… 121
第七章　会计目标理论 ……………………………………………………………… 124
　　第一节　会计目标研究评价 ………………………………………………… 124
　　第二节　制定会计目标的客观依据 ………………………………………… 128
　　第三节　会计目标系统论 …………………………………………………… 130
第八章　会计规范理论 ……………………………………………………………… 152
　　第一节　会计制度规范 ……………………………………………………… 152
　　第二节　会计准则规范 ……………………………………………………… 155
　　第三节　会计职业道德规范 ………………………………………………… 157
　　第四节　构建我国会计规范体系 …………………………………………… 158
第九章　会计凭证 …………………………………………………………………… 160
　　第一节　会计凭证的概念、作用和种类 …………………………………… 160
　　第二节　原始凭证 …………………………………………………………… 161
　　第三节　记账凭证 …………………………………………………………… 167
　　第四节　会计凭证的传递和保管 …………………………………………… 172
第十章　会计账簿 …………………………………………………………………… 175
　　第一节　会计账簿概述 ……………………………………………………… 175
　　第二节　会计账簿的启用与登记要求 ……………………………………… 182
　　第三节　会计账簿的格式和登记方法 ……………………………………… 184
　　第四节　对账与结账 ………………………………………………………… 190
　　第五节　错账查找与更正的方法 …………………………………………… 196
　　第六节　会计账簿的更换与保管 …………………………………………… 198
参考文献 …………………………………………………………………………… 200

第一章 财务管理价值观念

第一节 货币时间价值

一、货币时间价值的概念

货币时间价值，是指货币经历一定时间的投资和再投资所增加的价值。

在商品经济中，有这样一种现象：现在的1元钱和1年后的1元钱其经济价值不相等，或者说其经济效用不同。现在的1元钱，比1年后的1元钱的经济价值要大一些，即使不存在通货膨胀也是如此。为什么会这样呢？例如，将现在的1元钱存入银行，1年后可得到1.10元（假设存款利率为10%）。这1元钱经过1年时间的投资增加了0.10元，这就是货币的时间价值。

任何企业的财务活动都是在特定的时空中进行的。货币的时间价值原理正确地揭示了在不同时点上资金之间的换算关系。货币投入生产经营过程后，其金额随时间的持续不断增长，这是一种客观的经济现象。企业资金循环的起点是投入货币资金，企业用它来购买所需的资源，然后生产出新的产品，产品出售时得到的货币量大于最初投入的货币量。资金的循环以及因此实现的货币增值，需要或多或少的时间，每完成一次循环，货币就增加一定金额，周转的次数越多，增值额也越大。因此，随着时间的延续，货币总量在循环中按几何级数增长，形成了货币的时间价值。

需要注意的是，将货币作为资本投入生产过程所获得的价值增加并不全是货币的时间价值。这是因为所有的经营都不可避免地具有风险，而投资者承担风险也要获得相应的报酬，此外，通货膨胀也会影响货币的实际购买力。因此，对所投资项目的报酬率也会产生影响。资金的供应者在通货膨胀的情况下，必然要求索取更高的报酬以补偿其购买力损失，这部分补偿称为通货膨胀贴水。由此可见，货币在经营过程中产生的报酬不仅包括时间价值，还包括货币资金提供者要求的风险报酬和通货膨胀贴水。因此，本书认为，时间价值是扣除风险报酬和通货膨胀贴水后的真实报酬率。

货币的时间价值有两种表现形式：相对数形式和绝对数形式。相对数形式，即货币时间价值率，是指扣除风险报酬和通货膨胀贴水后的平均资金利润率或平均报酬率；绝对数形式，即货币时间价值额，是指资金与时间价值率的乘积。时间价值虽有两种表示方法，但在实际工作中并不进行严格的区分。因此，在述及货币时间价值的时候，有时用绝对数，有时用相对数。

银行存款利率、贷款利率、各种债券利率、股票的股利率都可以看作投资报酬率，它们与时间价值都是有区别的，只有在没有风险和通货膨胀的情况下，时间价值才与上述各报酬率相等。为了分层次、由简到难地研究问题，在论述货币时间价值时采用抽象分析法，一般假定没有风险、没有通货膨胀，以利率代表货币时间价值率，本章以此假设为基础。

二、现金流量时间线

计算货币资金的时间价值，首先要清楚资金运动发生的时间和方向，即每笔资金在哪个时点上发生，资金流向是流入还是流出。现金流量时间线提供了一个重要的计算货币资金时间价值的工具，它可以直观、便捷地反映资金运动发生的时间和方向。

现金流量时间线对于更好地理解和计算货币时间价值很有帮助，本书将在后面的章节中多次运用这一工具来解决许多复杂的问题。

三、一次性收付款项的终值和现值

一次性收付款项是指在某一特定时点上一次性支出或收入，经过一段时间后再一次性收回或支出的款项。例如，现在将一笔10000元的现金存入银行，5年后一次性取出本利和。

资金时间价值的计算，涉及两个重要的概念，即现值和终值。现值，又称本金，是指未来某一时点上的一定量现金折算到现在的价值。终值，又称将来值或本利和，是指现在一定量的现金在将来某一时点上的价值。

由于终值和现值的计算同利息的计算方法有关，而利息的计算方法又有复利和单利两种，因此，终值与现值的计算也有复利和单利计算之分。单利是指一定期间内只根据本金计算利息，当期产生的利息在下一期不作为本金，不重复计算利息。而复利则是不仅本金要计算利息，利息也要计算利息，即通常所说的"利滚利"。复利的概念充分体现了资金时间价值的含义，因为资金可以再投资，而且理性的投资者总是尽可能快地将资金投向合适的领域，以赚取报酬。在讨论资金的时间价值时，一般都按复利计算。

复利计算方法是指每经过一个计息期，要将该期所派生的利息加入本金再计算利息，逐期滚动计算。这里所说的计息期，是指相邻两次计息的间隔，如年、月、日等。除非特别说明，计息期一般为1年。

四、非一次性收付款项的终值和现值

上面介绍了一次性收付款项，除此之外，还存在一定时期内多次收付的款项，即非一次性收付款项。非一次性收付款项根据每次收付款项金额是否相等，可分为等额系列收付款项和不等额系列收付款项。

（一）等额系列收付款项的终值和现值

等额系列收付款项是指等额、定期的系列收支，也称为年金。例如，分期付款赊购、分期偿还贷款、发放养老金、分期支付工程款、每年相同的销售收入等，都属于年金收付形式。按照收付时点和方式的不同，可以将年金分为普通年金、预付年金、递延年金和永续年金四种。

需要注意的是，在财务管理中讲到年金，除非特别指明，一般是指普通年金。

1. 普通年金

普通年金，又称后付年金，是指每期期末等额收付款项的年金。这种年金形式在现实经济生活中最为常见。

（1）普通年金终值

普通年金终值犹如零存整取的本利和，它是在一定时期内每期期末等额收付款项的复利终值之和。

（2）偿债基金

偿债基金是指为了在约定的未来某一时点清偿某笔债务或积聚一定数额的资金而必须分次等额储存的款项。每次等额储存的款项就是年金，可以获得按复利计算的利息，未来的债务或需积聚的资金实际上等于年金终值。

（3）普通年金现值

普通年金现值是指在一定时期内每期期末等额收支款项的复利现值之和。实际上就是指为了在每期期末取得或支出相等金额的款项，现在需要一次性投入或借入多少金额。

（4）资本回收额

资本回收额是指在给定的年限内等额回收或清偿初始投入的资本或所欠的债务，这里的等额款项为年资本回收额。

2. 预付年金

预付年金又称先付年金或即付年金，是指在每期期初等额收付的年金。预付年金与普通年金的区别在于收付款的时点不同。由于普通年金是最常用的，因此年金终值和现值的系数表是按普通年金编制的，为了便于计算和查表，必须根据普通年金的计算公式，推导出预付年金的计算公式。

3. 递延年金

递延年金又称延期年金，是指在最初若干期没有收付款项的情况下，后面若干期等额的系列收付款项。它是普通年金的特殊形式。前两种年金的第一次收付时间都发生在整个收付期的第1期，要么在第1期期末，要么在第1期期初。但有时会遇到第一次收付不发生在第1期，而是隔了几期后才在以后的每期期末发生一系列的收付款项，这种年金形式就是递延年金。因此，凡是不在第1期开始收付的年金，就可称为递延年金。

4. 永续年金

永续年金是指无限期地收入或支出相等金额的年金，也称永久年金。它是普通年金的一种特殊形式，永续年金期限趋于无限，没有终止时间，则没有终值，只有现值。

（二）不等额系列收付款项的终值和现值

不等额系列收付款项是指在一定时期内多次收付，而每次收付的金额不相等的款项。不等额收付款项的货币时间价值的计算包括终值和现值的计算。

1. 不等额系列收付款项终值

前面讲的年金每次收入或付出的款项都是相等的,但在财务管理实践中,更多的情况是每次收入或付出的款项并不相等。不等额系列收付款项终值等于每期收付款项的终值之和。

2. 不等额系列收付款项现值

不等额系列收付款项现值等于每期收付款现值之和。

3. 年金和不等额系列收付款项混合情况下的现值

在年金和不等额系列收付款项混合的情况下,不能用年金计算的部分,则用复利公式计算,然后与用年金计算的部分加总,便得出年金和不等额系列收付款项混合情况下的现值。

五、利率的计算

（一）利息率（折现率）的推算

前面所讨论的都是已知利息率（折现率）和计息期数求终值、现值或年金。在财务管理中,有时也会遇到已知终值、现值、年金、计息期数,而需要求利息率的问题,如计算项目投资的内部收益率。

（二）名义利率与实际利率

上述讨论的计算问题均假定利率为年利率,且每年计算复利一次。但实际上,复利的计息期不一定总是 1 年,有可能是半年、季度、月或日,如有些债券半年计息一次,有的抵押贷款每月计息一次。当 1 年内计算复利的次数超过一次时,这样给出的年利率叫名义年利率,而实际年利率或称有效年利率,则需要通过换算得出。

第二节 风险与报酬

一、风险与报酬概述

对于大多数投资者而言,个人或企业当前投入资金是因为期望在未来会赚取更多的资金。报酬,为投资者提供了一种恰当地描述投资项目财务绩效的方式。报酬的大小可以通过报酬率来衡量。

风险是指在一定条件下、一定时期内,某一行动具有多种可能但结果不确定。人们一般可以事先估计采取某一行动可能导致的各种结果,以及每种结果出现的可能性大小,但无法确定最终结果是什么。例如,掷一枚硬币,我们可以事先知道硬币落地时有正面朝上和反面朝上两种结果,并且每种结果出现的可能性各为 50%,但谁也无法事先知道每一次硬币落地时究竟是正面朝上还是反面朝上,这就是风险。从财务管理角度而言,风险就是企业在财务活动中由于各种难以预料和无法控制的因素,使企业的实际收益与预期收益发生背离,从而蒙受经济损失的可能性。例如,企业所期望的收益率是 30%,而实际获得的收益率是 20%,两者的差异即反映了风险。

公司的财务决策几乎都是在包含风险和不确定性因素的情况下做出的。离开了风险,就无法正确评价公司投资报酬率的高低。风险是客观存在的，按风险的程度，可以把公司的财务决策分为三种类型。

（一）确定性决策

决策者对未来的情况是完全确定的或已知的决策，称为确定性决策。例如，投资者将10万元投资于利息率为10%的短期国库券，由于国家实力雄厚，到期得到10%的报酬几乎是肯定的，因此，一般认为这种决策为确定性决策。

（二）风险性决策

决策者对未来的情况不能完全确定，但不确定性出现的可能性——概率的具体分布是已知的或可以估计的，这种情况下的决策称为风险性决策。

（三）不确定性决策

决策者不仅对未来的情况不能完全确定，而且对不确定性可能出现的概率也不清楚，这种情况下的决策称为不确定性决策。

从理论上讲，不确定性是无法计量的，但在财务管理中，通常为不确定性规定了一些主观概率，以便进行定量分析。不确定性在被规定了主观概率以后，就与风险十分近似了。因此，在公司财务管理中，对风险与不确定性并不作严格区分，当谈到风险时，可能是风险，更可能是不确定性。

投资者之所以愿意投资风险高的项目，是因为其获得的报酬率足够高，能够补偿其投资风险。很明显，在上述例子中，如果投资高科技公司的期望报酬率与短期国库券一样，那么几乎没有投资者愿意投资高科技公司。

二、单项资产的风险与报酬

如前所述，对投资活动而言，风险是与投资报酬的可能性相联系的，因此，对风险的衡量就要从投资报酬的可能性入手。

（一）概率

在完全相同的条件下，某一事件可能发生也可能不发生，可能出现这种结果也可能出现另外一种结果，这类事件称为随机事件。

概率分布是指一项活动可能出现的所有结果的概率的集合。概率分布有两种类型：一种是离散型概率分布，即随机事件可能出现的结果只取有限个值。另一种是连续型概率分布，即随机事件可能出现的结果有无数个值，也对应无数个相应的概率，概率分布在连续图像两点之间区间上。

（二）期望报酬率

将各种可能结果与其所对应的发生概率相乘，并将乘积相加，则得到各种结果的加权平均数。此处权重系数为各种结果发生的概率，加权平均数则为期望报酬率。

（三）离散程度

利用概率分布的概念能够对风险进行衡量，即期望报酬率的概率分布越集中，则该投资的风险越小。

为了定量地衡量风险大小，可以借助统计学中衡量离散程度的指标。

1. 标准差

为了准确度量风险的大小，我们引入标准差这一度量概率分布密度的指标。标准差越小，概率分布越集中，相应地，风险也就越小。

2. 离散系数

如果两个项目期望报酬率相同、标准差不同，理性投资者会选择标准差较小，即风险较小的那个。类似地，如果两个项目具有相同的风险（标准差），但期望报酬率不同，投资者通常会选择期望报酬率较高的项目。因为投资者都希望冒尽可能小的风险，而获得尽可能高的报酬。但是，如果有两项投资：一项期望报酬率较高而另一项标准差较低，投资者该如何抉择呢？此时另一个风险度量指标离散系数（CV，也称变异系数）可以较好地解决这一问题。

（四）利用历史数据度量风险

我们可以利用已知概率分布的数据计算均值与标准差，但在实际决策中，更普遍的情况是已知过去一段时期内的报酬率数据，即历史数据。

三、投资组合的风险与报酬率

投资者在进行证券投资时，一般并不把所有资金投资于一种证券，而是同时持有多种证券。这种同时投资于多种证券的方式，称为证券的投资组合，又称证券组合或投资组合。这里的"证券"是"资产"的代名词，它可以是任何产生现金流的东西，一项生产性生物资产、一条生产线或者是一个企业。由多种证券构成的投资组合会降低风险，报酬率高的证券抵消报酬率低的证券带来的负面影响。因此，绝大多数法人投资者如工商业企业、信托投资公司、投资基金公司等都同时投资于多种证券，即使是个人投资者，一般也是持有证券的投资组合而不只是投资于某一个公司的股票或债券。因此，了解证券投资组合的风险与报酬对于公司财务人员来说非常重要。

（一）投资组合的报酬率

投资组合的期望报酬率，是指组合中单项证券期望报酬率的加权平均值，权重为整个组合中投入各项证券的资金占总投资额的比重。

（二）投资组合的风险

投资组合的风险可以用标准差来衡量。投资组合的期望报酬率是证券组合中各单项证券期望报酬率的加权平均值，但投资组合的风险并不是各项证券的方差或标准差的加权平均值。证券组合的风险不仅取决于组合内各单项证券的风险，还与各单项证券间的相互关系有关。

（三）投资组合与风险分散

与投资组合的报酬率不同，投资组合的风险通常并非组合内部单项资产标准差的加权平均数。事实上，可以利用某些有风险的单项资产组成一个完全无风险的投资组合，这就是风险分散。

若投资组合包含的股票多于两只，通常情况下，投资组合的风险将随所包含股票数量的增加而降低。想要找到期望报酬率呈负相关的股票很困难。因为当经济繁荣时，多数股票都走势良好，而当经济低迷时，多数股票都表现不佳。因此，即使是非常大的投资组合，也仍然存在一些风险。

因此，任意一只股票所包含的风险，几乎有一半能够通过构建一个适度最大分散化的投资组合而消除。不过，由于总会残留一些风险，因此几乎不可能完全避开那些影响所有股票报酬率的整个股票市场的波动。

股票风险中通过投资组合能够被消除的部分称为可分散风险，而不能够被消除的部分则称为市场风险。如果组合中股票数量足够多，则任意单只股票的可分散风险都能够被消除。

可分散风险是由某些随机事件导致的，如个别公司遭受火灾、公司在市场竞争中的失败等。这种风险可以通过证券持有的多样化来抵消，即多买几家公司的股票，其中某些公司的股票报酬率上升，另一些公司的股票报酬率下降，从而将风险抵消。市场风险则产生于那些影响大多数公司的因素：经济危机、通货膨胀、经济衰退以及高利率。由于这些因素会对大多数股票产生负面影响，因此无法通过分散化投资消除市场风险。

通过上面的分析可知，投资组合可以分散隐含在单项资产中的风险，从而降低投资组合总体的风险。但是，影响市场上所有资产的市场风险却是无法通过投资组合分散的。因此，投资者因承担风险而期望得到的补偿也应该是对市场风险进行的补偿，而不能期望市场对可分散风险进行补偿。

（四）投资组合的风险报酬率

投资者进行组合投资与进行单项投资一样，都要求对所承担的风险进行补偿，股票的风险越大，要求的报酬率越高。但是，与单项投资不同，投资组合投资要求补偿的风险只是市场风险，而不要求对可分散风险进行补偿。如果可分散风险的补偿存在，善于科学地进行投资组合的投资者将会购买这部分股票，并抬高其价格，其最后的报酬率只反映市场风险。因此，投资组合的风险报酬率是投资者因承担不可分散风险而要求的。

（五）最优投资组合

1. 有效投资组合的概念

根据风险报酬均衡原则，投资者希望报酬高、风险低。有效投资组合是指在任何既定的风险程度上，提供的期望报酬率最高的投资组合；也可以是在任何既定的期望报酬率水平上，带来的风险最低的投资组合。

一个有效的投资组合中不会仅仅包含两项资产。当然，列示出所有可能的资产组合也是不可能的。只要先估计出各股票实际报酬率的数值，就能用图形表示出各组合的风险报酬率对应点的集合是什么形状。

2. 最优投资组合的建立

要建立最优投资组合，还必须加入一个新的因素——无风险资产。一个投资组合不仅包括风险资产，还包括无风险资产。有了无风险资产，就能说明投资者是如何选择投资组合的。

简言之，无风险资产的标准差为零。也就是说，它的未来报酬率没有不确定性，实际报酬率永远等于期望报酬率。从严格意义上讲，完全没有风险的资产是不存在的。但一般情况下，一些标准差非常小（或者说风险非常小）的资产可以视为无风险资产，如政府发行的国库券。

当能够以无风险利率借入资金时，可能的投资组合对应点所形成的连线就是资本市场线（CML），资本市场线可以看作所有资产，包括风险资产和无风险资产的有效集。

四、主要资产定价模型

众所周知，投资者只有在期望报酬率足以补偿其承担的投资风险时才会购买风险性资产。由风险报酬均衡原则可知，风险越高，必要报酬率也就越高。多高的必要报酬率才足以抵补特定数量的风险呢？市场又是怎样决定必要报酬率的呢？一些基本的资产定价模型将风险与报酬率联系在一起，把报酬率表示成风险函数，这些模型有资本资产定价模型、多因素模型和套利定价模型。

（一）资本资产定价模型

市场的期望报酬率是无风险资产的报酬率加上因市场组合的内在风险所需的补偿。因为股票具有风险，所以期望报酬率与实际报酬率往往不同，某一时期市场的实际报酬率可能低于无风险资产的报酬率，甚至出现负值。但投资者要求风险与报酬均衡，所以风险溢价一般都假定为正值。这个值应该是多少呢？实际操作中通常用过去风险溢价的平均值作为未来风险溢价的最佳估计值。

在构造证券投资组合并计算它们的报酬率之后，资本资产定价模型（CAPM）可以进一步测算投资组合中的每一种证券的报酬率。资本资产定价模型建立在一系列严格假设的基础之上：第一，所有投资者都关注单一持有期。通过基于每个投资组合的期望报酬率和标准差，在可选择的投资组合中选择，他们都寻求最终财富效用的最大化。第二，所有投资者都可以以给定的无风险利率无限制地借入或借出资金，卖空任何资产均没有限制。第三，投资者对期望报酬率、方差以及任何资产的协方差评价一致，即投资者有相同的期望。第四，所有资产都是无限可分的，并有完美的流动性（在任何价格均可交易）。第五，没有交易费用。第六，没有税收。第七，所有投资者都是价格接受者（假设单个投资者的买卖行为不会影响股价）。第八，所有资产的数量都是确定的。

（二）多因素模型

资本资产定价模型的假设条件是均值和标准差包含了资产未来报酬率的所有相关信息。但是可能还有更多的因素影响资产的期望报酬率。原则上，资本资产定价模型认为，一种资产的期望报酬率的大小取决于单一因素，但是在现实生活中多因素模型可能更加有效。因为即使无风险报酬率是相对稳定的，受风险影响的那部分风险溢价仍可能受多种因素影响，一些因素影响所有企业，另一些因素可能仅影响特定公司。

（三）套利定价模型

套利定价模型基于套利定价理论（APT），从多因素的角度考虑证券报酬率，假设证券报酬率是由一系列产业方面和市场方面的因素确定的。

套利定价模型与资本资产定价模型都建立在资本市场效率的原则之上，套利定价模型仅仅是在同一框架之下的另一种证券估值方式。套利定价模型把资产报酬率放在一个多变量的基础上，它并不试图规定一组特定的决定因素，反而认为资产的期望报酬率取决于一组因素的线性组合，这些因素必须经过实践来判别。

第三节 证券估值

一、债券的特征及估值

债券是由公司、金融机构或政府发行的，表明发行人对其承担还本付息义务的一种债务性证券，是公司对外进行债务筹资的主要方式之一。作为一种有价证券，其发行者和购买者之间的权利和义务是通过债券契约固定下来的。

（一）债券的主要特征

尽管不同公司的债券往往在发行的时候订立了不同的债券契约，如有的债券到期可以转换成公司的普通股，有的债券在约定的条件下可以提前偿付等，但是典型的债券契约至少包括以下条款。

1. 票面价值

债券票面价值又称面值，是指债券发行人借入并且承诺于债券到期时偿付持有人的金额。

2. 票面利率

债券的票面利率是债券持有人定期获取的利息与债券面值的比率。多数债券的票面利率在债券持有期间不会改变，但也有一些债券在发行时不明确规定票面利率，而是规定利率水平根据某一标准（如银行存款利率）的变化而同方向调整，这种债券的利率一般称为浮动利率。

3. 到期日

债券一般都有固定的偿还期限，到期日即指期限终止之时。债券期限有的短至 3 个月，有的则长达 30 年。往往到期时间越长，其风险越大，债券的票面利率也越高。

（二）债券的估值方法

任何金融资产的估值都是资产预期创造现金流的现值，债券也不例外。债券的现金流依赖于债券的主要特征。如果是浮动利率债券，利息支付随时间变化而变化。如果是零息债券，则没有利息支付，只在债券到期时按面额支付。

（三）债券投资的优缺点

1. 债券投资的优点

债券投资的优点主要表现在以下三个方面。

（1）本金安全性高

与股票相比，债券投资风险比较小。政府发行的债券有国家财力做后盾，其本金的安全性非常高，通常视为无风险证券。公司债券的持有者拥有优先求偿权，即当公司破产时，优先于股东分得公司资产，因此，其本金损失的可能性小。

（2）收入比较稳定

债券票面一般都标有固定利息率，债券的发行人有按时支付利息的法定义务，因此，在正常情况下，投资于债券都能获得比较稳定的收入。

（3）许多债券都具有较好的流动性

政府及大公司发行的债券一般都可在金融市场上迅速出售，流动性很好。

2. 债券投资的缺点

债券投资的缺点主要表现在以下三个方面。

（1）购买力风险比较大

债券的面值和利息率在发行时就已确定，如果投资期间的通货膨胀率比较高，则本金和利息的购买力将不同程度地受到侵蚀，在通货膨胀率非常高时，投资者虽然名义上有报酬，实际上却遭受了损失。

（2）没有经营管理权

投资于债券只是获得报酬的一种手段，无权对债券发行单位施以影响和控制。

（3）需要承受利率风险

市场利率随时间上下波动，市场利率的上升会导致流通在外的债券价格下降。由于市场利率上升导致的债券价格下降的风险称为利率风险。投资债券的个人或公司承受着市场利率变化的风险。

二、股票的构成要素及估值

股票投资是公司进行证券投资的一个重要方面，随着我国股票市场的发展，股票投资已变得越来越重要。

（一）股票的构成要素

为了更好地理解股票估值模型，我们有必要介绍股票的一些构成要素。

1. 股票价值

投资股票通常是为了在未来能够获得一定的现金流入。这种现金流入包括两部分：每期将要获得的股利以及出售股票时得到的价格收入。有时为了将股票的价值与价格相区别，也把股票的价值称为"股票内在价值"。

2. 股票价格

股票的价格是指其在市场上的交易价格，它分为开盘价、收盘价、最高价和最低价等。股票的价格会受到各种因素的影响而出现波动。

3. 股利

股利是股份有限公司以现金的形式从公司净利润中分配给股东的投资报酬，也称"红利"或"股息"。但也只是当公司有利润并且管理层愿意将利润分给股东而不是将其进行再投资时，股东才有可能获得股利。

（二）股票的类别

股票有两种基本类型：普通股和优先股。普通股股东是公司的所有者，他们可以参与选举公司的董事，但是当公司破产时，普通股股东只能最后得到偿付。普通股股东可以从公司分得股利，但是发放股利并不是公司必须履行的义务。因此，普通股股东与公司债权人相比，要承担更大的风险，其报酬也具有更大的不确定性。

优先股则是公司发行的求偿权介于债券和普通股之间的一种混合证券。优先股相对于普通股的优先权是指清算时的优先求偿权，但是这种优先权的获得使优先股股东通常丧失了与普通股股东一样的投票权，从而限制了其参与公司事务的能力。优先股的现金股利是固定的，且先于普通股股利发放，每期支付的股利类似于债券支付利息。不同的是，如果公司未能按时发放股利，优先股股东不能请求公司破产。当然，公司为保持良好的财务声誉，总是会想方设法满足优先股股东的股利支付要求。

（三）优先股的估值

优先股的支付义务很像债券，每期支付的股利与债券每期支付利息类似，因此债券的估值方法也可用于优先股估值。

（四）普通股的估值

普通股的估值与债券的估值本质上都是未来现金流的折现，但是由于普通股的未来现金流是不确定的，依赖于公司的股利政策，因此普通股的估值与债券的估值存在差异。

普通股股票持有者的现金收入由两部分构成：一部分是在股票持有期间收到的现金股利；另一部分是出售股票时得到的变现收入。要给一只股票估值，就需要预测未来无穷期的所有现金股利，这显然是不可能的，因此需要对未来的现金股利做一些假设，才能进行股票估值。

（五）股票投资的优缺点

1. 股票投资的优点

股票投资是一种最具挑战性的投资，其报酬和风险都比较高。股票投资的优点主要有以下三方面。

（1）能获得比较高的报酬

普通股的价格虽然变动频繁，但从长期看，优质股票的价格总是上涨的居多，只要选择得当，一般都能获得优厚的投资报酬。

（2）能适当降低购买力风险

普通股的股利不固定，在通货膨胀率比较高时，由于物价普遍上涨，股份公司盈利增加，股利的支付也随之增加，因此，与固定报酬证券相比，普通股能有效地降低购买力风险。

（3）拥有一定的经营控制权

普通股股东属于股份公司的所有者，有权监督和控制公司的生产经营情况，因此，欲控制一家公司，最好的途径就是收购这家公司的股票。

2. 股票投资的缺点

股票投资的缺点主要是风险大，这是因为：

第一，普通股对公司资产和盈利的求偿权均居最后。公司破产时，股东原来的投资可能得不到全数补偿，甚至可能血本无归。

第二，普通股的价格受众多因素影响，很不稳定。政治因素、经济因素、投资者心理因素、企业的盈利情况、风险情况等，都会影响股票价格，这也使股票投资具有较高的风险。

第三，普通股的收入不稳定。普通股股利的多少，视企业经营状况和财务状况而定，其有无、多寡均无法律上的保证，其收入的风险也远远大于固定收益证券。

第二章 投资决策

第一节 投资决策原理

一、项目投资决策的相关概念

投资,是为了在未来获取不确定的收入而发生的确定支出的经济行为。投资按照其对象可以分为项目投资和金融投资。

（一）项目投资的含义

项目投资是一种以特定项目为对象,直接与新建项目或更新改造项目有关的长期投资行为。与其他投资形式相比,项目投资具有耗资总额较大、影响时间较长、不经常发生、变现能力差、收益高等特点。在市场经济条件下,公司能否将资金投放到报酬高、风险低的项目上去,对企业的生存和发展是十分重要的。正确的项目投资决策才能完成企业资金的增值,扩大资本积累规模,提高其收益能力,增强抵御风险的能力,实现财务管理目标,即企业价值最大化,为股东创造财富。

（二）项目投资的类型

根据不同的划分标准,项目投资可作如下分类。

1. 新建项目和更新改造项目

新建项目是指以新建生产能力为目的的外延式扩大再生产,是由无到有的过程。新建项目按其涉及内容又可细分为单纯固定资产投资项目和完整工业投资项目。更新改造项目是指以恢复或改善生产能力为目的的内涵式扩大再生产,是由有到优的过程。

2. 独立项目、相关项目和互斥项目

独立项目是指项目选择时互不影响、互不干涉的项目;相关项目是指某一项目的实施影响到另外一个项目的投资选择,项目之间具有一定的关联性;互斥项目是接受一个项目就不能投资另外一个项目,项目之间具有排他性。

（三）项目计算期

项目计算期通常是指投资项目从投资建设开始到最终清理结束的全部时间,项目计算期包括建设期和运营期,两者以投产日为分界点。建设期是从资金正式投入开始到项目建成即投产日所需要的时间，主要包括土建施工、设备采购与安装、生产准备、设备调试等阶段；运营期是从设备投产日到项目终结的时间间隔，包括试产期和达产期两个阶段。

项目计算期以年为计量单位，第0年称为建设起点，若建设期不足半年，可假定建设期为零；项目计算期最后一年——第n年称为终结点，可假定项目最终报废或清理均发生在终结点，但更新改造除外。公式如下：

$$项目计算期 = 建设期 + 运营期$$

（四）现金流量的假设

由于投资项目决策是一项很复杂的工作，为了便于理解，简化现金流量的计算过程，本章特作以下假设。

1. 全投资假设

全投资假设即假设在确定项目的现金流量时，只考虑全部投资的运用情况，无论是自有资金还是借入资金等具体形式的现金流量，都将其视为自有资金。

2. 建设期投入全部资金假设

建设期投入全部资金假设即项目的原始总投资不论是一次性投入还是分批次投入，均假设是在建设期内投入的，运营期内不再发生。

3. 项目投资的运营期与折旧年限一致假设

项目投资的运营期与折旧年限一致假设即假设项目主要固定资产的折旧年限或使用年限与其运营期相同。

4. 时点指标假设

时点指标假设即现金流量的具体内容所涉及的价值指标，不论是时点指标还是时期指标，均假设按照年初或年末的时点处理。其中，建设投资在建设期内有关年度的年初发生；垫支的流动资金在建设期的最后一年年末（运营期的第一年年初）发生；运营期内各年的营业收入、付现成本、折旧（摊销等）、利润、所得税等项目的确认均在年末发生；项目最终报废或清理、回收流动资金均发生在运营期最后一年年末。

5. 确定性假设

确定性假设即假设与项目现金流量估算有关的价格、产销量、成本水平、所得税税率等因素均为已知常数。

五、现金流量核算

在进行项目投资决策时，首要环节就是估计投资项目的预计现金流量。它是评价投资方案是否可行的基础性数据。

1. 现金流量的构成

所谓现金流量是指投资项目在其计算期内因资金循环而引起的现金流入和现金流出增加的数量。这里的"现金"概念是广义的，包括各种货币资金及与投资项目有关的非货币性资产的变现价值。现金流量包括现金流出量、现金流入量和现金净流量三个具体概念。

（1）现金流出量

现金流出量是指投资项目所引起的企业现金流出的增加额，简称现金流出。其具体包括：

①建设投资（或更新改造投资）

建设投资现金流出量包括固定资产投资和无形资产投资，应按项目规模和投资计划所确定的各项建筑工程费用、设备购置费用、安装工程费用和其他费用来估算。

②垫付营运资金

垫付营运资金现金流出量是项目建成后，垫付一定的营运资金保障设备的正常营运，为了简化计算，这部分垫付的营运资金一般认为在项目终结点收回。

建设投资和垫付营运资金合称为项目的原始总投资。

③经营成本（或付现成本）

经营成本现金流出量应按在运营期内与投资项目有关的以现金支付的各种成本费用估算。它是运营期内最主要的现金流出量。其计算公式如下：

经营成本 = 总成本 – 折旧（及摊销额）或经营成本 = 外购原材料费 + 燃料、动力费 + 工资及福利费 + 修理费 + 其他付现费用

④税金及附加

税金及附加现金流出量应按在运营期内应缴纳的消费税、土地增值税、资源税、城市维护建设税和教育费附加等来估算。

⑤所得税

所得税现金流出量是项目投产后，因应纳税所得额增加而增加的所得税费用。

⑥其他现金流出量

其他现金流出量是指不包括在以上内容中的现金流出估算。

（2）现金流入量

现金流入量是指投资项目所引起的企业现金流入的增加额，简称现金流入。其具体包括：

①营业收入

营业收入现金流入量是指项目投产后每年实现的全部现销收入。为简化核算，假定正常经营年度内，每期发生的赊销额与回收的应收账款相等，即营业收入现金流入量用销售收入代替现销收入。营业收入是运营期内主要的现金流入量。

②固定资产余值

固定资产余值现金流入量是投资项目的固定资产在终结报废清理时的残值收入或中途转让时的变价收入。需要注意的是，如果固定资产报废时残值收入大于税法规定的数额，就应上缴所得税，形成一项现金流出量；反之，则可抵减所得税，形成现金流入量。

③回收流动资金

回收流动资金现金流入量是指投资项目在项目计算期结束时，收回原来投放在各种流动资产上的营运资金。

④其他现金流入量

其他现金流入量是指不包括在以上内容中的现金流入估算。

（3）现金净流量（NCF）

现金净流量是在项目计算期内现金流入量和现金流出量的净额。由于资金在不同时间具有不同的价值，故本章所述的现金净流量是以年为单位的。

现金净流量的计算公式如下：

$$现金净流量 = 现金流入量 - 现金流出量$$

现金流入为"+"，现金流出为"-"。当现金流入量大于现金流出量时，现金净流量为正值；反之，现金净流量为负值。

2.现金流量估算的影响因素

为了正确计算项目投资的现金流量，必须正确判断哪些资金流量属于现金流量的范畴，哪些不属于现金流量，在判定时应该遵循的基本原则是：只有增量现金流量才是与投资项目相关的现金流量。所谓增量现金流量，是指由于接受或放弃某个投资项目所引起的现金变动部分。由于采纳某个投资方案引起的现金流入增加额，才是该方案的现金流入；同理，某个投资方案引起的现金流出增加额，才是该方案的现金流出。为了正确计算投资项目的增量现金流量，要注意以下几个概念。

（1）沉没成本

沉没成本是过去发生的支出，而不是新增成本。这一成本是由于过去的决策所引起的，对企业当前的投资决策不产生任何影响。

（2）机会成本

在投资决策中，如果选择了某一投资项目，就会放弃其他投资项目，其他投资机会可能取得的最大收益就是实施本项目的机会成本。例如，一笔现金用来购买股票就不能存入银行，那么存入银行的利息收入就是股票投资放弃的潜在收益，即机会成本。机会成本不是我们通常意义上的成本：它不是实际发生的支出或费用，而是一种潜在的放弃的收益。机会成本作为丧失的收益，离开被放弃的投资机会就无从计量，在投资决策过程中考虑机会成本，有利于全面分析评价所面临的各个投资机会，以便选择经济上最为有利的投资项目。

（3）对其他项目的影响

一个项目建成后，该项目会对公司的其他项目和产品产生影响，例如，某饮料公司推出新口味饮料有可能会减少原有口味的饮料的销售收入，这些影响属于增量现金流量，所引起的增量变化应计入项目现金流量。当然，也可能发生相反的情况，新产品的上市会造成其他项目的产品销售收入增加，同理，也应计入项目现金流量。

（4）对净营运资金的影响

一个新项目投产后，会影响企业对资金的需求情况，即存货和应收账款等流动资产的需求随之增加，同时应付账款等流动负债也会增加。这些与项目相关的新增流动资产与流动负债的差额即净营运资金，应计入项目现金流量。

3. 项目投资现金流量估算举例

项目运营期内营业利润的计算比较特殊，所得税大小取决于利润大小和所得税税率的高低，而利润大小受这种方法的影响，因此，讨论所得税问题必然涉及折旧问题，以下将两个问题一起讨论。

（1）税后收入和税后成本

企业经营所得需要上缴所得税，使营业收入金额的一部分流出企业，这样企业实际的现金流入是纳税以后的收入。税后收入的计算公式为：

$$税后收入 = 营业收入 \times (1 - 所得税税率)$$

这里所说的营业收入是指根据税法需要纳税的收入，不包括项目结束时收回垫支流动资金等现金流入。与税后收入相对应的概念是税后成本，所得税对成本支出也有影响，因为企业支出会导致收入降低，从而使应纳所得税减少，因此实际支付额并不是真实的成本，真实的成本应是扣除了所得税影响以后的费用净额，即税后成本。税后成本的计算公式为：

$$税后成本 = 实际支出金额 \times (1 - 所得税税率)$$

（2）折旧抵税

固定资产在使用过程中逐渐损耗而转移到商品或费用中去的那部分价值是固定资产折旧，也是企业在生产经营过程中由于使用固定资产而在其使用年限内分摊的固定资产耗费。

企业计提折旧会引起成本增加，税前利润减少，从而使应纳所得税减少。折旧是企业的成本，但不是付现成本，如果不计提折旧，企业应纳所得税将会增加，所以折旧可以起到减少税负的作用，这种作用叫作"折旧抵税"，折旧抵税作用直接影响投资项目现金流量的大小。

折旧是一项避税因素，折旧抵税额的计算公式为：

$$折旧抵税额 = 折旧额 \times 所得税税率$$

（3）税后现金净流量

①建设期现金净流量

在考虑所得税的情况下，建设期现金净流量的计算要根据投资项目的类型来核算，包括新建项目和更新改造项目。

②运营期现金净流量

在考虑所得税的情况下，运营期现金净流量的计算可按照以下方法，根据现金净流量的定义计算。

$$营业现金净流量 = 营业收入 - 经营成本 - 税金及附加 - 所得税$$

根据前面讲到的税后收入、税后成本和折旧抵税可知，由于所得税的影响，现金流量并不等于项目的实际收支金额。

③终结点现金净流量

运营期的终结点现金净流量用运营期现金净流量加上回收额（固定资产余值和回收流动资金）即可，需要注意的是，如果固定资产报废时残值收入大于或小于税法规定的数额时应考虑所得税问题，原理同更新改造项目相同，此处不再赘述。

二、项目投资决策评价指标

为了客观、科学地评价投资项目是否可行，一般使用不同的评价指标，从不同角度评价该投资项目的内涵，反映项目投资效益。项目投资评价决策指标按照是否考虑资金时间价值可以分为非贴现指标和贴现指标。

（一）非贴现指标

非贴现指标又称为静态指标，不考虑资金时间价值，是判断投资项目是否可行的辅助指标，主要包括会计报酬率和投资回收期指标。

1. 会计报酬率

会计报酬率又称投资收益率，是指投资项目年平均净收益总额与项目投资总额的比率。会计报酬率法的决策标准是：投资项目的会计报酬率越高越好，低于无风险报酬率的方案为不可行方案。

会计报酬率法的优点是：指标的经济意义明确、直观，计算简便，数据容易获取，考虑了投资项目计算期的全部利润，在一定程度上反映了投资效果的优劣，可适用于各种投资规模。

会计报酬率法的缺点是：使用账面收益而非现金流量，没有考虑资金时间价值因素，忽视了资金具有时间价值的重要性。

2. 投资回收期

投资回收期是指收回投资总额所需要的年限。投资回收期是一个反指标，回收期越短，方案就越有利。它的计算可分为两种情况。

（1）运营期内年现金净流量相等

如果投资项目投产后 M 年内每年现金净流量相等，且满足以下关系：

$$M × 投产后 M 年内每年相等的现金净流量 \geq 投资总额$$

则按照计算公式：

$$投资回收期 = 投资总额 / 年现金净流量$$

（2）运营期内年现金净流量不相等

如果运营期内年现金净流量不相等，则需要逐步累计现金净流量，然后用插值法计算投资回收期。

投资回收期法的优点：计算简单，容易理解；可以大体了解项目的流动性和风险。缺点：指标属于静态指标，忽略了资金时间价值；没有考虑到回收期后的现金流量，即没有考虑全部的盈利状况；项目决策结论往往带有短期性。

(二) 贴现指标

贴现指标也叫动态指标，是考虑资金时间价值因素的指标，是判断投资项目是否可行的主要指标，主要包括净现值、净现值率、现值指数、内含报酬率等指标。

1. 净现值（NPV）

净现值是指在项目各年现金净流量按一定贴现率计算的现值代数和。它是评价项目是否可行的最主要指标，其中，贴现率可以是企业的资本成本，也可以是企业所要求的最低报酬率水平。

净现值指标的决策标准是：在只有一个备选方案决策时，如果净现值大于（或等于）零，表明在既定贴现率下现金流入大于（或等于）现金流出，该项目应予采纳；如果净现值小于零，表明在既定贴现率下现金流入小于现金流出，该项目应予放弃。在有多个备选方案决策时，净现值大于零的项目中指标最大的方案为最优方案（理论上应保证投资额相同、项目计算期相等的前提条件）。

净现值是一个贴现的绝对值正指标，其优点在于：一是综合考虑了资金时间价值，能较合理地反映投资项目的经济效益；二是考虑了风险因素，因为贴现率的大小与风险大小有关，风险越大，贴现率就越高。但是采用该指标进行决策的缺点也是很明显的，当各项目投资额不同或者计算期不同时，对结果的判定有一定的局限性。

2. 净现值率（NPVR）与现值指数（PI）

净现值是绝对数指标，与其对应的相对数指标是净现值率和现值指数。净现值率是指投资项目的净现值与投资额现值的比值；现值指数，也称获利指数，是指投资项目运营期现金流入量现值与建设期现金流出量现值的比值。

净现值率和现值指数是贴现的相对数正指标，其优点在于：一是相对数指标，便于在投资额度不同的投资项目之间进行比较；二是考虑了资金时间价值，能较为真实地反映投资项目的盈利能力；三是考虑了风险因素，因为贴现率的大小与风险大小有关，风险越大，贴现率越高。但是该指标的缺点是相对数不代表企业实际获得的财富。

3. 内含报酬率（IRR）

内含报酬率也称内部收益率，是指投资项目在计算期内现金流入量和现金流出量相等时的贴现率，抑或是投资项目净现值等于零时的贴现率。内含报酬率的决策标准是：在只有一个备选方案决策时，如果内含报酬率大于（或等于）公司资本成本或者期望报酬率，该项目应予采纳；反之，应予放弃。在有多个备选方案决策时，内含报酬率超过资本成本或者期望报酬率最多的为最优方案。

净现值法、净现值率法和现值指数法都考虑了资金时间价值，可以说明投资项目的报酬率是高于或者低于贴现率，但是没有揭示投资项目的实际报酬率，内含报酬率是通过现金流量计算的，反映投资项目的真实报酬率。

如果运营期内现金净流量不相等，或建设期不为零，内含报酬率在多个系数里，就无法用上述简便方法计算，必须采取"逐步测试"的方法，计算使净现值等于零的贴现率。首先估计一个折现率，用它来计算项目的净现值；如果净现值为正数，说明项目实际报酬率超过折现率，应提高折现率后进一步测试；如果净现值为负数，说明项目实际报酬率低于折现率，应降低折现率后进一步测试。经过多次测试，寻找出使净现值等于零的折现率，即为项目本身的内含报酬率，或者找到最邻近零的两个正、负贴现率，用插值法求出该项目的内含报酬率。

内含报酬率考虑了资金时间价值，反映了投资项目的真实报酬率，概念易于理解，但是这种方法计算较为复杂，尤其是对于每年现金净流量不相等的投资项目，一般需要多次测算才能算出。

4.贴现指标之间的关系

净现值、净现值率、现值指数和内含报酬率指标之间存在以下数量关系：当 NPV > 0 时，NPVR > 0，PI > 0，IRR > i；当 NPV=0 时，NPVR=0，PI=0，IRR=i；当 NPV < 0 时，NPVR < 0，PI < 0，IRR < i，这些指标的计算结果都受到建设期和运营期的长短、投资金额及方式，以及各年现金净流量的影响。不同的是，净现值是绝对数指标，其余均为相对数指标；计算净现值、净现值率、现值指数都是基于已知贴现率核算出来的，贴现率不同，结果会有所变化，而内含报酬率的计算本身与贴现率是无关的，只是采用这一指标的决策标准是将所测算的内含报酬率与其贴现率进行对比，判断方案是否可行。

第二节 投资决策实务

一、独立方案项目投资决策

独立方案，是指可以并存而不互相排斥的方案。方案之间互不影响、互不干涉，即选择一个方案并不影响其他方案的选择。在独立方案进行投资决策时，只需要评价其财务是否可行即可。

常见的基本评价指标是动态指标，包括净现值、净现值率、现值指数和内含报酬率。如果评价指标同时满足以下条件：NPV ≥ 0，NPVR ≥ 0，PI ≥ 1，IRR ≥ i，则项目具有财务可行性；反之，则不具备财务可行性。静态指标，即投资回收期与投资收益率可作为辅助指标评价投资项目。但需要注意的是，当辅助评价指标与基本评价指标的结论发生矛盾时，应当以基本评价指标的评价结论为准。

二、互斥方案项目投资决策

互斥方案，是指涉及多个相互排斥、不能同时实施的投资方案。面对互斥方案时，只评价备选方案是否可行是不够的，我们需要在可行方案中选择最优方案，即互斥方案的决策过程就是在入选方案已具备项目可行性的前提下，比较方案的优劣，利用评价指标从备选方案中选择一个最优方案的过程。

由于投资项目的投资金额和项目计算期可能不一致,前提口径不一致,因而要根据各个方案的计算期和投资额是否相同,采用不同的方法进行评定和选择。

（一）互斥方案的投资额和项目计算期相同

若互斥方案的投资额和项目计算期均相等,方案对比的前提口径是一致的,可以采用净现值法或内含报酬率法等进行项目评价和选择。净现值法,是指通过比较互斥方案的净现值指标的大小来选择最优方案的方法。内含报酬率法,是指通过比较互斥方案的内含报酬率指标的大小来选择最优方案的方法。净现值或内含报酬率最大的方案为优。

（二）互斥方案的投资额不同但项目计算期相同

若互斥方案的投资额不同但项目计算期相同,可以采用差额法进行项目评价和选择。所谓差额法,是指在两个投资总额不同方案的差量现金净流量（记作△NCF）的基础上计算出差额净现值（记作△NPV）或差额内含报酬率（记作△IRR）,并据以判断方案孰优孰劣的方法。

在此方法下,一般以投资额大的方案减投资额小的方案,当△NPV ≥ 0 或△IRR ≥ i 时,投资额大的方案较优;反之,则投资额小的方案为优。差额净现值△NPV 或差额内含报酬率△IRR 的计算过程和计算技巧同净现值或内含报酬率完全一样,只是所依据的是差量现金净流量△NCF。

（三）互斥方案的投资额和项目计算期均不同

若互斥方案的投资额和项目计算期均不相同,可以采用年回收额法进行项目评价和选择。所谓年回收额法,是指通过比较所有投资方案的年等额净现值指标的大小来选择最优方案的决策方法。在此方法下,年等额净现值最大的方案为优。

三、风险投资决策

长期投资决策涉及的时间较长,因而对未来收益和成本都很难进行准确预测,或者说,存在不同程度的不确定性或风险性。为了分层次地研究问题,在前面几节的讨论中,我们避开风险问题,讨论了一些确定性投资决策问题。然而,风险是客观存在的,因此,本节我们将专门讨论风险投资决策问题。

进行风险投资分析有两类基本方法:第一类方法称为风险调整法,即对项目的风险因素进行调整,主要包括调整折现率和调整未来现金流量两方面内容;第二类方法是对项目的基础状态的不确定性进行分析,主要包括决策树法、敏感性分析、盈亏平衡分析等,这类方法通过研究投资基础状态变动对投资分析结果的影响,来测试该投资分析的适用性,进而做出最终决策。作为复杂情况下的投资分析应用,本节还将研究存在真实选择权和通货膨胀时的投资分析方法。

（一）按风险调整折现率法

将与特定投资项目有关的风险报酬加入资本成本率或公司要求达到的报酬率中,构成按风险调整的折现率,并据以进行投资决策分析的方法,称作按风险调整折现率法。按风险调整折现率有如下几种方法。

1. 用资本资产定价模型来调整折现率

前面讨论资本资产定价模型时曾指出，证券的风险可分为两部分：可分散风险和不可分散风险。不可分散风险是由 β 值来测量的；可分散风险属于公司特别风险，可通过合理的证券投资组合来消除。在进行项目投资的资本预算时，可以引入与证券总风险模型大致相同的模型——企业总资产风险模型，用公式表示为：

$$总资产风险 = 不可分散风险 + 可分散风险$$

可分散风险可通过企业的多元化经营来消除，那么在进行投资时，值得注意的风险只有不可分散风险。

2. 按投资项目的风险等级来调整折现率

这种方法是对影响投资项目风险的各因素进行评分，根据评分来确定风险等级，再根据风险等级来调整折现率的一种方法。

（二）按风险调整现金流量法

由于风险的存在，各年的现金流量变得不确定，为此需要按风险情况对各年的现金流量进行调整。这种先按风险调整现金流量，然后进行长期投资决策的评价方法，称为按风险调整现金流量法。其具体调整办法有很多，这里介绍最常用的肯定当量法和概率法。

1. 肯定当量法

在风险投资决策中，由于各年的现金流量具有不确定性，因此必须进行调整。肯定当量法就是把不确定的各年现金流量，按照一定的系数（通常称为约当系数）折算为大约相当于确定的现金流量的数量，然后利用无风险折现率来评价风险投资项目的决策分析方法。

约当系数的选取可能会因人而异，敢于冒险的分析者会选用较高的约当系数，而不愿冒险的投资者可能会选用较低的约当系数。为了防止因决策者的偏好不同而造成决策的失误，有些企业根据标准离差率来确定约当系数，因为标准离差率是衡量风险大小的一个很好的指标，用它来确定约当系数是合理的。

有时，也可以对不同的分析人员各自给出的约当系数进行加权平均，用这个加权平均约当系数对未来不确定的现金流量进行折算。在约当系数确定后，决策分析就比较容易了。

采用肯定当量法来调整现金流量，进而做出投资决策，克服了调整折现率法夸大远期风险的缺点，但如何准确、合理地确定约当系数是一个难度很大的问题。

2. 概率法

概率法，是指通过发生概率来调整各期的现金流量，并计算投资项目的年期望现金流量和期望净现值，进而对风险投资做出评价的一种方法。概率法适用于各期现金流量相互独立的投资项目，各期的现金流量相互独立即指前后各期的现金流量互不相关。

四、投资项目的敏感分析

敏感分析是投资项目评价中常用的一种研究不确定性的方法。它在确定性分析的基础上，进一步分析不确定性因素对投资项目的最终经济效果指标的影响及其影响程度。

敏感因素一般可选择主要参数（如销售收入、经营成本、生产能力、初始投资、寿命期、建设期、投产期等）进行分析。若某参数的小幅度变化能导致经济效果指标的较大变化，则称此参数为敏感因素；反之，则称其为非敏感因素。

（一）敏感分析的作用

第一，确定影响项目经济效益的敏感因素，寻找影响最大、最敏感的主要变量因素并进一步分析、预测或估算其影响程度，找出产生不确定性的根源，采取相应的有效措施。

第二，计算主要变量因素的变化引起项目经济效益评价指标变动的范围，使决策者全面了解建设项目投资方案可能出现的经济效益变动情况，以减少和避免不利因素的影响，改善和提高项目的投资效果。

第三，通过各种方案敏感度大小的对比，区别敏感度大或敏感度小的方案，选择敏感度小的即风险小的项目作为投资方案。

第四，通过对可能出现的最有利与最不利的经济效果变动范围的分析，为决策者预测可能出现的风险程度，并对原方案采取某些控制措施或寻找可替代方案，为最终确定可行的投资方案提供可靠的决策依据。

（二）敏感分析的方法

敏感分析是一项有广泛用途的分析技术。投资项目的敏感分析，通常是在假定其他变量不变的情况下，测定某一个变量发生特定变化时对净现值（或内含报酬率）的影响。敏感分析主要包括最大最小法和敏感程度法两种分析方法。

1. 最大最小法

最大最小法的主要步骤如下。

第一，给定计算净现值的每个变量的预期值。计算净现值时需要使用预期的原始投资、营业现金流入、营业现金流出等变量，这些变量都是最可能发生的数值，称为预期值。

第二，根据变量的预期值计算净现值，由此得出的净现值称为基准净现值。

第三，选择一个变量并假设其他变量不变，令净现值等于零，计算选定变量的临界值。如此往复，测试每个变量的临界值。

通过上述步骤，可以得出使基准净现值由正值变为负值（或相反）的各变量最大（或最小）值，可以帮助决策者认识项目的特有风险。

2. 敏感程度法

敏感程度法的主要步骤如下。

第一，计算项目的基准净现值（方法与最大最小法相同）。

第二，选定一个变量，如每年税后营业现金流入，假设其发生一定幅度的变化，而其他因素不变，重新计算净现值。

第三，计算选定变量的敏感系数，公式为：

$$敏感系数 = 目标值变动百分比 \div 选定变量变动百分比$$

它表示选定变量变化 1% 时导致目标值变动的百分数，可以反映目标值对于选定变量变化的敏感程度。

第四，根据上述分析结果，对项目的敏感性做出判断。

敏感分析是一种最常用的风险分析方法，计算过程简单，易于理解，但也存在其局限性，主要有：①在进行敏感分析时，只允许一个变量发生变动，而假设其他变量保持不变，但在现实世界中这些变量通常是相互关联的，会一起发生变动，只是变动的幅度不同；②每次测算一个变量变化对净现值的影响，可以提供一系列分析结果，但是没有给出每一个数值发生的可能性。

第三章 企业筹资活动

第一节 企业筹资方式

企业筹资活动是指企业为了满足经营活动、投资活动、资本结构管理和其他需要，运用一定的筹资方式，通过一定的筹资渠道，筹措和获取所需资金的一种财务行为。

筹资活动是企业资金流转运动的起点，筹资管理要求解决企业为什么要筹资、需要筹集多少资金、从什么渠道以什么方式筹集资金，以及如何协调财务风险和资本成本，合理安排资本结构等问题。所以企业筹资活动要做好如下三项工作：首先要科学预测资金需求量；其次要合理安排筹资渠道、选择筹资方式；最后要降低资本成本、控制财务风险。

一、企业筹资的主要内容

（一）企业筹资的动机

企业筹资最基本的目的，是企业经营的维持和发展，为企业的经营活动提供资金保障，但每次具体的筹资行为，往往受特定动机的驱动。各种具体的筹资原因，归纳起来表现为下述四类筹资动机。

第一，创立性筹资动机是指企业设立时，为取得资本金并形成开展企业经营活动的基本条件而产生的筹资动机。

第二，支付性筹资动机是指为了满足经营业务活动的正常波动所形成的支付需求而产生的筹资动机。

第三，扩张性筹资动机是指企业为扩大经营规模或对外投资需要而产生的筹资动机。

第四，调整性筹资动机是指企业为调整现有资本结构而产生的筹资动机。

（二）企业筹资分类及管理原则

1. 企业筹资的分类

（1）按照所取得资金的权益特性分类

①股权筹资

股权筹资形成股权资本。股权资本也称股东权益资本、自有资本、主权资本，是企业依法长期拥有、能够自主调配运用的资本。

②债务筹资

银行借款、债券等筹资形成债务资本,是企业按合同取得的在规定期限内需要清偿的债务。

③混合筹资

混合筹资包括兼具股权与债务特性的混合融资和其他衍生工具融资,主要包括可转换债券和认股权证。

(2)按照是否以金融机构为媒介分类

①直接筹资

直接筹资是指直接与资金供应者协商筹集资金。直接筹资方式主要有发行股票、发行债券、吸收直接投资等。

②间接筹资

间接筹资是指企业通过银行和非银行金融机构而筹集资金,主要包括银行借款和融资租赁。

(3)按照资金的来源范围分类

①内部筹资

内部筹资是指企业通过利润留存而形成的筹资来源。

②外部筹资

外部筹资是指向企业外部筹措资金而形成的筹资来源。

(4)按照所筹集资金的使用期限分类

①长期筹资

企业筹集使用期限在1年以上的资金筹集活动为长期筹资。

②短期筹资

企业筹集使用期限在1年以内的资金筹集活动为短期筹资。

2. 企业筹资管理原则

第一,遵循国家法律法规,合法筹措资金筹措合法。

第二,分析生产经营情况,正确预测资金需要量规模适当。

第三,合理安排筹资时间,适时取得资金筹措及时。

第四,了解各种筹资渠道,选择资金来源来源经济。

第五,研究各种筹资方式,优化资本结构结构合理。

(三)企业筹资方式

企业筹资方式是指企业筹集资金所采取的具体形式,受到法律环境、经济体制、融资市场等因素的制约,特别是受到国家对金融市场和融资行为方面的法律法规的制约。一般来说,企业最基本的筹资方式就是两种:债务筹资和股权筹资。

二、债务筹资

债务筹资方式一般包括银行借款、发行公司债券、融资租赁等方式。

（一）银行借款

1. 银行借款的种类

第一，按机构对贷款有无担保要求，分为信用贷款和担保贷款。信用贷款是指以借款人的信誉或保证人的信用为依据而获得的贷款。企业取得这种贷款无须以财产作抵押。对于这种贷款，由于风险较高，银行通常要收取较高的利息，往往还附加一定的限制条件。担保贷款是指由借款人或第三方依法提供担保而获得的贷款。担保包括保证责任、财产抵押、财产质押，因此，担保贷款包括保证贷款、抵押贷款和质押贷款三种基本类型。

保证贷款是指按照相关规定的保证方式，以第三方作为保证人承诺在借款人不能偿还借款时，按照约定承担一定保证责任或连带责任而取得的贷款。

抵押贷款是指按照相关规定的抵押方式，以借款人或第三方的财产作为抵押而取得的贷款。抵押，是指债务人或第三方并不转移对财产的占有，只将该财产作为对债权人的担保。债务人不能履行债务时，债权人有权将该财产折价或者拍卖、变卖的价款优先受偿。作为贷款担保的抵押品，可以是不动产、机器设备、交通运输工具等实物资产，可以是依法有权处分的土地使用权，也可以是股票、债券等有价证券等，它们必须是能够变现的资产。如果贷款到期借款企业不能或不愿意偿还贷款，银行可以取消企业对抵押品的赎回权。抵押贷款有利于降低银行贷款的风险，提高贷款的安全性。

质押贷款是指按照相关规定的质押方式，以借款人或第三方的动产或财产权利作为质押物而取得的贷款。质押，是指债务人或第三方将其动产或财产权利移交给债权人，将该动产或财产权利作为债权的担保。债务人不能履行债务时，债权人有权以该动产或财产权利折价或者拍卖、变卖的价款优先受偿。作为贷款担保的质押品，可以是汇票、支票、债券、存款单、提单等信用凭证，可以是依法可以转让的股份、股票等有价证券，也可以是依法可以转让的商标专用权、专利权、著作权中的财产权利等。

第二，根据提供贷款的机构，分为政策性银行贷款、商业银行贷款和其他金融机构贷款。

政策性银行贷款是指执行国家政策性贷款业务的银行向企业发放的贷款，一般为长期贷款。政策性银行包括国家开发银行、中国进出口银行和中国农业发展银行。

商业性银行贷款是指由中国工商银行、中国建设银行、中国农业银行和中国银行等商业银行向企业提供的贷款，用于满足企业生产经营的资金需求，包括长期贷款和短期贷款。

其他金融机构贷款包括从信托投资公司、财务公司和保险公司等取得的贷款。

2. 银行借款常见保护性条款

（1）例行性保护条款

例行性保护条款要求定期向提供贷款的金融机构提交财务报表，以使债权人随时掌握公司的财务状况和经营成果;不准在正常情况下出售较多的非产成品存货,以保持企业正常生产经营能力;如期清偿应缴纳税金和其他到期债务,以防被罚款而造成不必要的现金流失;不准以资产作其他承诺的担保或抵押;不准贴现应收票据或出售应收账款,以避免或有负债等。

(2)一般性保护条款

一般性保护条款是对企业资产的流动性及偿债能力等方面的要求条款,这类条款应用于大多数借款合同。保持企业的资产流动性,要求企业需持有一定最低额度的货币资金及其他流动资产,以保持企业资产的流动性和偿债能力,一般规定了企业必须保持的最低营运资金数额和最低流动比率数值。限制企业非经营性支出,如限制支付现金股利、购入股票和职工加薪的数额规模,以减少企业资金的过度外流。限制企业资本支出的规模,控制企业资产结构中的长期性资产的比例,以减少公司日后不得不变卖固定资产以偿还贷款的可能性。限制公司再举债规模,目的是防止其他债权人取得对公司资产的优先索偿权。限制公司的长期投资,如规定公司不准投资于短期内不能收回资金的项目,不能未经银行等债权人同意而与其他公司合并等。

(3)特殊性保护条款

特殊性保护条款是针对特殊情况而出现在部分借款合同中的条款,只有在特殊情况下才能生效。比如:要求公司的主要领导人购买人身保险;借款的用途不得改变;违约惩罚条款等。

(二)发行公司债券

公司债券又称企业债券,是企业依照法定程序发行的、约定在一定期限内还本付息的有价证券。债券是持券人拥有公司债权的书面证书,它代表债券持券人与发债公司的债权债务关系。

1. 债券的种类

(1)根据债券是否记名分类

①记名公司债券

发行债券的公司应当在公司债券存根簿上载明债券持有人的姓名及住所、债券持有人取得债券的日期及债券的编号等信息。记名公司债券,由债券持有人以背书方式或者法律、行政法规规定的其他方式转让,转让后由公司将受让人的姓名或者名称及住所记载于公司债券存根簿。

②无记名公司债券

发行债券的公司应当在公司债券存根簿上载明债券总额、利率、偿还期限和方式、发行日期及债券的编号。无记名公司债券的转让,由债券持有人将该债券交付给受让人后即发生转让效力。

(2)根据债券能否转换成公司股权分类

①可转换债券

可转换债券是指债券持有者可以在规定的时间内按规定的价格转换为发债公司股票的一种债券。这种债券在发行时,对债券转换为股票的价格和比率等都作了详细规定。可转换债券的发行主体是股份有限公司中的上市公司。

②不可转换债券

不可转换债券是指不能转换为发债公司股票的债券,大多数公司债券属于这种类型。

(3)根据债券有无特定财产担保分类

①担保债券

担保债券是指以抵押方式担保发行人按期还本付息的债券,主要是指抵押债券。抵押债券按其押品的不同,又分为不动产抵押债券、动产抵押债券和证券信托抵押债券。

②信用债券

信用债券是无担保债券,是仅凭公司自身的信用发行的、没有抵押品作抵押担保的债券。在公司清算时,信用债券的持有人因公司无特定的资产作担保品,只能作为一般债权人参与剩余财产的分配。

2. 发行债券的条件

(1)发行资格

在我国,根据相关规定,股份有限公司、国有独资公司和两个以上的国有企业或者两个以上的国有投资主体投资设立的有限责任公司,具有发行债券的资格。

(2)发行条件

根据相关规定,公开发行公司债券,应当符合下列条件。

股份有限公司的净资产不低于人民币3000万元,有限责任公司的净资产不低于人民币6000万元;

累计债券余额不超过公司净资产的40%;

最近3年平均可分配利润足以支付公司债券1年的利息;

筹集的资金投向符合国家产业政策;

债券的利率不超过国务院限定的利率水平;

国务院规定的其他条件。

公开发行公司债券筹集的资金,必须用于核准的用途,不得用于弥补亏损和非生产性支出。

3. 公司债券发行的程序

(1)做出发债决议,提出发债申请

拟发行公司债券的公司,需要由公司董事会制订公司债券发行的方案,并由公司股东大会批准,做出决议。根据相关规定,公司申请发行债券由国务院证券监督管理部门批准。公司申请发债应提交公司营业执照、公司章程、公司债券募集办法等正式文件。

(2)公告募集办法

企业发行债券的申请经批准后,要向社会公告公司债券的募集办法。公司债券募集分为私募发行和公募发行。私募发行是以特定的少数投资者为指定对象发行债券,公募发行是在证券市场上以非特定的广大投资者为对象公开发行债券。

（3）委托证券经营机构发售

按照我国公司债券发行的相关法律规定，公司债券的公募发行采取间接发行方式。在这种发行方式下，发行公司与承销团签订承销协议。承销团由数家证券公司或投资银行组成，承销方式有代销和包销两种。代销是指承销机构代为推销债券，在约定期限内未售出的余额可退还发行公司，承销机构不承担发行风险。包销是由承销团先购入发行公司拟发行的全部债券，然后再售给社会上的投资者，如果约定期限内未能全部售出，余额要由承销团负责认购。

（4）交付债券，收缴债券款

债券购买人向债券承销机构付款购买债券，承销机构向购买人交付债券。然后，债券发行公司向承销机构收缴债券款、登记债券存根等，并结算发行代理费。

4. 债券的偿还

债券偿还时间按其实际发生与规定的到期日之间的关系，分为提前偿还与到期偿还两类，其中后者又包括分批偿还和一次偿还两种。

（1）提前偿还

提前偿还又称提前赎回或收回，是指在债券尚未到期时就予以偿还。只有在公司发行债券的契约中明确规定了有关允许提前偿还的条款，公司才可以进行此项操作。提前偿还所支付的价格通常要高于债券的面值，并随到期日的临近而逐渐下降。具有提前偿还条款的债券可使公司筹资有较大的弹性。当公司资金有结余时，可提前赎回债券；当预测利率下降时，也可提前赎回债券，而后以较低的利率来发行新债券。

（2）到期分批偿还

如果一个公司在发行同一种债券的当时就为不同编号或不同发行对象的债券规定了不同的到期日，这种债券就是分批偿还债券。因为各批债券的到期日不同，它们各自的发行价格和票面利率也可能不相同，从而导致发行费较高，但由于这种债券便于投资人挑选最合适的到期日，因而便于发行。

（3）到期一次偿还

多数情况下，发行债券的公司在债券到期日，一次性归还债券本金，并结算债券利息。

5. 发行公司债券的筹资特点

发行公司债券的筹资特点如下。

（1）一次筹资数额大

利用发行公司债券筹资，能够筹集大额的资金，满足公司大规模筹资的需要。这是与银行借款、融资租赁等债务筹资方式相比，企业选择发行公司债券筹资的主要原因，大额筹资能够适应大型公司经营规模的需要。

（2）募集资金的使用限制条件少

与银行借款相比，发行债券募集的资金在使用上具有相对灵活性和自主性。特别是发行债券所筹集的大额资金,能够用于流动性较差的公司长期资产上。从资金使用的性质来看,银行借款一般期限短、额度小,主要用途为增加适量存货或增加小型设备等。反之,期限较长、额度较大,用于公司扩展、增加大型固定资产和满足基本建设投资的需求多采用发行债券方式筹资。

(3)资本成本负担较高

相对于银行借款筹资,发行债券的利息负担和筹资费用都比较高,而且债券不能像银行借款一样进行债务展期,加上大额的本金和较高的利息,在固定的到期日,将会对公司现金流量产生巨大的财务压力。不过,尽管公司债券的利息比银行借款高,但公司债券的期限长、利率相对固定。在预计市场利率持续上升的金融市场环境下,发行公司债券筹资能够锁定资本成本。

(4)提高公司的社会声誉

公司债券的发行主体,有严格的资格限制。发行公司债券,往往是股份有限公司和有实力的有限责任公司所为。通过发行公司债券,一方面筹集了大量资金,另一方面扩大公司的社会影响。

(三)融资租赁

租赁是指通过签订资产出让合同的方式,使用资产的一方(承租方)通过支付租金,向出让资产的一方(出租方)取得资产使用权的一种交易行为。在这项交易中,承租方通过得到所需资产的使用权,完成了筹集资金的行为。

1. 租赁的基本特征

租赁的基本特征包括:

(1)所有权与使用权相分离

租赁资产的所有权与使用权分离是租赁的主要特点之一。银行信用虽然也是所有权与使用权相分离,但载体是货币资金,租赁则是资金与实物在相结合基础上的分离。

(2)融资与融物相结合

租赁是以商品形态与货币形态相结合提供的信用活动,出租人在向企业出租资产的同时,解决了企业的资金需求,具有信用和贸易双重性质。它不同于一般的借钱还钱、借物还物的信用形式,而是借物还钱,并以分期支付租金的方式来体现。租赁的这一特点使银行信贷和财产信贷融合在一起,成为企业融资的一种特定形式。

(3)租金的分期支付

在租金的偿还方式上,租金与银行信用到期还本不一样,采取了分期支付方式。出租方的资金一次投入,分期收回。对于承租方面而言,通过租赁可以提前获得资产的使用价值,分期支付租金便于分期规划未来的现金流出量。

2. 租赁的分类

租赁分为经营租赁和融资租赁。

(1)经营租赁

经营租赁是由租赁公司向承租单位在短期内提供设备,并提供维修、保养、人员培训等,是一种服务性业务，又称服务性租赁。经营租赁的特点主要包括：①出租的设备一般由租赁公司根据市场需要选定，然后再寻找承租企业；②租赁期较短，短于资产的有效使用期，在合理的限制条件内承租企业可以中途解约；③租赁设备的维修、保养由租赁公司负责；④租赁期满或合同中止以后，出租资产由租赁公司收回。经营租赁比较适用于租用技术过时较快的生产设备。

（2）融资租赁

融资租赁是由租赁公司按承租单位要求出资购买设备，在较长的合同期内提供给承租单位使用的融资信用业务，它是以融通资金为主要目的的租赁。融资租赁的主要特点包括：①出租的设备根据承租企业提出的要求购买，或者由承租企业直接从制造商或销售商那里选定；②租赁期较长，接近于资产的有效使用期，在租赁期间双方无权取消合同；③由承租企业负责设备的维修、保养；④租赁期满，按事先约定的方法处理设备，包括退还租赁公司，或继续租赁，或企业留购。通常采用企业留购办法，即以很少的"名义价格"（相当于设备残值）买下设备。

3.融资租赁的基本形式

融资租赁包括直接租赁、售后回租和杠杆租赁三种形式。

（1）直接租赁

直接租赁是融资租赁的主要形式，承租方提出租赁申请时，出租方按照承租方的要求选购设备，然后再出租给承租方。

（2）售后回租

售后回租是指承租方由于急需资金等各种原因，将自己资产售给出租方，然后以租赁的形式从出租方原封不动地租回资产的使用权。在这种租赁合同中，除资产所有者的名义改变之外，其余情况均无变化。

（3）杠杆租赁

杠杆租赁是指涉及承租人、出租人和资金出借人三方的融资租赁业务。一般来说，当所涉及的资产价值昂贵时，出租方自己只投入部分资金，通常为资产价值的20%～40%，其余资金则通过将该资产抵押担保的方式，向第三方（通常为银行）申请贷款解决。租赁公司然后将购进的设备出租给承租方，用收取的租金偿还贷款，该资产的所有权属于出租方。出租人既是债权人也是债务人，如果出租人到期不能按期偿还借款，资产所有权则转移给资金的出借者。

4.融资租赁的基本程序

融资租赁的基本程序如下。

（1）选择租赁公司，提出委托申请

当企业决定采用融资租赁方式以获取某项设备时，需要了解各个租赁公司的资信情况、融资条件和租赁费率等，分析比较选定一家作为出租单位。然后，向租赁公司申请办理融资租赁。

（2）签订购货协议

由承租企业和租赁公司中的一方或双方，与选定的设备供应厂商进行购买设备的技术谈判和商务谈判，在此基础上与设备供应厂商签订购货协议。

（3）签订租赁合同

承租企业与租赁公司签订租赁设备的合同，如需要进口设备，还应办理设备进口手续。租赁合同是租赁业务的重要文件，具有法律效力。融资租赁合同的内容可分为一般条款和特殊条款两部分。

（4）交货验收

设备供应厂商将设备发运到指定地点，承租企业要办理验收手续。验收合格后签发交货及验收证书交给租赁公司，作为其支付货款的凭据。

（5）定期交付租金

承租企业按租赁合同规定，分期交纳租金，这就是承租企业对所筹资金的分期还款。

（6）合同期满处理设备

承租企业根据合同约定，对设备续租、退租或留购。

5.融资租赁租金的计算

（1）租金的支付方式

租金通常采用分次支付的方式，具体类型有以下几类：

①按支付间隔期的长短分类

可以分为年付、半年付、季付和月付等方式。

②按在期初和期末支付分类

可以分为先付租金和后付租金两种。

③按每次支付额分类

可以分为等额支付和不等额支付两种。

（2）租金的计算

租金的计算大多采用等额年金法。等额年金法下，通常要根据利率和租赁手续费率确定一个租费率，作为折现率。

6.融资租赁的筹资特点

（1）无须大量资金就能迅速获得资产

在资金缺乏情况下，融资租赁能迅速获得所需资产。融资租赁集"融资"与"融物"于一身，融资租赁使企业在资金短缺的情况下引进设备成为可能。特别是针对中小企业、新创企业而言，融资租赁是一条重要的融资途径。大型企业的大型设备、工具等固定资产，也经常通过融资租赁方式解决巨额资金的需要，如商业航空公司的飞机，大多是通过融资租赁取得的。

（2）财务风险小，财务优势明显

融资租赁与购买的一次性支出相比，能够避免一次性支付的负担，而且租金支出是未来的、分期的，企业无须一次筹集大量资金偿还。还款时，租金可以通过项目本身产生的收益来支付，是一种基于未来的"借鸡生蛋、卖蛋还钱"的筹资方式。

（3）筹资的限制条件较少

企业运用股票、债券、长期借款等筹资方式，都受到相当多的资格条件的限制，如足够的抵押品、银行贷款的信用标准、发行债券的政府管制等。相比之下，融资租赁筹资的限制条件很少。

（4）能延长资金融通的期限

通常为购置设备而贷款的借款期限比该资产的物理寿命要短得多，而融资租赁的融资期限却可接近其全部使用寿命期限，并且其金额随设备价款金额而定，无融资额度的限制。

（5）资本成本负担较高

融资租赁的租金通常比银行借款或发行债券所负担的利息高得多，租金总额通常要比设备价值高出30%，尽管与借款方式比，融资租赁能够避免到期一次性集中偿还的财务压力，但高额的固定租金也给各期的经营带来了负担。

（四）债务筹资的优缺点

1. 债务筹资的优点

债务筹资的优点如下。

（1）筹资速度较快

与股权筹资相比，债务筹资不需要经过复杂的审批手续和证券发行程序，如银行借款、融资租赁等，可以迅速地获得资金。

（2）筹资弹性较大

发行股票等股权筹资，一方面需要经过严格的政府审批；另一方面从企业的角度出发，由于股权不能退还，股权资本在未来永久性地给企业带来了资本成本的负担。利用债务筹资，可以根据企业的经营情况和财务状况，灵活地商定债务条件，控制筹资数量，安排取得资金的时间。

（3）资本成本负担较轻

一般来说，债务筹资的资本成本要低于股权筹资。其一是取得资金的手续费用等筹资费用较低；其二是利息、租金等用资费用比股权资本要低；其三是利息等资本成本可以在税前支付。

（4）可以利用财务杠杆

债务筹资不改变公司的控制权，因而股东不会出于控制权稀释而反对公司举债。债权人从企业那里只能获得固定的利息或租金，不能参加公司剩余收益的分配。当企业的资本报酬率（息税前利润率）高于债务利率时，会增加普通股股东的每股收益，提高净资产报酬率，提升企业价值。

（5）稳定公司的控制权

利用债务筹资不会改变和分散股东对公司的经营管理和控制权。在信息沟通与披露等公司治理方面，债务筹资的代理成本也较低。

2. 债务筹资的缺点

债务筹资的缺点如下。

（1）不能形成企业稳定的资本基础

债务资本有固定的到期日，到期需要偿还，只能作为企业的补充性资本来源。再加上取得债务往往需要进行信用评级，没有信用基础的企业和新创企业，往往难以取得足额的债务资本。现有债务资本在企业的资本结构中达到一定比例后，往往由于财务风险而不容易再取得新的债务资金。

（2）财务风险较大

债务资本有固定的到期日，有固定的债息负担，抵押、质押等担保方式取得的债务、资本使用上可能会有特别的限制。这些都要求企业必须保证有一定的偿债能力，要保持资产流动性及其资产报酬水平，作为债务清偿的保障，对企业的财务状况提出了更高的要求，否则会带来企业的财务危机，甚至导致企业的破产。

（3）筹资数额有限

债务筹资的数额往往受到贷款机构资本实力的制约，除发行债券方式外，一般难以像发行股票那样一次筹集到大笔资金，无法满足公司大规模筹资的需要。

三、股权筹资

股权筹资形成企业的股权资金，也称之为权益资本，是企业最基本的筹资方式。吸收直接投资、发行股票和利用留存收益，是股权筹资的三种基本形式。

（一）吸收直接投资

吸收直接投资是指企业按照"共同投资、共同经营、共担风险、共享收益"的原则，直接吸收国家、法人、个人和外商投入资金的一种筹资方式。吸收投入资本不以证券为媒介，是非股份制企业筹集权益资本的基本方式。吸收直接投资实际出资额，注册资本部分形成实收资本；超过注册资本部分属于资本溢价，形成资本公积。

1. 吸收直接投资的种类

（1）吸收国家投资

国家投资是指有权代表国家投资的政府部门或机构，以国有资产投入公司，这种情况下形成的资本叫国有资本。根据相关规定，在公司持续经营期间，公司以盈余公积、资本公积转增实收资本的，国有企业和国有独资公司由公司董事会或经理办公会决定，并报主管财政机关备案，股份有限公司和有限责任公司由董事会决定，并经股东大会或者股东会审议通过。吸收国家投资一般具有以下特点：①产权归属国家；②资金的运用和处置受国家约束较大；③在国有企业中采用比较广泛。

（2）吸收法人投资

法人投资是指法人单位以其依法可支配的资产投入公司，这种情况下形成的资本叫法人资本。吸收法人投资一般具有以下特点：①发生在法人单位之间；②以参与公司利润分配或控制为目的；③出资方式灵活多样。

（3）合资经营

合资经营是指两个或者两个以上的不同国家的投资者共同投资，创办企业，并且共同经营、共担风险、共负盈亏、共享利益的一种直接投资方式。在我国，中外合资经营企业也称股权式合营企业，它是外国公司、企业和其他经济组织或个人同中国的公司、企业或其他经济组织在中国境内共同投资举办的企业。中外合资经营一般具有如下特点：①合资经营企业在中国境内，按中国法律规定取得法人资格，为中国法人；②合资经营企业为有限责任公司；③注册资本中，外方合营者的出资比例一般不低于25%；④合资经营期限，遵循相关法律规定；⑤合资经营企业的注册资本与投资总额之间应依法保持适当比例关系，投资总额是指按照合营企业合同和章程规定的生产规模需要投入的基本建设资金和生产流动资金的总和。

中外合资经营企业和中外合作经营企业都是中外双方共同出资、共同经营、共担风险和共负盈亏的企业。两者的区别主要是：合作企业可以依法取得中国法人资格，也可以办成不具备法人条件的企业，而合资企业必须是法人；合作企业属于契约式的合营，它不以合营各方投入的资本数额、股权作为利润分配的依据，而是通过签订合同具体规定各方的权利和义务，而合资企业属于股权式企业，即以投资比例来作为确定合营各方权利和义务的依据；合作企业在遵守国家法律的前提下，可以通过合作合同来约定收益或产品的分配，以及风险和亏损的分担，而合资企业则是根据各方注册资本的比例进行分配的。

（4）吸收社会公众投资

社会公众投资是指社会个人或本公司职工以个人合法财产投入公司，这种情况下形成的资本称为个人资本。吸收社会公众投资一般具有以下特点：①参加投资的人员较多；②每人投资的数额相对较少；③以参与公司利润分配为目的。

2.吸收直接投资的出资方式

（1）以货币资产出资

以货币资产出资是吸收直接投资中最重要的出资方式。企业有了货币资产，便可以获取其他物质资源，支付各种费用，满足企业创建开支和随后的日常周转需要。

（2）以实物资产出资

实物出资是指投资者以房屋、建筑物、设备等固定资产和材料、燃料、商品产品等流动资产所进行的投资。实物投资应符合以下条件：①适合企业生产、经营、研发等活动的需要；②技术性能良好；③作价公平合理。

实物出资中实物的作价，可以由出资各方协商确定，也可以聘请专业资产评估机构评估确定。国有及国有控股企业接受其他企业的非货币资产出资，必须委托有资格的资产评估机构进行资产评估。

（3）以土地使用权出资

土地使用权是指土地经营者对依法取得的土地在一定期限内有进行建筑、生产经营或其他活动的权利。土地使用权具有相对的独立性，在土地使用权存续期间，包括土地所有者在内的其他任何人和单位，不能任意收回土地和非法干预使用权人的经营活动。企业吸收土地使用权投资应符合以下条件：①适合企业生产经营、研发等活动的需要；②地理、交通条件适宜；③作价公平合理。

（4）以工业产权出资

工业产权通常是指专有技术、商标权、专利权、非专利技术等无形资产。投资者以工业产权出资应符合以下条件：①有助于企业研究、开发和生产出新的高科技产品；②有助于企业提高生产效率，改进产品质量；③有助于企业降低生产消耗、能源消耗等各种消耗；④作价公平合理。

吸收工业产权等无形资产出资的风险较大。因为以工业产权投资，实际上是把技术转化为资本，使技术的价值固定化了，而技术具有强烈的时效性，会因其不断老化落后而导致实际价值不断减少甚至完全丧失。此外，国家相关法律法规对无形资产出资方式另有限制：股东或者发起人不得以劳务、信用、自然人姓名、商誉、特许经营权或者设定担保的财产等作价出资。

（5）以特定债权出资

特定债权指企业依法发行的可转换债券以及按照国家有关规定可以转作股权的债权。在实践中，企业可以将特定债权转为股权的情形主要有：上市公司依法发行的可转换债券；金融资产管理公司持有的国有及国有控股企业债权；企业实行公司制改建时，经银行以外的其他债权人协商同意，可以按照有关协议和企业章程的规定，将其债权转为股权；根据相关规定，国有企业的境内债权人将持有的债权转给外国投资者，企业通过债转股改组为外商投资企业；根据相关规定，国有企业改制时，账面原有应付工资余额中欠发职工工资部分，在符合国家政策、职工自愿的条件下，依法扣除个人所得税后可转为个人投资，未退还职工的集资款也可转为个人投资。

3. 吸收直接投资的程序

吸收直接投资的程序如下。

（1）确定筹资数量

企业在新建或扩大经营时，要先确定资金的需要量。资金的需要量根据企业的生产经营规模和供销条件等来核定，筹资数量与资金需要量应当相适应。

（2）寻找投资单位

企业既要广泛了解有关投资者的资信、财力和投资意向，又要通过信息交流和宣传，使出资方了解企业的经营能力、财务状况以及未来预期，以便于公司从中寻找最合适的合作伙伴。

（3）协商和签署投资协议

找到合适的投资伙伴后，双方进行具体协商，确定出资数额和出资方式及出资时间。企业应尽可能吸收货币投资，如果投资方确有先进而适合需要的固定资产和无形资产，也可采取非货币投资方式。对实物投资、工业产权投资、土地使用权投资等非货币资产投资，双方应按公平合理的原则协商定价。当出资数额、资产作价确定后，双方签署投资的协议或合同，以明确双方的权利和责任。

(4) 取得所筹集的资金

签署投资协议后，企业应按规定或计划取得资金，如果采取现金投资方式，通常还要编制拨款计划，确定拨款期限、每期数额及划分方式，有时投资者还要规定拨款的用途，如把拨款区分为固定资产投资拨款、流动资金拨款、专项拨款等。如为实物、工业产权、非专利技术、土地使用权投资，一个重要的问题就是核实财产。财产数量是否准确，特别是价格有无高估低估情况，关系到投资各方的经济利益，必须认真处理，必要时可聘请资产评估机构来评定，然后办理产权的转移手续取得资产。

4. 吸收直接投资的筹资特点

吸收直接投资的筹资特点包括以下几个。

(1) 能够尽快形成生产能力

吸收直接投资不仅可以取得一部分货币资金，而且能够直接获得所需的先进设备和技术，尽快形成生产经营能力。

(2) 容易进行信息沟通

吸收直接投资的投资者比较单一，股权没有社会化、分散化，投资者甚至直接担任公司管理层职务，公司与投资者易于沟通。

(3) 资本成本较高

相对于股票筹资方式来说，吸收直接投资的资本成本较高。当企业经营较好、盈利较多时，投资者往往要求将大部分盈余作为红利分配，因为向投资者支付的报酬是按其出资数额和企业实现利润的比率来计算的。不过，吸收直接投资的手续相对比较简便，筹资费用较低。

(4) 公司控制权集中，不利于公司治理

采用吸收直接投资方式筹资，投资者一般都要求获得与投资数额相适应的经营管理权。如果某个投资者的投资额比例较大，则该投资者对企业的经营管理就会有相当大的控制权，容易损害其他投资者的利益。

(5) 不易进行产权交易

吸收投入资本由于没有证券为媒介，所以不利于产权交易，难以进行产权转让。

(二) 发行普通股股票

股票是股份有限公司为筹措股权资本而发行的有价证券，是公司签发的证明股东持有公司股份的凭证。股票作为一种所有权凭证，代表着对发行公司净资产的所有权。股票只能由股份有限公司发行。

1. 股票的特点

股票的特点如下。

（1）永久性

公司发行股票所筹集的资金属于公司的长期自有资金，没有期限，无须归还。换言之，一般情况下不能要求发行企业退还股金。

（2）流通性

股票作为一种有价证券，在资本市场上可以自由流通，也可以继承、赠送或作为抵押品。股票特别是上市公司发行的股票具有很强的变现能力，流动性很强。

（3）风险性

由于股票的永久性，股东成为企业风险的主要承担者。风险的表现形式有：股票价格的波动性、红利的不确定性、破产清算时股东处于剩余财产分配的最后顺序等。

（4）参与性

股东作为股份公司的所有者，拥有参与企业管理的权利，包括重大决策权、经营者选择权、财务监控权、公司经营的建议和质询权等。此外，股东还有承担有限责任、遵守公司章程等义务。

2. 股东的权利

股东最基本的权利是按投入公司的股份额，依法享有公司收益获取权、公司重大决策参与权和选择公司管理者的权利，并以其所持股份为限对公司承担责任。

（1）公司管理权

股东对公司的管理权主要体现在重大决策参与权、经营者选择权、财务监控权、公司经营的建议和质询权、股东大会召集权等方面。

（2）收益分享权

股东有权通过股利方式获取公司的税后利润，利润的分配方案由董事会提出并经过股东大会批准。

（3）股份转让权

股东有权将其所持有的股票出售或转让。

（4）优先认股权

原有股东拥有优先认购本公司增发股票的权利。

（5）剩余财产要求权

当公司解散、清算时，股东有对清偿债务、清偿优先股股东以后的剩余财产索取的权利。

3. 股份有限公司的设立、股票的发行与上市

（1）股份有限公司的设立

设立股份有限公司，应当有2人以上200人以下为发起人，其中须有半数以上的发起人在中国境内有住所。股份有限公司的设立，可以采取发起设立或者募集设立的方式。发起设立，是指由发起人认购公司应发行的全部股份而设立公司。募集设立，是指由发起人认购公司应发行股份的一部分，其余股份向社会公开募集或者向特定对象募集而设立公司。以募集设立方式设立股份

有限公司的，发起人认购的股份不得少于公司股份总数的35%，法律、行政法规另有规定的，从其规定。

股份有限公司的发起人应当承担下列责任：①公司不能成立时，对设立行为所产生的债务和费用负连带责任；②公司不能成立时，对认股人已缴纳的股款，负返还股款并加算银行同期存款利息的连带责任；③在公司设立过程中，由于发起人的过失致使公司利益受到损害的，应当对公司承担赔偿责任。

（2）股份有限公司首次发行股票

股份有限公司首次发行股票的一般程序如下。

①发起人认足股份、交付股资

发起设立方式的发起人认购公司全部股份；募集设立方式的公司发起人认购的股份不得少于公司股份总数的35%。发起人可以用货币出资，也可以非货币资产作价出资。发起设立方式下，发起人缴付全部股资后，应选举董事会、监事会，由董事会办理公司设立的登记事项；募集设立方式下，发起人认足其应认购的股份并缴付股资后，其余部分向社会公开募集或者向特定对象募集。

②提出公开募集股份的申请

募集方式设立的公司，发起人向社会公开募集股份时，必须向国务院证券监督管理部门递交募股申请，并报送批准设立公司的相关文件，包括公司章程、招股说明书等。

③公告招股说明书，签订承销协议

公开募集股份申请经国家批准后，应公告招股说明书。招股说明书应包括公司章程、发起人认购的股份数、本次每股票面价值和发行价格、募集资金的用途等。同时，与证券公司等证券承销机构签订承销协议。

④招认股份，缴纳股款

发行股票的公司或其承销机构一般用广告或书面通知办法招募股份。认股者一旦填写了认股书，就要承担认股书中约定缴纳股款的义务。如果认股者总股数超过发起人拟招募总股数，可以采取抽签的方式确定哪些认股者有权认股。认股者应在规定的期限内向代收股款的银行缴纳股款，同时交付认股书。股款收足后，发起人应委托法定的机构验资，出具验资证明。

⑤召开创立大会，选举董事会、监事会

发行股份的股款募足后，发起人应在规定期限内（法定30日内）主持召开创立大会。创立大会由发起人、认股人组成，应有代表股份总数半数以上的认股人出席方可举行。创立大会通过公司章程，选举董事会和监事会成员，并有权对公司的设立费用进行审核，对发起人用于抵作股款的财产的作价进行审核。

⑥办理公司设立登记，交割股票

经创立大会选举的董事会，应在创立大会结束后30日内，办理申请公司设立的登记事项。登记成立后，即向股东正式交付股票。

（3）股票的发行方式

①公开间接发行

公开间接发行股票是指股份公司通过中介机构向社会公众公开发行股票。采用募集设立方式成立的股份有限公司，向社会公开发行股票时，必须由有资格的证券经营中介机构，如证券公司、信托投资公司等承销。这种发行方式的发行范围广，发行对象多，易于足额筹集资本。公开发行股票，同时有利于提高公司的知名度，扩大其影响力，但公开发行方式审批手续复杂严格，发行成本高。

②非公开直接发行

非公开直接发行股票是指股份公司只向少数特定对象直接发行股票，不需要中介机构承销。用发起设立方式成立和向特定对象募集方式发行新股的股份有限公司，向发起人和特定对象发行股票，采用直接将股票销售给认购者的自销方式。这种发行方式弹性较大，企业能控制股票的发行过程，节省发行费用。但发行范围小，不易及时足额筹集资本，发行后股票的变现性差。

（4）股票的上市交易

①股票上市的目的

公司股票上市的目的是多方面的，主要包括以下几点。

便于筹措新资金：证券市场是一个资本商品的买卖市场，证券市场上有众多的资金供应者。同时，股票上市经过了政府机构的审查批准并接受严格的管理，执行股票上市和信息披露的规定，容易吸引社会资本投资者。另外，公司上市后，还可以通过增发、配股、发行可转换债券等方式进行再融资。

促进股权流通和转让：股票上市后便于投资者购买，提高了股权的流动性和股票的变现力，便于投资者认购和交易。

便于确定公司价值：股票上市后，公司股价有市价可循，便于确定公司的价值。对于上市公司来说，即时的股票交易行情，就是对公司价值的市场评价。同时，市场行情也能够为公司收购、兼并等资本运作提供询价基础。

但股票上市也有对公司不利影响的一面，主要有：上市成本较高，手续复杂严格；公司将负担较高的信息披露成本；信息公开的要求可能会暴露公司商业机密，股价有时会歪曲公司的实际情况，影响公司声誉；可能会分散公司的控制权，造成管理上的困难。

②股票上市的条件

公司公开发行的股票进入证券交易所交易，必须受到严格的条件限制。根据我国相关规定，股份有限公司申请股票上市，应当符合如下规定。

股票经国务院证券监督管理机构核准已公开发行；

公司股本总额不少于人民币3000万元；

公开发行的股份达到公司股份总数的25%以上，公司股本总额超过人民币4亿元的，公开发行股份的比例为10%以上；

公司最近3年无重大违法行为，财务会计报告无虚假记载。

（5）股票上市的暂停、终止与特别处理

当上市公司出现经营情况恶化、存在重大违法违规行为或其他原因导致不符合上市条件时，就可能被暂停或终止上市。上市公司出现以下情形之一的，由交易所暂停其股票上市：公司股本总额、股权分布等发生变化不再具备上市条件；公司不按规定公开其财务状况，或者对财务会计报告作虚假记载；公司有重大违法行为；公司最近3年连续亏损。出现前3条情形之一的，证券交易所根据中国证监会的决定暂停其股票上市，出现第4条的情形由交易所决定暂停其股票上市。对于社会公众持股低于总股本25%的上市公司，或股本总额超过人民币4亿元，社会公众持股比例低于10%的上市公司，如连续20个交易日不高于以上条件，交易所将决定暂停其股票上市交易。12个月内仍不达标的，交易所将终止其股票上市交易。

上市公司有下列情形之一的，由证券交易所决定暂停其股票上市交易：公司股本总额、股权分布等发生变化不再具备上市条件；公司不按照规定公开其财务状况，或者对财务会计报告作虚假记载，可能误导投资者；公司有重大违法行为；公司最近3年连续亏损；证券交易所上市规则规定的其他情形。

上市公司出现财务状况或其他状况异常的，其股票交易将被交易所"特别处理"（Special Treatment，ST）。所谓"财务状况异常"是指以下几种情况：最近2个会计年度的审计结果显示的净利润为负值；最近1个会计年度的审计结果显示其股东权益低于注册资本；最近1个年度经审计的股东权益扣除注册会计师、有关部门不予确认的部分，低于注册资本；注册会计师对最近1个会计年度的财务报告出具无法表示意见或否定意见的审计报告；最近1份经审计的财务报告对上年度利润进行调整，导致连续2个会计年度亏损；经交易所或中国证监会认定为财务状况异常的。所谓"其他状况异常"是指自然灾害、重大事故等导致生产经营活动基本终止，公司涉及可能赔偿金额超过公司净资产的诉讼等情况。

在上市公司的股票交易被实行特别处理期间，其股票交易遵循下列规则：股票报价日涨跌幅度限制为5%；股票名称改为原股票名前加"ST"；上市公司的中期报告必须经过审计。

4. 引入战略投资者

（1）战略投资者的概念与要求

我国在新股发行中引入战略投资者，允许战略投资者在公司发行新股中参与配售。按中国证监会的规则解释，战略投资者是指与发行人具有合作关系或有合作意向和潜力，与发行公司业务联系紧密且欲长期持有发行公司股票的法人。从国外风险投资机构对战略投资者的定义来看，一般认为战略投资者是指能够通过帮助公司融资、提供营销与销售支持的业务或通过个人关系增加投资价值的公司或个人投资者。

一般来说，作为战略投资者的基本要求是：要与公司的经营业务联系紧密；要出于长期投资目的而较长时期地持有股票;要具有相当的资金实力,且持股数量较多。

(2)引入战略投资者的作用

战略投资者具有资金、技术、管理、市场、人才等方面优势,能够增强企业核心竞争力和创新能力。上市公司引入战略投资者,能够和上市公司之间形成紧密的、伙伴式的合作关系,并由此增强公司经营实力、提高公司管理水平、改善公司治理结构。因此,对战略投资者的基本资质条件要求是拥有比较雄厚的资金、核心的技术、先进的管理等,有较好的实业基础和较强的投融资能力。

①提升公司形象,提高资本市场认同度

战略投资者往往都是实力雄厚的境内外大公司、大集团,甚至是国际、国内500强,它们对公司股票的认购,是对公司潜在未来价值的认可和期望。

②优化股权结构,健全公司法人治理

战略投资者占一定股权份额并长期持股,能够分散公司控制权,吸引战略投资者参与公司管理,改善公司治理结构。战略投资者带来的不仅是资金和技术,更重要的是能带来先进的管理理念和优秀的管理团队。

③提高公司资源整合能力,增强公司的核心竞争力

战略投资者往往都有较好的实业基础,能够带来先进的工艺技术和广阔的产品营销市场,并致力长期投资合作,能促进公司的产品结构、产业结构的调整升级,有助于形成产业集群,整合公司的经营资源。

④达到阶段性的融资目标,加快实现公司上市融资的进程

战略投资者具有较强的资金实力,并与发行人签订有关配售协议,长期持有发行人股票,能够给新上市的公司提供长期稳定的资本,帮助上市公司用较低的成本融得较多的资金,提高了公司的融资效率。

从现有情况来看,目前我国上市公司确定战略投资者还处于募集资金最大化的实用原则阶段。谁的申购价格高,谁就能够成为战略投资者,管理型、技术型的战略投资者还很少见。资本市场中的战略投资者,目前多是追逐持股价差、有较大承受能力的股票持有者,一般都是大型证券投资机构。

5. 发行普通股股票的筹资特点

发行普通股股票的筹资特点如下。

(1)两权分离,有利于公司自主经营管理

公司通过对外发行股票筹资,公司的所有权与经营权相分离,分散了公司控制权,有利于公司自主管理、自主经营。普通股筹资的股东众多,公司其日常经营管理事务主要由公司的董事会和经理层负责。但公司的控制权分散,公司也容易被经理人控制。

（2）资本成本较高

由于股票投资的风险较大，收益具有不确定性，投资者就会要求较高的风险补偿。因此，股票筹资的资本成本较高。

（3）能增强公司的社会声誉，促进股权流通和转让

普通股筹资，股东的大众化，为公司带来了广泛的社会影响。特别是上市公司，其股票的流通性强，有利于市场确认公司的价值。普通股筹资以股票作为媒介，便于股权的流通和转让，便于吸收新的投资者。但是，流通性强的股票交易，也使公司容易在资本市场上被恶意收购。

（4）不易及时形成生产能力

普通股筹资吸收的一般都是货币资金，还需要通过购置和建造形成生产经营能力。相对吸收直接投资方式来说，不易及时形成生产能力。

（三）利用留存收益

1. 留存收益的性质

从性质上看，企业通过合法有效的经营所实现的税后净利润，都属于企业的所有者。

因此，属于所有者的利润包括分配给所有者的利润和尚未分配留存于企业的利润。企业将本年度的利润部分甚至全部留存下来的原因很多，主要包括：第一，收益的确认和计量是建立在权责发生制基础上的，企业有利润，但企业不一定有相应的现金净流量增加，因而企业不一定有足够的现金将利润全部或部分派给所有者。第二，法律法规从保护债权人利益和要求企业可持续发展等角度出发，限制企业将利润全部分配出去。根据相关规定，企业每年的税后利润，必须提取10%的法定盈余公积金。第三，企业基于自身的扩大再生产和筹资需求，也会将一部分利润留存下来。

2. 利用留存收益的筹资途径

利用留存收益的筹资途径包括以下两种。

（1）提取盈余公积金

盈余公积金是指有指定用途的留存净利润，其提取基数是抵减年初累计亏损后的本年度净利润。盈余公积金主要用于企业未来的经营发展，经投资者审议后也可以用于转增股本（实收资本）和弥补以前年度经营亏损。盈余公积金不得用于以后年度的对外利润分配。

（2）未分配利润

未分配利润是指未限定用途的留存净利润。未分配利润有两层含义：第一，这部分净利润本年没有分配给公司的股东投资者；第二，这部分净利润未指定用途，可以用于企业未来经营发展、转增股本（实收资本）、弥补以前年度经营亏损、以后年度利润分配。

3. 利用留存收益的筹资特点

利用留存收益的筹资特点如下。

（1）不用发生筹资费用

企业从外界筹集长期资本，与普通股筹资相比较，留存收益筹资不需要发生筹资费用，资本成本较低。

（2）维持公司的控制权分布

利用留存收益筹资，不用对外发行新股或吸收新投资者，由此增加的权益资本不会改变公司的股权结构，不会稀释原有股东的控制权。

（3）筹资数额有限

当期留存收益的最大数额是当期的净利润，不如外部筹资一次性可以筹集大量资金。如果企业发生亏损，当年就没有利润留存。另外，股东和投资者从自身期望出发，往往希望企业每年发放一定股利，保持一定的利润分配比例。

（四）股权筹资的优缺点

1. 股权筹资的优点

股权筹资的优点如下。

（1）股权筹资是企业稳定的资本基础

股权资本没有固定的到期日，无须偿还，是企业的永久性资本，除非企业清算时才有可能予以偿还。这对于保障企业对资本的最低需求、促进企业长期持续稳定经营具有重要意义。

（2）股权筹资是企业良好的信誉基础

股权资本作为企业最基本的资本代表了公司的资本实力，是企业与其他大单位组织开展经营业务、进行业务活动的信誉基础。同时，股权资本也是其他方式筹资的基础，尤其可为债务筹资，包括银行借款、发行公司债券等提供信用保障。

（3）企业的财务风险较小

股权资本不用在企业正常营运期内偿还，没有还本付息的财务压力。相对于债务资金而言，股权资本筹资限制少，资本使用上也无特别限制。另外，企业可以根据其经营状况和业绩的好坏，决定向投资者支付报酬的多少，资本成本负担比较灵活。

2. 股权筹资的缺点

股权筹资的缺点如下。

（1）资本成本负担较重

一般而言，股权筹资的资本成本要高于债务筹资，这主要是由于投资者投资于股权特别是投资于股票的风险较高，投资者或股东相应要求得到较高的报酬率。从企业成本开支的角度来看，股利、红利从税后利润中支付，而使用债务资金的资本成本允许税前扣除。此外，普通股的发行、上市等方面的费用也十分庞大。

（2）控制权变更可能影响企业长期稳定发展

利用股权筹资，由于引进了新的投资者或出售了新的股票，必然会导致公司控制权结构的改变,而控制权变更过于频繁,又势必会影响公司管理层的人事变动和决策效率,影响公司的正常经营。

（3）信息沟通与披露成本较大

投资者或股东作为企业的所有者,有了解企业经营业务、财务状况、经营成果等权利。企业需要通过各种渠道和方式加强与投资者的关系管理,保障投资者的权益。特别是上市公司,其股东众多而分散,只能通过公司的公开信息披露了解公司状况,这就需要公司花更多的精力,有些公司还需要设置专门的部门,进行公司的信息披露和投资者关系管理。

四、混合筹资

混合筹资主要包括兼具股权与债务特征的混合融资和其他衍生工具筹资,我国上市公司目前最常见的主要有可转换债券、认股权证、优先股。

（一）可转换债券

可转换债券是一种混合型证券,是公司普通债券与证券期权的组合体。可转换债券的持有人在一定期限内,可以按照事先规定的价格或者转换比例,自由地选择是否转换为公司普通股。

一般来说,可转换债券可以分为两类：一类是不可分离的可转换债券,其转换权与债券不可分离,债券持有者直接按照债券面额和约定的转股价格,在规定的期限内将债券转换为股票；另一类是可分离交易的可转换债券,这类债券在发行时附有认股权证,是认股权证与公司债券的组合,发行上市后,公司债券和认股权证各自独立流通、交易。认股权证的持有者认购股票时,需要按照认购价格（行权价）出资购买股票。

1.可转换债券的基本性质

可转换债券的基本性质包括以下几方面。

（1）证券期权性

可转换债券给予了债券持有者未来的选择权,在事先约定的期限内,投资者可以选择将债券转换为普通股票,也可以放弃转换权利,持有至债券到期还本付息。因此,可转换债券实质上是一种未来的买入期权。

（2）资本转换性

可转换债券在正常持有期,属于债权性质,转换成股票后,属于股权性质,如果在债券的转换期内,持有人没有将其转换为股票,发行企业到期必须无条件支付本金和利息。转换成股票后,债券持有人成为企业的股权投资者。资本双重性的转换,取决于投资者是否行权。

（3）赎回与回售

可转换债券一般都会有赎回条款,发债公司在可转换债券转换前,可以按一定条件赎回债券。通常,公司股票价格在一段时期内连续高于转股价格达到某一幅度时,公司会按事先约定的价格买回未转股的可转换公司债券。同样,可转换债券一般也会有回售条款,公司股票价格在一段时期内连续低于转股价格达到某一幅度时,债券持有人可按事先约定的价格将所持债券回售给发行公司。

2. 可转换债券的基本要素

可转换债券的基本要素是指构成可转换债券基本特征的必要因素，它们代表了可转换债券与一般债券的区别。

（1）标的股票

可转换债券转换期权的标的物是可转换成的公司股票。标的股票一般是发行公司自己的普通股票，不过也可以是其他公司的股票，如该公司的上市子公司的股票。

（2）票面利率

可转换债券的票面利率一般会低于普通债券的票面利率，有时甚至还低于同期银行存款利率。因为可转换债券的投资收益中，除了债券的利息收益外，还附加了股票买入期权的收益部分。一个设计合理的可转换债券，在大多数情况下其股票买入期权的收益足以弥补债券利息收益的差额。

（3）转换价格

转换价格是指可转换债券在转换期内据以转换为普通股的折算价格，即将可转换债券转换为普通股的每股普通股的价格。如每股30元，即是指可转换债券转股时，将债券金额按每股30元转换为相应股数的股票。由于可转换债券在未来可以行权转换成股票，在债券发售时，所确定的转换价格一般比发售日股票市场价格高出一定比例，如高出10%~30%。

（4）转换比率

转换比率是指每一张可转换债券在既定的转换价格下能转换为普通股股票的数量。在债券面值和转换价格确定的前提下，转换比率为债券面值与转换价格之商：转换比率＝债券面值／转换价格。

（5）转换期

转换期指的是可转换债券持有人能够行使转换权的有效期限。可转换债券的转换期可以与债券的期限相同，也可以短于债券的期限。转换期间的设定通常有四种情形：①债券发行日至到期日；②发行日至到期前；③发行后某日至到期日；④发行后某日至到期前。至于选择哪种，要看公司的资本使用状况、项目情况、投资者要求等。由于转换价格高于公司发债时股价，投资者一般不会在发行后立即行使转换权。

（6）赎回条款

赎回条款是指发债公司按事先约定的价格买回未转股债券的条件规定。赎回一般发生在公司股票价格在一段时期内连续高于转股价格达到某一幅度时。赎回条款通常包括不可赎回期间与赎回期间、赎回价格、赎回条件（分为无条件赎回和有条件赎回）等。发债公司在赎回债券之前，要向债券持有人发出赎回通知，要求他们在将债券转股与卖回给发债公司之间做出选择。一般情况下，投资者大多会将债券转换为普通股。由此可见，设置赎回条款最主要的功能是强制债券持有者积极行使转股权，因此又被称为加速条款。同时能使发债公司避免在市场利率下降后，继续向债券持有人按照较高的票面利率支付利息所蒙受的损失。

（7）强制性转换条款

强制性转换条款是指在某些条件具备之后，债券持有人必须将可转换债券转换为股票，无权要求偿还债券本金的条件规定。可转换债券发行之后，其股票价格可能出现巨大波动。如果股价长期低于转股价格，又未设计赎回条款，投资者不会转股。这种情况下，公司可设置强制性转换条款保证可转换债券顺利地转换成股票，预防投资者到期集中挤兑引发公司破产的悲剧。

3. 可转换债券的发行条件

根据相关规定，上市公司发行可转换债券，除了应当符合增发股票的一般条件之外，还应当符合以下条件：①最近3个会计年度加权平均净资产收益率平均不低于6%。扣除非经常性损益后的净利润与扣除前的净利润相比，以低者作为加权平均净资产收益率的计算依据。②本次发行后累计公司债券余额不超过最近一期期末净资产额的40%。③最近3个会计年度实现的年均可分配利润不少于公司债券1年的利息。

根据相关规定，发行分离交易的可转换公司债券，除符合公开增发股票的一般条件外，还应当符合的规定包括：①公司最近一期未经审计的净资产不低于人民币15亿元；②最近3个会计年度实现的年均可分配利润不少于公司债券1年的利息；③最近3个会计年度经营活动产生的现金流量净额平均不少于公司债券1年的利息；④本次发行后累计公司债券余额不超过最近一期期末净资产额的40%，预计所附认股权全部行权后募集的资金总量不超过拟发行公司债券金额等。

分离交易的可转换公司债券募集说明书应当约定，上市公司改变公告的募集资金用途的，赋予债券持有人一次回售的权利。

所附认股权证的行权价格应不低于公告募集说明书日前20个交易日公司股票均价和前1个交易日的均价；认股权证的存续期间不超过公司债券的期限，自发行结束之日起不少于6个月，募集说明书公告的权证存续期限不得调整；认股权证自发行结束至少已满6个月起方可行权，行权期间为存续期限届满前的一段期间，或者是存续期限内的特定交易日。

4. 可转换债券的筹资特点

可转换债券的筹资特点如下。

（1）筹资灵活性

可转换债券就是将传统的债务筹资功能和股票筹资功能结合起来，筹资性质和时间上具有灵活性。债券发行企业先以债务方式取得资金，到了债券转换期，如果股票市价较高，债券持有人将会按约定的价格转换为股票，避免了企业还本付息之负担。如果公司股票长期低迷，投资者不愿意将债券转换为股票，企业即时还本付息清偿债务，也能避免未来长期的股权资本成本负担。

（2）资本成本较低

可转换债券的利率低于同一条件下普通债券的利率，降低了公司的筹资成本。此外，在可转换债券转换为普通股时，公司无须另外支付筹资费用，又节约了股票的筹资成本。

（3）筹资效率高

可转换债券在发行时，规定的转换价格往往高于当时本公司的股票价格。如果这些债券将来都转换成了股权，这相当于在债券发行之际，就以高于当时股票市价的价格新发行了股票，以较少的股份代价筹集了更多的股权资金。因此在公司发行新股时机不佳时，可以先发行可转换债券，以便其将来变相发行普通股。

（4）存在一定的财务压力

可转换债券存在不转换的财务压力。如果在转换期内公司股价处于恶化性的低位，持券者到期不会转股，会造成公司因集中兑付债券本金而带来的财务压力。可转换债券还存在回售的财务压力。若可转换债券发行后，公司股价长期低迷，在设计有回售条款的情况下，投资者集中在一段时间内将债券回售给发行公司，加大了公司的财务支付压力。

（二）认股权证

认股权证是一种由上市公司发行的证明文件，持有人有权在一定时间内以约定价格认购该公司发行的一定数量的股票。广义的权证，是一种持有人有权于某一特定期间至到期日，按约定的价格认购或沽出一定数量的标的资产的期权。按买或卖的不同权利，可分为认购权证和认沽权证，又称为看涨权证和看跌权证。认股权证，属于认购权证。

1. 认股权证的基本性质

认股权证的基本性质包括以下两方面。

（1）认股权证的期权性

认股权证本质上是一种股票期权，属于衍生金融工具，具有实现融资和股票期权激励的双重功能。但认股权证本身是一种认购普通股的期权，它没有普通股的红利收入，也没有普通股相应的投票权。

（2）认股权证是一种投资工具

投资者可以通过购买认股权证获得市场价与认购价之间的股票差价收益，因此，它是一种具有内在价值的投资工具。

2. 认股权证的筹资特点

认股权证的筹资特点如下。

（1）认股权证是一种融资促进工具

认股权证的发行人是发行标的股票的上市公司，认股权证通过以约定价格认购公司股票的契约方式，能保证公司在规定的期限内完成股票发行计划，顺利实现融资。

（2）有助于改善上市公司的治理结构

采用认股权证进行融资，融资的实现是缓期分批实现的。上市公司及其大股东的利益，与投资者是否在到期之前执行认股权证密切相关。因此，在认股权证有效期间，上市公司管理层及其大股东任何有损公司价值的行为，都可能降低上市公司的股价，从而降低投资者执行认股权证的可能性，这将伤害上市公司管理层及其大股东的利益。因此，认股权证能够约束上市公司的败德行为，并激励他们更加努力地提升上市公司的市场价值。

（3）有利于推进上市公司的股权激励机制

认股权证是常用的员工激励机制，通过给予管理者和重要员工一定的认股权证，可以把管理者和员工的利益与企业价值成长紧密联系在一起，建立一个管理者与员工通过提升企业价值实现自身财富增值的利益驱动机制。

（三）优先股

优先股是指股份有限公司发行的具有优先权利、相对优先于一般普通种类股份的股份种类。在利润分配及剩余财产清偿分配的权利方面，优先股持有人优先于普通股股东，但在参与公司决策管理等方面，优先股的权利受到限制。

1. 优先股的基本性质

（1）约定股息

相对于普通股而言，优先股的股利收益是事先约定的，也是相对固定的。由于优先股的股息事先已经做规定，因此优先股的股息一般不会根据公司经营情况而变化，而且优先股一般也不再参与公司普通股的利润分红。但优先股的固定股息率各年可以不同，另外，优先股也可以采用浮动股息率分配利润。公司章程中规定优先股采用固定股息率的，可以在优先股存续期内采取相同的固定股息率，或明确每年的固定股息率，各年度的股息率可以不同；公司章程中规定优先股采用浮动股息率的，应当明确优先股存续期内票面股息率的计算方法。

（2）权利优先

优先股在年度利润分配和剩余财产清偿分配方面，具有比普通股股东优先的权利。优先股可以先于普通股获得股息，公司的可分配利润先分给优先股，剩余部分再分给普通股。在剩余财产方面，优先股的清偿顺序先于普通股而次于债权人。一旦公司处于清算，剩余财产先分给债权人，再分给优先股股东，最后分给普通股股东。优先股的优先权利是相对于普通股而言的，与公司债权人不同，优先股股东不可以要求经营成果不佳无法分配股利的公司支付固定股息；优先股股东也不可以要求无法支付股息的公司进入破产程序，不能向人民法院提出企业重整、和解或者破产清算申请。

（3）权利范围小

优先股股东一般没有选举权和被选举权，对股份公司的重大经营事项无表决权，仅在股东大会表决与优先股股东自身利益直接相关的特定事项时，具有有限表决权，如修改公司章程中与优先股股东利益相关的事项条款时，优先股股东有表决权。

2. 优先股的种类

（1）固定股息率优先股和浮动股息率优先股

优先股股息率在股权存续期内不做调整的，称为固定股息率优先股；优先股股息率根据约定的计算方法进行调整的,称为浮动股息率优先股。优先股采用浮动股息率的,在优先股存续期内票面股息率的计算方法在公司章程中要事先明确。

(2)强制分红优先股与非强制分红优先股

公司在章程中规定,在有可分配税后利润时必须向优先股股东分配利润的,称之为强制分红优先股,否则即为非强制分红优先股。

(3)累积优先股和非累积优先股

根据公司因当年可分配利润不足而未向优先股股东足额派发股息,差额部分是否累积到下一会计年度,可分为累积优先股和非累积优先股。累积优先股是指公司在某一时期所获盈利不足,导致当年可分配利润不足以支付优先股股息时,则将应付股息累积到次年或以后某一年活动获得盈利时,在普通股的股息发放之前,连同本年优先股股息一并发放。非累积优先股则是指公司不足以支付优先股的全部股息时,对所欠股息部分,优先股股东不能要求公司在以后年度补发。

(4)参与优先股和非参与优先股

根据优先股股东按照确定的股息率分配股息后,是否有权同普通股股东一起参加剩余税后利润分配,可分为参与优先股和非参与优先股。持有人只能获取一定股息但不能参加公司额外分红的优先股,称为非参与优先股。持有人除可按规定的股息率优先获得股息外,还可与普通股股东分享公司的剩余收益的优先股,称为参与优先股。对于有权同普通股股东一起参加剩余利润分配的参与优先股,公司章程应明确优先股股东参与剩余利润分配的比例、条件等事项。

(5)可转换优先股和不可转换优先股

根据优先股是否可以转换成普通股,可分为可转换优先股和不可转换优先股。可转换优先股是指在规定的时间内,优先股股东或发行人可以按照约定的转换比率把优先股换成该公司普通股;否则不可转换优先股。

(6)可回购优先股和不可回购优先股

根据发行人或优先股股东是否享有要求公司回购优先股的权利,可分为可回购优先股和不可回购优先股。可回购优先股是指允许发行公司按发行价加上一定比例的补偿收益回购的优先股。公司通常在认为可以用较低股息率发行新的优先股时,用此方法回购已发行的优先股股票。不附有回购条款的优先股,则被称为不可回购优先股。回购优先股包括发行人要求赎回优先股和投资者要求回售优先股两种情况,应在公司章程和招股文件中规定其具体条件。发行人要求赎回优先股的,必须完全支付所欠股息。

上市公司公开发行的优先股,应当在公司章程中规定以下事项:采取固定股息率;在有可分配税后利润的情况下必须向优先股股东分配股息;未向优先股股东足额派发股息的差额部分应当累积到下一会计年度;优先股股东按照约定的股息率分配股息后,不再同普通股股东一起参加剩余利润分配。

3.优先股的特点

优先股既像公司债券，又像公司股票，因此优先股筹资属于混合筹资，其筹资特点兼有债务筹资和股权筹资性质。

（1）有利于丰富资本市场的投资结构

优先股有利于为投资者提供多元化投资渠道，增加固定收益型产品。看重现金红利的投资者可投资优先股，而希望分享公司经营成长成果的投资者则可以选择普通股。

（2）有利于股份公司股权资本结构的调整

发行优先股，是股份公司股权资本结构调整的重要方式。公司资本结构调整中，既包括债务资本和股权资本的结构调整，也包括股权资本的内部结构调整。

（3）有利于保障普通股收益和控制权

优先股的每股收益是固定的，只要净利润增加并且高于优先股股息，普通股的每股收益就会上升。另外，优先股股东无表决权，因此不影响普通股股东对企业的控制权，也基本上不会稀释原普通股的权益。

（4）有利于降低公司财务风险

优先股股利不是公司必须偿付的一项法定债务，如果公司财务状况恶化、经营成果不佳，这种股利可以不支付，从而相对避免了企业的财务负担。由于优先股没有规定最终到期日，它实质上是一种永续性借款。优先股的收回由企业决定，企业可在有利条件下收回优先股，具有较大的灵活性。发行优先股，增加了权益资本，从而改善了公司的财务状况。对于高成长企业来说，承诺给优先股的股息与其成长性相比而言是比较低的。同时，由于发行优先股相当于发行无限期的债券，可以获得长期的低成本资金，但优先股又不是负债而是权益资本，能够提高公司的资产质量。总之，从财务角度上看，优先股属于股债连接产品。作为资本，可以降低企业整体负债率；作为负债，可以增加长期资金来源，有利于公司的长久发展。

（5）可能给股份公司带来一定的财务压力

首先是资本成本相对于债务较高，主要是由于优先股股息不能抵减所得税，而债务利息可以抵减所得税，这是利用优先股筹资的最大不利因素；其次是股利支付相对于普通股的固定性，针对固定股息率优先股、强制分红优先股、累积优先股而言，股利支付的固定性可能成为企业的一项财务负担。

第二节 资金需求量预测

一、因素分析法

（一）含义

因素分析法是以有关项目基期年度的平均资金需要量为基础，根据预测年度的生产经营任务和资金周转加速的要求,进行分析调整,来预测资金需要量的一种方法。

(二)公式

资金需要量=(基期资金平均占用额–不合理资金占用额)×(1±预测期销售增减率)×(1±预测期资金周转速度变动率)

如果预测期销售增加,则用(1+预测期销售增加率);反之用"减号"。

如果预测期资金周转速度加快,则应用(1–预测期资金周转速度加速率);反之用"加号"。

二、销售百分比法

(一)预测原理

销售百分比法,是假设某些资产和负债与销售收入存在稳定的百分比关系,并根据这个假设预测企业外部资金需求量的方法。企业销售规模的扩大,要相应增加流动资产;如果销售规模增加很多,还必须相应增加固定资产。为取得扩大销售所需要的增加的流动资产,企业需要筹措资金。这些资金,一部分来自随销售收入同比例增加的流动负债,还有一部分来自预测期的留存收益,另外的部分则需要企业通过外部筹资获取。

(二)基本步骤

1.确定随销售额而变动的资产和负债项目(敏感资产和敏感负债)

资产是资金使用的结果,随着销售额的变化,敏感资产项目将占用更多的资金。同时,随着敏感资产的增加,相应的敏感负债也会增加,如存货增加会导致应付账款增加,此类债务称为"自动性债务",可以为企业提供暂时性资金。敏感资产与敏感负债的差额通常与销售额保持稳定的比例关系。

这里敏感资产项目包括现金、应收账款、存货等项目;而敏感负债项目包括应付票据、应付账款等项目,不包括短期借款、短期融资券、长期负债等筹资性负债。

2.确定敏感资产与敏感负债有关项目与销售额的稳定比例关系

如果企业资金周转的营运效率保持不变,敏感资产与敏感负债将会随销售额的变动而成正比例变动,保持稳定的百分比关系。企业应当根据历史资料和同业情况,提出不合理的资金占用,寻找与销售额的稳定百分比关系。

3.确定需要增加的资金量

需要增加的资金量=增加的敏感资产–增加的敏感负债

其中:

增加的敏感资产=增量收入×基期敏感资产占基期销售额的百分比

增加的敏感负债=增量收入×基期敏感负债占基期销售额的百分比

4.确定外部融资需求量

外部融资需求量=增加的资金量–增加的留存收益

其中:

增加的留存收益 = 预计销售收入 × 销售净利率 × 利润留存率。

三、资金习性的含义

资金习性是指资金变动与产销量变动之间的依存关系。

按资金习性可将资金分为不变资金、变动资金和半变动资金。

不变资金是指一定产销量范围内，不受产销量变动影响的资金。不变资金包括：为维持营业而占有的最低数额的现金、原材料的保险储备、厂房和机器设备等固定资产占有的资金。

变动资金是指随产销量变动而同比例变动的资金。变动资金包括：直接构成产品实体的原材料、外购件等占用的资金，另外，在最低储备以外的现金、存货、应收账款等也具有变动资金的性质。

半变动资金是指虽然随产销量变动而变动，但不成正比例变动的资金，如一些辅助材料上占有的资金。半变动资金可以分解为不变资金和变动资金，最终将资金总额分成不变资金和变动资金两部分。

第三节 杠杆效应与企业风险

财务管理中的杠杆效应，是指由于特定固定支出或费用，当某一财务变量以较小幅度变动时，另一相关财务变量会以较大幅度变动的现象。它包括经营杠杆、财务杠杆和总杠杆三种形式。杠杆效应既可以产生杠杆利益，也可能带来杠杆风险。

一、经营杠杆效应

（一）经营杠杆

经营杠杆是指由于固定性经营成本的存在，而使企业的资产报酬（息税前利润 EBIT）变动率大于产销业务量变动率的现象。经营杠杆反映了资产报酬的波动性，用以评价企业的经营风险。

$$息税前利润 \text{ EBIT} = 销售收入 - 变动经营成本 - 固定经营成本$$
$$= （单位产品价格 - 单位变动成本）\times 销量 - 固定经营成本$$
$$= 边际贡献 - 固定经营成本$$

上式中影响 EBIT 的因素包括产品价格、产品需求、成本等因素。当产品成本中存在固定成本时，如果其他条件不变，产销业务量的增加虽然不会改变固定成本总额，但是会降低单位产品分摊的固定成本，从而提高单位产品利润，使得息税前利润的增长率大于产销业务量的增长率，进而产生经营杠杆效应。当不存在固定成本时，所有成本都是变动性经营成本，边际贡献等于息税前利润，此时息税前利润的变动率与产销业务量的变动率完全一致。

（二）经营杠杆与经营风险

1. 概念解析

经营风险：企业生产经营上的原因而导致的资产报酬波动的风险。引起经营风险的主要原因是市场需求和生产成本等因素的不确定性。

经营杠杆：由于固定性经营成本的存在，而使企业的资产报酬（息税前利润）变动率大于产销业务量变动率的现象。

只要企业存在固定性经营成本，就存在经营杠杆效应。

2. 经营杠杆与经营风险

经营杠杆系数越大，经营风险越大。

经营杠杆本身并不是资产报酬不确定的根源，只是资产报酬波动的表现。经营杠杆放大了市场和生产等因素变化对利润波动的影响。经营杠杆系数越高，表明资产报酬等利润波动程度越大，经营风险也就越大。

3. 经营杠杆系数的影响因素

经营杠杆系数的影响因素包括：单价、单位变动成本、销售量、固定成本。

固定成本比重越高、成本水平越高、产品销售数量和销售价格水平越低，经营杠杆效应越大，反之亦然。

二、财务杠杆效应

（一）财务杠杆

财务杠杆，是指由于固定性资本成本的存在，使企业的普通股每股收益（EPS）的变动率大于息税前利润变动率的现象。财务杠杆反映了权益资本报酬的波动性，用以评价企业的财务风险。

当有利息费用等固定性资本成本存在时，如果其他条件不变，息税前利润的增加虽然不改变固定利息费用总额，但是会降低每元息税前利润分摊的利息费用，从而提高每股收益，使普通股每股收益的增长率大于息税前利润的增长率，进而产生财务杠杆效应。当不存在固定利息、股息等资本成本时，息税前利润就是利润总额，此时利润总额变动率与息税前利润变动率一致，如果所得税率和普通股股数保持不变，每股收益的变动率与息税前利润的变动率完全一致。

（二）财务杠杆与财务风险

1. 概念解析

财务杠杆：由于固定资本成本（利息）的存在而导致普通股每股收益变动率大于息税前利润变动率的现象，称为财务杠杆。

财务风险：企业由于筹资原因产生的资本成本负担而导致的普通股收益波动的风险。引起财务风险的主要原因是资产报酬的不利变化和资本成本的固定负担。

财务杠杆效应存在的前提是应用了资本成本是固定性的资本。只要企业融资方式中存在固定性资本成本，就存在财务杠杆效应。如固定利息、固定融资租赁费等的存在，都会产生财务杠杆效应。

2. 财务杠杆与财务风险

财务杠杆系数越大，财务风险越大。

财务杠杆放大了资产报酬变化对普通股收益的影响，财务杠杆系数越高，表明普通股收益的波动程度越大，财务风险也就越大。

3. 影响财务杠杆的因素

影响财务杠杆的因素包括：资本结构中债务资本比重、普通股收益水平、所得税税率水平（如果企业不存在优先股，则所得税税率不影响财务杠杆）。

债务成本比重越高、固定的资本成本支付额越高、息税前利润水平越低，财务杠杆效应越大，反之亦然。

三、总杠杆效应

（一）总杠杆

总杠杆是指由于固定经营成本和固定资本成本的存在，导致普通股每股收益变动率大于产销业务量变动率的现象。

（二）总杠杆与公司风险

公司风险包括企业的经营风险和财务风险，总杠杆则是指由于固定经营成本和固定资本成本的存在，导致普通股每股收益变动率大于产销业务量变动率的现象。只要企业同时存在固定性经营成本和固定性资本成本，就存在总杠杆效应。总杠杆系数越大，公司总风险越大。

固定资产比重较大的资本密集型企业，经营杠杆系数高，经营风险大，企业筹资主要依靠权益资本，以保持较小的财务杠杆系数和财务风险；变动成本比重较大的劳动密集型企业，经营杠杆系数较低，经营风险小，企业筹资主要依靠债务资本，保持较大的财务杠杆系数和财务风险。

企业处于初创阶段，产销业务量小，经营杠杆系数大，此时企业筹资主要依靠权益资本，在较低程度上使用财务杠杆；企业处于扩张成熟期，产销业务量大，经营杠杆系数小，此时资本结构中可扩大债务资本，在较高程度上使用财务杠杆。

第四节 资本结构决策

一、资本成本

（一）资本成本定义、构成和表现形式

资本成本是指企业为筹集和使用资金而付出的代价。资本成本包括筹资费和占用费两部分。

筹资费是指企业在资本筹措过程中为获取资本而必须付出的代价，视为筹资数额的一项扣除费用。

占用费是指企业在资本使用过程中因占用资本而付出的代价。占用费是因为占用了他人资金而必须支付的费用，是资本成本的主要内容。

资本成本存在两种表现形式：资本成本额（绝对数形式）和资本成本率（相对数形式），一般财务管理中应用的是相对数形式，即资本成本率。

第三章 企业筹资活动

（二）资本成本的作用

资本成本的作用如下。

资本成本是比较筹资方式、选择筹资方案的依据；

平均资本成本是衡量资本结构是否合理的依据；

资本成本是评价投资项目可行性的主要标准；

资本成本是企业对投入资本所要求的报酬率，即最低必要报酬率；

资本成本是评价企业整体业绩的重要依据（剩余收益计算）。

（三）影响资本成本的因素

1. 总体经济环境，通过影响无风险报酬率来影响资本成本

总体经济环境和状态决定企业所处的国民经济发展状况和水平，以及预期的通货膨胀。国民经济保持健康、稳定、持续增长，整个社会经济的资金供给和需求相对均衡且通货膨胀水平低，资金所有者投资的风险小，预期报酬率低，筹资的资本成本相应就比较低。

2. 资本市场条件，通过影响风险报酬率来影响资本成本

资本市场条件包括资本市场的效率和风险。如果资本市场缺乏效率，证券的市场流动性低，则投资者投资风险大，要求预期报酬率高。

3. 企业经营状况和融资状况，通过影响风险报酬率来影响资本成本

企业的经营风险和财务风险共同构成企业总体风险。如果企业经营风险高，财务风险大，则企业总体风险水平高，投资者要求预期报酬率高。

4. 企业筹资规模和时限需求，通过影响风险报酬率来影响资本成本

企业一次性需要筹集的资金规模大、占用资金时限长，资本成本就高；融资规模、时限与资本成本的正向相关性并非线性关系，当融资规模突破一定限度时，才引起资本成本的明显变化。

（四）个别资本成本计算的模式

1. 资本成本计算的基本模式

（1）一般模式

一般模式只适用于借款时间较短时，不用考虑时间价值。

其中，对于债务筹资而言，由于债务利息是在税前列支，因此，具有抵税效应。实际承担的用资费用=支付的年用资费用×(1-所得税税率)。对于权益筹资而言，由于股利等是在税后列支，不具有抵税效应，所以，实际承担的用资费用与实际支付的用资费用相等。

（2）贴现模式

贴现模式即筹资净额现值-未来资本清偿额现金流量现值=0。

要求求出一个折现率，使筹资后付出的现金净流量（NCF）的现值之和应该等于实际筹资额（扣除了筹资费用后的筹资额），即得到内涵报酬率。

/57/

2. 融资租赁资本成本的计算（只能采用贴现模式）

融资租赁各期的租金中，包含有本金每期的偿还和各期手续费用（租赁公司的各期利润），其资本成本率只能按贴现模式计算。

3. 留存收益资本成本的计算

留存收益实质是所有者向企业的追加投资。企业利用留存收益筹资无须支付实际股利，无须发生实际筹资费用。留存收益的资本成本率计算与普通股成本相同，不同点在于不考虑筹资费用。

（五）平均资金成本定义与用途

平均资本成本，是指企业所筹集资金的平均成本，它反映企业资金成本总体水平的高低。企业在衡量和评价单一融资方案时，需要计算个别资本成本；在衡量和评价企业筹资总体的经济性时，需要计算企业的平均资本成本。

（六）边际资本成本

边际资本成本是企业追加筹资的成本。

企业的个别资本成本和平均资本成本，是企业过去筹集的单项资本的成本或目前使用全部资本的成本。

企业在追加筹资时，不能仅仅考虑目前所使用资本的成本，还要考虑新筹集资金的成本即边际资本成本，边际资本成本是企业进行追加筹资的决策依据。

筹资方案组合时，边际资本成本的权数采用目标价值权数。

二、资本结构优化

（一）资本结构与最佳资本结构

资本结构是指长期负债与权益资本之间的构成及其比例关系。

最佳资本结构，是指在一定条件下使企业平均资本成本率最低、企业价值最大的资本结构。

资本结构优化的目标是降低平均资本成本率或提高普通股每股收益。资本结构及其管理是企业筹资管理的核心问题。资本结构管理问题，也就是债务资本的比例确定问题。

（二）资本结构优化

资本结构优化，要求企业权衡负债的低资本成本和高财务风险的关系，确定合理的资本结构。资本结构优化的目标，是降低平均资本成本率或提高普通股每股收益。

1. 每股收益分析法

（1）每股收益分析法的基本原理

能够提高每股收益的资本结构是合理的资本结构。按照每股收益大小判断资本结构的优劣。

（2）每股收益分析法的计算原理

普通股每股收益（EPS）计算公式为

$$ESP = \frac{(EBIT - I) \times (1 - T)}{N}$$

式中：ESP 表示普通股每股收益；—$EBIT$ 表示息税前利润；I 表示债务利息；T 表示所得税税率；N 表示普通股股数。

在对两种筹资方案进行比较选择时，需要找到使两种筹资方案下，每股收益（ESP）相等时的息税前利润 $EBIT$，即

$$\frac{(EBIT-I_1)\times(1-T)-D_1}{N_1}=\frac{(EBIT-I_2)\times(1-T)-D_2}{N_2}$$

式中：D 表示优先股股利。

（3）每股收益分析法的决策原则

情形一：两方案情况下的决策

预期的息税前利润大于每股收益无差别点的息税前利润，选择债务筹资；

预期的息税前利润小于每股收益无差别点的息税前利润，选择股权筹资。

情形二：多方案情况下的决策

两两组合，计算出每股收益无差别点，即息税前利润均衡点；

给出每个组合的结论；

对每个组合进行汇总分析，给出每个方案的适用范围；

根据预测的息税前利润，确定最优方案。

2. 平均资本成本比较法

通过计算和比较各种可能的筹资组合方案的平均资本成本，选择平均资本成本率最低的方案。这种方法侧重于从资本投入的角度对筹资方案和资本结构进行优化分析。通过计算并比较平均资本成本，选择平均资本成本最小的方案最优。

3. 公司价值分析法

以上两种方法都是从账面价值的角度进行资本结构优化分析，没有考虑市场反应，也没有考虑风险因素。公司价值分析法，是在考虑市场风险基础上，以公司市场价值为标准，进行资本结构优化。即能够提升公司价值的资本结构，就是合理的资本结构。同时，在公司价值最大的资本结构下，公司的平均资本成本率也是最低的。主要用于对现有资本结构进行调整，适用于资本规模较大的上市公司资本结构优化分析。

第四章 营运资本管理

第一节 营运资本管理策略

一、营运资本的概念及特点

（一）营运资本的概念

营运资本是指投入日常经营活动（营业活动）的资本，是指流动资产和流动负债的差额。从广义角度看，营运资本也称营运资金，是指一个企业投放在流动资产上的资金，具体包括应收账款、存货、其他应收款、应付票据、预收票据、预提费用、其他应付款等占用的资金。营运资金管理在企业的日常财务管理活动中具有举足轻重的地位，既包括对流动资产的管理，也包括对流动负债的管理。

1. 流动资产

流动资产是指可以在1年以内或超过1年的一个营业周期内变现或运用的资产，流动资产具有占用时间短、周转快、易变现的特点。企业拥有较多的流动资产，可在一定程度上降低财务风险。流动资产按不同的标准可进行不同的分类，常见的分类方式如下：①按占用形态不同，流动资产分为现金、交易性金融资产、应收及预付款项和存货等。②按在生产经营过程中所处的环节不同，流动资产分为生产领域中的流动资产、流通领域中的流动资产以及其他领域的流动资产。

2. 流动负债

流动负债是指需要在1年内或者超过1年的一个营业周期内偿还的债务。流动负债又称短期负债，具有成本低、偿还期短的特点。流动负债按不同标准可作不同分类，最常见的分类方式如下：①以应付金额是否确定为标准，流动负债可以分为应付金额确定的流动负债和应付金额不确定的流动负债。应付金额确定的流动负债是指那些根据合同或法律规定到期必须偿付并有确定金额的流动负债。应付金额不确定的流动负债是指那些要根据企业生产经营状况，到一定时期或具备一定条件时才能确定的流动负债，或应付金额需要估计的流动负债。②以流动负债的形成情况为标准，流动负债可以分为自然性流动负债和人为性流动负债。自然性流动负债是指不需要正式安排，由于结算程序或有关法律法规的规定等原因而自然形成的流动负债；人为性流动负债是指根据企业针对短期资金的情况,通过人为安排所形成的流动负债。③以是否支付利息为标准,流动负债可以分为有息流动负债和无息流动负债。

（二）营运资本的特点

为了有效地管理企业的营运资本,必须研究营运资本的特点,以便有针对性地进行管理。营运资本一般具有以下特点。

1. 营运资本的来源具有灵活多样性

与筹集长期资金的方式相比,企业筹集营运资本的方式较为灵活多样,通常有银行短期借款、短期融资券、商业信用、应交税金、应交利润、应付工资、应付费用、预收货款、票据贴现等多种内外部融资方式。

2. 营运资本的数量具有波动性

流动资产的数量会随企业内外部条件的变化而变化,时高时低,波动很大。季节性企业如此,非季节性企业也如此。随着流动资产数量的变动,流动负债的数量也会相应发生变动。

3. 营运资本的周转具有短期性

企业占用在流动资产上的资金通常会在1年或1个营业周期内收回。根据这一特点,营运资本可以用商业信用、银行短期借款等短期筹资方式来加以解决。

4. 营运资本的实物形态具有变动性和易变现性

企业营运资本的实物形态是经常变化的,一般按照现金、材料、在产品、产成品、应收账款、现金的顺序转化。为此,在进行流动资产管理时,必须在各流动资产上合理配置资金数额,做到结构合理,以促进资金周转顺利进行。此外,短期投资、应收账款、存货等流动资产一般具有较强的变现能力,如果遇到意外情况,企业出现资金周转不灵、现金短缺时,便可迅速变卖这些资产,以获取现金。这对财务上应付临时性资金需求具有重要意义。

二、营运资本的管理原则

企业的营运资本在全部资产中占有相当大的比重,而且周转期短、形态易变,是企业财务管理工作的一项重要内容。实证研究也表明,财务经理的大量时间用于营运资本的管理。企业进行营运资本管理,应遵循以下原则。

（一）保证合理的资金需求

企业应认真分析生产经营状况,合理确定营运资本的需求数量。企业营运资本需求数量与企业生产经营活动有直接关系。一般情况下,当企业产销两旺时,流动负债也会相应地减少。营运资本的管理必须将满足正常合理的资金需求作为首要任务。

（二）提高资金使用效率

加速资金周转是提高资金使用效率的主要手段之一。提高营运资本使用效率的关键就是采取有效措施,缩短营业周期,加速变现过程,加快营运资本的周转。因此,企业要千方百计地加速存货、应收账款等流动资产的周转,以便用有限的资金服务于更大的产业规模,为企业取得更好的经济效益提供条件。

(三) 节约资金使用成本

在营运资本管理中,必须正确处理保证生产经营需要和节约资金使用成本二者之间的关系。要在保证生产经营需要的前提下,遵守勤俭节约的原则,尽力降低资金使用成本。一方面,要挖掘潜力,盘活全部资金,精打细算地使用资金;另一方面,要积极拓展融资渠道,合理配置资源,筹措低成本资金,服务于生产经营。

(四) 保持足够的短期偿债能力

偿债能力的高低是企业财务风险高低的标志之一。合理安排流动资产与流动负债的比例关系,保持流动资产结构与流动负债结构的适配性,保证企业有足够的短期偿债能力,是营运资本管理工作的重要原则之一。流动资产、流动负债以及二者之间的关系能较好地反映企业的短期偿债能力。流动负债是在短期内需要偿还的债务,而流动资产则是在短期内可以转化为现金的资产。因此,如果一个企业的流动资产比较多,流动负债比较少,说明企业的短期偿债能力较强;反之,则说明短期偿债能力较弱。但如果企业的流动资产太多,流动负债太少,也不是正常现象,这可能是因流动资产闲置或流动负债利用不足所致。

三、营运资本的政策

营运资本的政策包括营运资本持有政策和营运资本筹集政策。

(一) 营运资本持有政策

营运资本包括流动资产和流动负债两部分,是企业日常财务管理的重要内容。流动资产随企业业务量的变化而变化,业务量越大,其所需的流动资产越多。但它们之间并非线性的关系。由于规模经济、使用效率等原因,流动资产以递减的比率随业务量增长。这就产生了如何把握流动资产投资量的问题。营运资本持有量的确定就是在收益和风险之间进行权衡。通常将营运资本的持有政策分为三类。

1. 宽松的营运资本政策

营运资本的持有量较高,收益低,风险小。

2. 紧缩的营运资本政策

营运资本的持有量较低,收益高,风险大。

3. 适中的营运资本政策

营运资本的持有量既不过高又不过低,流入的现金恰恰能够满足支付的需要,存货也恰好满足生产和销售所用,并且一般企业不保留有价证券。

(二) 营运资本筹集政策

1. 流动资产和流动负债分析

一般来说,我们经常按照周转时间的长短对企业的资金进行分类,即周转时间在1年以下的为流动资产;周转时间在1年以上的为长期资产。对于流动资产,如果按照用途再作区分,则可以分为临时性流动资产和永久性流动资产。临时性流动资产指那些受季节性、周期性影响的流动资产；永久性流动资产则指那些即使企业处于经营低谷也仍然需要保留的、用于满足企业长期稳定需要的流动资产。

企业的负债则按照债务时间的长短，以1年为界限，分为短期负债和长期负债。与流动资产按照用途划分的方法相对应，流动负债也可以分为临时性负债和自发性负债。临时性负债是指为了满足临时性流动资金需要所发生的负债。自发性负债是指直接产生于企业持续经营中的负债。

2. 营运资本筹集政策的确定

营运资本筹集政策，主要是就如何安排临时性流动资产和永久性流动资产的资金来源而言的，通常可分为以下几种。

（1）配合型筹资政策

配合型筹资政策的特点是：对于临时性流动资产，运用临时性负债筹集资金满足其资金需要；对于永久性流动资产和固定资产（以下统称为永久性资产），运用长期负债、自发性负债和权益资本筹集资金满足其资金需要。配合型筹资政策是一种理想的、对企业有着较高资金使用要求的营运资本筹集政策。

（2）激进型筹资政策

激进型筹资政策的特点是：临时性负债不但融通临时性流动资产的资金需要，还解决部分永久性资产的资金需要。所以激进型筹资政策是一种收益性和风险性均较高的营运资本筹资政策。

（3）稳健型筹资政策

稳健型筹资政策的特点是：临时性负债只融通部分临时性流动资产的资金需要，另一部分临时性流动资产和永久性资产，则由长期负债、自发性负债和权益资本作为资金来源。稳健型筹资政策是一种风险性和收益性均较低的营运资本筹集政策。

一般来说，如果企业能够驾驭资金的使用，采用收益和风险配合得较为适中的配合型筹资政策是有利的。

第二节 现金管理

一、企业持有现金的动机和成本

（一）现金的含义、特点及管理目标

1. 现金的含义

现金是指企业可以立即用作支付手段并能被普遍接受的资产，即以货币形态占用的那部分资金。广义的现金包括库存现金、银行存款、其他货币资金等；狭义的现金仅指库存现金。这里所讲的现金是指广义的现金。

2. 现金的特点

（1）现金是变现能力最强的资产

现金可以用来满足生产经营开支的各种需要，也是还本付息和履行纳税义务的保证。

（2）拥有足够的现金有利于降低企业风险

拥有现金可以增强企业资产的流动性和债务的可清偿性。

（3）现金不能或很少提供收益，是非营利性资产

现金存量过多，所提供的流动性边际效益会下降，从而使企业的收益水平降低。

3. 现金的管理目标

对现金的管理，主要围绕以下两个目标来进行：一是保证企业生产经营对现金的需要；二是尽量减少企业闲置现金的数量，提高资金报酬率。

（二）现金的持有动机

通常情况下，企业都持有一定数量的现金。其现金的持有动机或原因主要有以下四个方面。

1. 交易性需求

交易性需求是指企业持有现金以满足日常业务的现金支付需要。为了满足交易性需要和日常经营活动对货币的需要，企业必须持有现金。如果每天的现金流出量与现金流入量能密切配合，企业就不需要持有大量的现金，现金余额甚至可以降低到 0。但在实际的生产经营过程中，由于各种各样的原因，如企业提供的信用条件与企业接受的信用条件不同、季节性的大量现金支出或购买大量廉价原材料等，会使现金流出与现金流入很难同量同步。因此，为使业务活动正常进行，企业必须持有一定量的现金，这些现金称为交易性余额。

交易性需求的现金数量取决于企业规模、现金管理体制和管理人员的偏好。企业规模越大，交易性需求的现金数量就越多，反之则越低；采取现金集中管理、建立内部银行的企业，交易性需求的现金数量比采取分散管理的企业要少，反之则多；愿意承担风险的管理者，其交易性需求的现金数量较少，反之则较多。

2. 预防性需求

预防性需求是指企业持有现金以应付意外事件的现金支付需要。企业现金的收支量通常很难被准确地预测出来，而现金流量的可预测程度也会随着企业管理与行业的不同而有所变化。因此，企业需持有若干现金以防不测。这些当作安全存量用的现金称为预防性余额。

预防性需求所持有的现金数额，取决于以下三个因素：①现金收支预测的准确性程度。现金收支预测的准确性程度越小，所需持有的现金数额就越大；反之则越小。②临时借款能力。如果企业临时借款能力强，则预防性需求所需持有的现金数额较小；反之则较大。③企业愿冒缺少现金风险的程度。如果企业不愿冒缺少现金的风险，则预防性需求所需持有的现金数额较大；反之则较小。

3. 投机性需求

有时企业也会持有一些现金，以便能随时购买偶然出现的廉价材料或资产，如在适当时机购入价格有利的有价证券等。一般而言，除金融企业和投资企业外，其他企业很少专为投机动机而持有现金。为达到这一目的而持有的现金称为投机性余额。

4. 补偿性需求

补偿性需求是指企业维持良好的银企关系，按银行规定在其存款账户中维持一个最低的存款余额的现金需要。银行常常通过将客户的存款贷放出去获得利润。因此，银行的存款越多，其可贷放的资金也就越多，可获得的利润也可能越多。因此，有时基于贷款、存款的规定，有时也因给客户提供额外服务的需要，银行通常会要求客户在其存款账户中维持一个最低的存款余额，这种余额称为补偿性余额。

需要指出的是，尽管可以将大多数企业管理的现金余额视为由交易性、预防性、投机性、补偿性余额四部分构成，但由于企业可以使用相同的现金余额来同时达到一种以上的目标，所以无法估算出企业适当的现金余额。只不过企业在决定其目标现金余额时，需要将以上四个因素都纳入考虑范围。

（三）现金的持有成本

1. 现金管理成本

现金管理成本是指企业因持有现金而发生的人员工资等管理费用。现金管理成本与现金持有量无直接关系，一般属于固定成本。

2. 现金机会成本

现金机会成本是指企业因持有现金而丧失的再投资收益。由于现金资产盈利能力最低，保留现金必然丧失再投资的机会及相应的投资收益，从而形成持有现金的机会成本，这种成本在数额上等同于资金的投资收益。现金机会成本与现金持有量直接相关，现金持有量越大，机会成本越高；反之则越低。因而机会成本属于变动成本。

3. 现金短缺成本

现金短缺成本是指在现金持有量不足而又无法及时通过有价证券变现等方式加以补充而给企业造成的损失，包括直接损失和间接损失。现金的短缺成本随现金持有量的增加而下降，随现金持有量的减少而上升，即与现金持有量呈负相关。

4. 现金转换成本

现金转换成本是指企业用现金购入有价证券以及转让有价证券换取现金时付出的交易费用，如委托买卖佣金、委托手续费、证券过户费、交割手续费等。现金转换成本根据交易特征分为以下两种。

（1）变动性转换成本

变动性转换成本是每次根据交易额的多少付出的交易费用（如委托买卖佣金等），即每次变动、总额不变。该费用的多少只与交易的总金额有关，而与交易次数无关，属于决策无关成本。

（2）固定性转换成本

固定性转换成本是按交易次数的多少付出的交易费用（如过户费等），即每次不变、总额变动。转换成本与证券变现次数呈线性关系，即：

转换成本总额 = 证券变现次数 × 每次转换成本

在现金需要量既定的前提下，现金持有量越小，证券变现的次数越多，相应的转换成本就越高；反之则越低。因此，现金持有量的高低必然通过证券变现次数的多少而对转换成本产生影响。

二、确定最佳现金持有量

（一）成本分析模型

成本分析模型的基本思路是先找出与持有现金有关的成本，然后再找出相关总成本最低时所对应的现金余额。与企业持有现金相关的成本有机会成本、管理成本和短缺成本，它们之和构成了企业持有现金的总成本。但管理成本与现金持有量无关，且不考虑转换成本，所以现金相关总成本为机会成本和短缺成本之和。

机会成本与短缺成本随现金持有量的变动呈反方向变化，现金持有量越大，机会成本越高，短缺成本越低；现金持有量越小，机会成本越低，短缺成本越高。能使持有现金的机会成本与短缺成本之和最低的现金持有量，就是最佳现金持有量。

（二）存货模型

在存货模型中只考虑现金机会成本和转换成本，而不考虑现金管理成本和短缺成本。这是因为：

①在一定范围内，现金的管理成本与现金持有量一般没有关系，所以属于决策无关成本。
②由于现金短缺成本具有不确定性，其成本往往不容易计量，所以在此也不予考虑。

存货模型的最佳现金持有量就是使现金的机会成本与转换成本之和最低的现金持有量。存货模式可以精确地算出最佳现金余额和变现次数，对加强企业现金管理有一定的作用。但这种模式以货币支出均匀发生、现金机会成本和转换成本易于预测为前提条件。因此，企业根据该模式计算出最佳现金持有量之后，还应结合影响现金持有量的各个因素加以调整。

（三）现金周转模式

现金周转模式是根据现金周转期确定企业最佳现金持有量的一种方法。现金周转期是指从用现金购买原材料开始，到销售产品并最终收回现金的整个过程所花费的时间。现金周转期越短，企业所需要的现金就越少，资金利用效率越高；现金周转期越长，企业所需要的现金就越多，资金利用效率越低。

现金周转期具体包括以下三个方面：①应付账款周转期，是指企业由下单购料至实际支付货款所需要的时间；②存货周转期，是指企业将原材料投入生产转化为产品并出售所需要的时间；③应收账款周转期，是指由赊销产品至应收账款收现所需要的时间。

整个营业活动自购买原材料投入生产至应收账款收现所需要的时间即为营业周期。它们之间的关系可以表示为：

营业周期 = 存货周转期 + 应收账款周转期

＝ 现金周转期 + 应付账款周转期

现金周转期 = 营业周期 − 应付账款周转期

＝ 存货周转期 + 应收账款周转期 − 应付账款周转期

现金周转模式就是根据现金的周转速度来确定最佳现金持有量。

三、现金的日常管理

现金的日常管理目的在于提高现金的使用效率，为达到这一目的，应当注意做好以下几个方面的工作。

（一）加速现金收款

为了提高现金的使用效率，加速现金的周转，企业应尽量加速账款的收回。一般来说，企业账款的收回包括客户开出支票、企业收到支票、银行清算三个阶段。企业账款收回的时间包括支票邮寄时间、支票在企业停留的时间以及支票结算的时间，前两个阶段所需时间的长短不但与客户、企业、银行之间的距离有关，而且与收款的效率有关。企业应在不影响未来销售的情况下，尽可能地加速现金的收回。企业加速收款的任务不仅要使顾客尽量早付款，而且要尽快地使这些付款转化为可用现金。为此，必须满足如下要求：①减少顾客付款的邮寄时间；②减少企业收到顾客开来支票与支票兑现之间的时间；③加速资金存入银行的过程。

为达到以上要求，可采用以下措施。

1. 集中银行法

集中银行法改变了只在企业总部设立一个收款点的做法，而是在收款额较集中的若干地区均设立收款中心，并指定一个主要开户银行（通常是总部所在地银行）为集中银行；企业客户的货款交到距其最近的收款中心；收款中心银行再将扣除补偿性余额后的多余现金解缴到企业指定的集中银行，供企业使用。

这种方法的优点在于：①由收款中心寄发付款通知，使客户收到付款通知的时间缩短；②客户将货款交至当地收款中心，缩短了交款时间；③由收款中心的银行每天向集中银行解缴现金，缩短了企业从收到现金起至可供企业使用的时间。

其主要缺点在于每个收款中心的银行都要求补偿性余额，开设的收款中心越多，补偿性余额总量越多，释放的现金相对减少，呆滞资金的机会成本相应增高。因此，企业在进行可行性调研之后，合理地确定收款中心的数量和设置地点，是采用集中银行法管理现金收款业务决策的关键。

2. 锁箱系统法

锁箱系统法是指通过在各主要城市租用专门的邮政信箱，以缩短从收到顾客付款到存入当地银行的时间的一种现金管理办法。这是一种与集中银行法的功能非常类似的加速收款方法，又称邮政信箱法。

一般而言，企业利用锁箱系统法来加速收款的处理程序如下：①确定在某些地区租用加锁的专用邮政信箱；②通知客户将货款汇至指定的邮政信箱；③授权邮政信箱所在地的某家银行每天数次收取邮政信箱中的邮件，并将货款存入该企业管理账户；④被授权开启邮政信箱的当地银行将扣除补偿性余额后的现金收入及附带单证定期送交企业管理总部。

上述过程免除了企业办理收账、将货款存入银行的一切手续，缩短了企业办理收款与存储的时间。

其缺点是，被授权收取邮政信箱货款的银行除了要求相应的补偿性余额外，还要收取办理额外服务的劳务费，使释放可供使用资金的成本增加。因此，是否采用锁箱系统法，需根据可释放出的资金所产生的效益与增加成本的大小而定。

3. 其他方法

除以上两种方法外，还有一些加速收现的方法。例如，对于金额较大的货款采用电汇收款方式；直接派人前往收取支票并送存银行；对各银行之间以及企业内部各单位之间的现金往来严加控制；减少不必要的银行账户等。

（二）控制现金支出

控制现金支出，包括时间上的控制和金额上的控制两个方面，控制现金支出最常用的方法有以下五种。

1. 推迟应付款的支付

推迟应付款的支付是指在不影响企业信誉的前提下，尽可能地推迟应付款的支付时间，充分享受供货方所提供的信用优惠。如企业在采购材料时，供货方提供的信用条件是"2/10，N/60"，则企业应该在开票后第 10 天付款，而不应该在开票当天付款。如果企业急需现金，甚至可以放弃供货方提供的现金折扣的优惠，在信用期的最后一天付款。当然，是否做出这样的决定，要先权衡推迟付款和放弃现金折扣优惠之间的利弊得失。因为放弃现金折扣优惠而产生的商业信用成本一般来说是相当高的。

2. 使用现金浮游量

所谓现金浮游量，是指企业账上现金余额与银行账上的企业现金余额之间的差额。形成现金浮游量的原因是存在未达账项。由于从企业开出支票到收款人收到支票并将其送交银行，直到银行办理完款项的划转，通常需要一定的时间。因此，现金浮游量实际上是企业与银行双方出账入账的时间差造成的。在这段时间里，企业虽然已经开出了支票，但银行并未入账，所以，企业仍然可以动用银行存款上的这笔现金，以达到充分利用现金的目的。不过，在使用现金浮游量时，要特别注意控制好使用的时间，以防止发生银行存款的透支事件。

3. 改变工资支出模式

工资支出模式是指企业为支付工资而设立一个专门存款账户，这种存款账户余额的多少也会影响企业管理的现金总额。为了减少这一存款数额，企业管理在合理预测开出支付工资的支票到银行兑现的具体时间的基础上，安排各日存入银行工资款项的大概金额，不必一次性存入全部工资支出。

4. 采用延期付款方式

在采用支票付款时，只要受票人将支票存进银行，付款人就要无条件地付款。但汇票不是见票即付的付款方式，在受票人将汇票存进银行后，银行要将汇票送交付款人承兑，并由付款人将一笔相当于汇票金额的资金存入银行，银行才会付款给受票人。这样就有可能合法地延期付款。

5. 使用零余额账户

零余额账户是一种资金合流方法，将收款与支付分账户金额转移至一总账户，在分账户层面留下零余额，总计余额则放在总账户内。零余额账户是一种高效的账户管理模式，使企业所有资金得以集中控制在单一账户，不会造成企业资金大量滞留于分账户，避免造成过多的闲置资金、资源的浪费。同时不会产生账户金额不足需要向银行透支、占用企业信用的现象。因此，零余额账户一直被各大企业奉为最佳的账户余额管理模式。

（三）保持与银行的良好关系

企业通常在银行开户，并在资金不足时向银行申请贷款，还接受银行提供的包括票据交换、锁箱系统及资信调查等多项服务。为此，保持与银行的良好关系非常重要。在处理银企关系时，补偿性余额方式的选用和透支制度的利用必须注意。

1. 补偿性余额方式的选用

银行收入主要来自利息收入，而贷款利息收入的多少又取决于它所吸引的客户的平均存款额。企业维持的一定的存款补偿性余额，是银行收入的主要来源。对银行来说，它首先需要决定提供给客户的服务成本，然后再考虑所要求的补偿性余额的大小。当然，企业也可以直接付款给银行，以享受其服务。但企业尤其是大企业经常发现，采用补偿性余额的方式来享受银行的服务比直接付款给银行更为合算。银行可以采用绝对最低额和平均最低额两种方式来决定补偿性余额。绝对最低额限制性较高，对企业来说是一笔无法动用的死钱。平均最低额限制性较低，只要企业的平均现金余额不低于某个标准，可以允许企业在关键时刻使其存款余额下降至0甚至出现负数。

2. 透支制度的利用

大多数西方银行允许透支。在这种制度下，每当存款人开出支票的总金额超过存款账户中的实际余额时，银行会自动贷款给存款人，以弥补不足的存款。当然，银行会事先和存款人定好这种贷款的最高金额。

以上两种方式虽然会受整个经济环境如银根抽紧政策的影响，但是与银行维持良好的关系，以尽量利用平均性质的补偿性余额和利用透支制度，对降低企业管理平均现金余额、提高现金使用效率都有重要的作用。

第三节 应收账款管理

一、应收账款的功能和成本

（一）应收账款的定义和功能

1. 应收账款的定义

应收账款是企业因对外销售商品、提供劳务等而应向购买货物或接受劳务的单位收取的款项，形成企业之间的商业信用。应收账款占流动资产的比重很大，加强应收账款管理对企业财务管理具有特别重要的意义。

2. 应收账款的功能

应收账款的功能是指它在企业生产经营中所具有的作用。应收账款是一种债权性流动资产，就其占用本身来看，并不能直接带来任何收益。但应收账款具有增加销售和减少存货的功能。

（1）增加销售功能

企业销售产品可以采取现销方式或赊销方式。现销方式最大的优点是应计现金流入量与实际现金流入量完全吻合，既能避免坏账损失，又能及时将收回的款项投入再生产过程，是企业期望的一种销售结算方式。但在激烈竞争的市场条件下，单纯的现销方式将使企业处于不利境地。而赊销方式由于向购买方提供了一定的商业信用，可以使企业扩大产品销售、开拓市场，增强企业竞争力。

（2）减少存货功能

应收账款可以加速产品销售的实现，加快产成品向销售收入的转化速度，降低产成品数量，有利于缩短产成品的库存时间，降低产成品存货的管理费用、仓储费用和保险费用。因此，在企业产成品存货较多时，可以将产成品以较优惠的信用条件赊销出去，将存货转化为应收账款，减少产成品存货，节约开支。

（二）应收账款的成本

1. 应收账款的机会成本

应收账款的机会成本是指因资金投放在应收账款上而丧失的其他收入。如投资于有价证券会有利息收入和股息收入。

2. 应收账款的管理成本

应收账款的管理成本是指企业对应收账款进行管理而耗费的开支，是应收账款成本的重要组成部分，主要包括对客户的资信调查费用、应收账款账簿记录费用、收账费用以及其他费用。

3. 应收账款的坏账成本

应收账款的坏账成本是指由于某些原因无法收回而给持有企业带来的损失。应收账款坏账成本与应收账款数额成正比,即应收账款越多,坏账成本也越多。因此,企业为规避坏账损失带来的不利影响,应按照应收账款余额的一定比例提取坏账准备。

二、应收账款的信用政策决策

信用政策即应收账款政策,是指企业对应收账款进行规划与控制而确立的基本原则与行为规范。信用政策包括信用标准、信用条件和收账政策三项内容。

（一）信用标准

信用标准是客户获得企业商业信用所应具备的最低条件,通常以预期的坏账损失率表示。如果企业的信用标准过高,将使客户因信用品质达不到所设的标准而被企业拒之门外,其结果尽管有利于降低应收账款机会成本、管理成本及坏账成本,但会影响企业市场竞争能力的提高和销售收入的扩大。如果企业采取较低的信用标准,虽然有利于企业扩大销售、提高市场竞争力和占有率,但同时会导致应收账款机会成本、管理成本及坏账成本的增加。

（二）信用条件

信用条件是指企业接受客户信用时所提出的付款要求,主要包括信用期限、现金折扣及折扣期限等。信用条件通常以"2/10,N/60"的方式来表示,即客户在发票开出后的 10 天内付款,可以享受 2% 的现金折扣;如果放弃折扣优惠,则全部款项必须在 60 天内付清。60 天为信用期限,10 天为折扣期限,2% 为现金折扣率。

1. 信用期限

信用期限是指企业为客户规定的最长付款时间。产品销售量与信用期限之间存在一定的依存关系。延长信用期限,可以在一定程度上扩大销售从而增加毛利。但不适当地延长信用期限也会产生平均收账期延长、管理成本及坏账成本增加等不良后果。因此,企业应否为客户延长信用期限,应视延长信用期限增加的边际收入是否大于增加的边际成本而定。

2. 现金折扣

现金折扣是指在顾客提前付款时所给予的价格优惠。现金折扣实际是产品价格的扣减,企业在决定是否提供以及提供多大程度的现金折扣时,应着重考虑提供折扣后所得的收益是否大于现金折扣的成本。

3. 折扣期限

折扣期限是指为顾客规定的可享受现金折扣的付款时间。

信用条件的选择与信用标准的选择相似,即比较不同的信用条件的销售收入及相关成本,最后计算出各自的净收益,并选择净收益最大的信用条件。

（三）收账政策

收账政策是指当客户违反信用条件,拖欠甚至拒付账款时企业所采取的收账策略与措施。在企业向客户提供商业信用时,必须考虑以下三个问题:①客户是否会拖欠或拒付账款,程度如何?②怎样最大限度地防止客户拖欠账款?③一旦遭到拖欠甚至拒付,企业应采取怎样的对策?

前两个问题的解决主要靠信用调查和严格信用审批制度，第三个问题则必须通过制定完善的收账政策、采取有效的收账措施予以解决。

一般而言，企业加强收账管理，及早收回货款，可以减少坏账损失，减少应收账款上的资金占用，但会增加收账费用。因此，制定收账政策就是要在增加收账费用与减少坏账损失、减少应收账款机会成本之间进行权衡，若前者小于后者，则说明制定的收账政策是可取的（选择应收账款总成本最小的方案）。

三、应收账款的日常管理

信用政策建立以后，企业应该按照制定的信用标准、信用条件与收账政策，做好应收账款的日常管理工作。

（一）客户信用管理

1. 搜集客户信用资料

搜集客户信用资料是进行客户信用分析和进行应收账款管理的前提。这种资料的真实可靠程度直接影响决策结果。搜集资料必须支付费用，企业必须权衡全面搜集客户信用资料所花的费用是否超出其可能提供的收益。客户信用资料可以从财务报表、评估机构信用评级报告、银行调查、其他企业以及企业自身经验等几个方面获得。

2. 分析客户信用状况

搜集客户信用资料后，要对这些资料进行分析，并对客户信用状况进行评估。信用评估的方法有很多，常用的有5C评估法和信用评分法。

（1）5C评估法

5C评估法是指重点分析影响信用的品质、能力、资本、抵押和条件五个方面的一种方法。

①品质

品质是指客户愿意如期履行其付款义务的可能性，是评估客户信用品质的首要因素。因为客户是否愿意在货款到期时尽自己最大的努力来偿还货款，直接决定着应付账款的收回速度和数量。企业可以通过了解客户过去付款的一贯做法以及客户与其他供货企业的关系是否良好来评价客户的品质。

②能力

能力是指客户偿付货款的能力，即客户流动资产的数量、质量以及流动比率、速动比率的高低。企业可以通过客户提供的财务报告，并通过对客户进行实地调查、观察来分析客户资产的流动性，对客户的偿债能力做出判断。

③资本

资本是指客户的财务实力和财务状况。企业可以通过分析客户提供的财务报告来分析判断。

④抵押

抵押是指客户拒付款项或无力支付款项时，能被用作抵押的资产。如果对客户的信用状况有争议,或是对企业的信用状况不了解,但客户能够提供足够的抵押品,企业也可以向其提供信用。当货款到期客户不能付款时,便可以变卖抵押品抵补货款。

⑤条件

条件是指经济环境对客户能力的影响。企业可通过了解客户在过去类似条件下的付款表现做出判断。

5C 评估法可以判断客户信用风险的大小,以决定是否提供信用和提供信用的条件。

(2)信用评分法

信用评分法是指对一系列财务比率和信用情况指标进行评分,然后进行加权平均,得出客户综合的信用分数,并以此进行信用评估的一种方法。

在采用信用评分法进行信用评估时,分数在一定标准(如 80 分)以上时,说明客户的信用状况良好;分数在一定标准(如 60 分)以下时,则说明客户的信用状况较差;分数在中间时,信用状况一般。

3. 信用决策

搜集了客户的信用资料并进行分析评价后,就必须对有关客户的信用要求做出决策。对新客户来说,由于是初次交易,一般比较慎重,在决策前要对客户进行全面的信用分析与评价,严格按照制定的信用政策决策。对老客户来说,不必像对新客户那样进行详细的信用分析,而是只对每个客户分别规定一个信用限额。同时,定期对老客户进行信用评价与审计。

(二)账龄分析

账龄分析表将应收账款划分为未到信用期的应收账款和以 30 天为间隔的逾期应收账款,这是衡量应收账款管理状况的另外一种方法。企业既可以按金额(应收账款总额)进行账龄分析,也可以按客户进行账龄分析。账龄分析法可以确定逾期应收账款,随着逾期时间的增加,应收账款收回的可能性变小。

(三)信用保险

信用保险是对超过正常坏账损失部分的损失进行投保。信用保险可以由保险企业承保,也可以由企业自我保险。正常部分坏账损失保险企业不能承保,超过部分也受到保险额的限制,企业还应承担一部分责任。企业自我保险主要采取提取坏账准备金、商品削价准备金等方式。

(四)收账程序与策略

企业催收账款的程序一般首先是以信函方式催收。将客户拖欠账款的金额、时间及相应文件的复印件寄给客户,请其在规定时间内付款。其次是电话催收。对于信函催款不予理睬的客户,应采取电话方式催收,直至派员面谈催收。最后是采取法律行动。当上述两种措施无效时,可以交给企业的律师采取法律行动,通过法院裁决。为了提高诉讼效果,可以与其他经常被该客户拖欠或拒付账款的企业联合向法院起诉,以增强该客户信用品质不佳的证据力。

客户拖欠货款的原因较多,但可概括为两类:无力偿付和故意拖欠。

1. 无力偿付

无力偿付是指客户因经营管理不善，财务出现困难，没有资金偿付到期债务。对这种情况要进行具体分析，如果客户确实遇到暂时的困难，经过努力能够东山再起，企业可以帮助客户渡过难关，以便收回较多的账款。如果客户遇到严重困难，无法恢复活力，则应及时向法院起诉，以期在企业破产清算时得到债权的部分清偿。

2. 故意拖欠

故意拖欠是指客户虽有能力付款但拒付欠款。遇到这种情况，则需要确定合理的讨债方法，以达到收回账款的目的。

第四节 存货管理

一、存货的功能和持有成本

（一）存货的定义和功能

1. 存货的定义

存货是指企业在生产经营过程中为销售或耗用而储备的资产，包括原材料、在产品、产成品、商品等。

2. 存货的功能

存货的功能也是企业存货的原因，主要有以下几个方面。

（1）保证生产正常进行

市场上某些物资的供应有时可能断档，一旦生产或销售所需物资短缺，就会出现停工待料、停业待货的事故，造成损失。企业存储必要的原材料、在产品，可以保证生产经营的连续进行。

（2）利于产品销售

因为顾客需要成批采购，运输也要有一定批量，持有一定的产成品存货，更加有利于产品销售。

（3）便于维持均衡生产，降低产品成本

企业生产的季节性产品市场需求不稳定，有时生产能力不能充分运用，有时又需超负荷生产，增加生产成本。而均衡生产有助于降低成本，要保证均衡生产，则不可避免地需要存货。

（4）降低存货取得成本

零购物资的价格较高，成批购买不仅可以获得数量折扣这种价格上的优惠，还可以获得比正常价格购买的价差收益，减少采购费用和管理费用。

（5）防止意外事件的发生

即使是市场供应充足的物资，也可能因运输故障等意外事件使供应中断，为防止意外事件发生，企业必须持有一定的保险储备。

（二）存货的持有成本

1. 购置成本

购置成本是指由买价和运杂费等构成的成本。购置成本一般随采购数量的增加而成比例增加，但单位采购成本不受采购数量的影响，所以在确定采购批量时，一般可以不考虑。只有当供应方给予数量折扣时，才有必要考虑采购批量和购置成本。

2. 订货成本

订货成本是指从企业向供应方发出订单订货起，到材料、商品入库为止整个过程中所发生的各种费用，包括订购手续费、差旅费、邮电费、仓库验收费等。订货成本一般与订货的数量无关，而与订货的次数有关，因此，在需要量一定的情况下，每次订购批量越大，订购次数就越少，从而订货成本就越少。订货成本有一部分与订货次数有关，如差旅费、邮资、电话电报费等费用与进货次数成正比例变动，这类变动性订货成本属于决策的相关成本；另一部分与订货次数无关，如专设采购机构的基本开支等，这类固定性订货成本则属于决策的无关成本。

3. 储存成本

储存成本是指在生产领用和出售之前因储存存货而发生的各种成本，包括仓储费、保险费、变质损耗费、占用资金支付的利息等。储存成本一般与平均存货量成正比，订购批量越大，平均存货量就越高，因此，从减少储存成本来看，应减少订货批量。储存成本可以按照与储存数额的关系分为变动性储存成本和固定性储存成本两类。其中，固定性储存成本与存货储存数额的多少没有直接的联系，如仓库折旧费、仓库职工的固定月工资等，这类成本属于决策的无关成本；而变动性储存成本则与存货储存数额成正比例变动关系，如存货资金的应计利息、存货残损和变质损失、存货的保险费用等，这类成本属于决策的相关成本。

4. 缺货成本

缺货成本是指存货不能满足生产和销售需要时发生的损失。如停工损失、加班加点费或高价购入材料所带来的差价损失，以及由于产成品库存不足而丧失销售机会的损失等。这部分成本虽然难以计量，但在确定企业的存货量时应予以适当考虑。

5. 变质过时成本

变质过时成本是指企业产品因储存时间过长引起变质与过时造成的损失，一般不予考虑，但经销鲜活易腐产品与时尚服饰的商业企业应予以适当考虑。

二、确定存货的最佳经济批量

在存货全年需求量已定的情况下，降低订购批量，必然增加订货批次，这是因为一方面，存货的储存成本随平均储存量的下降而减少；另一方面，订货成本随订购批次的上升而增多。反之，减少订货批次，必然增加订货批量，在减少订货成本的同时增加储存成本。所谓经济订货批量，是指企业存货成本最低时的每次订货数量。

（一）存货经济批量的基本模型

存货经济批量的基本模型以下列假设为前提：①企业一定时期的进货总量可以较为准确地予以预测；②存货的耗用或者销售比较均衡；③存货的价格稳定，且不存在数量折扣，进货日期完全由企业自行决定，并且每当存货量降为 0 时，下一批存货均能马上一次到位；④仓储条件及所需现金不受限制；⑤不允许出现缺货情形；⑥所需存货市场供应充足，不会因买不到所需存货而影响其他方面。

经济订货批量（存货经济批量）的基本模型是分析企业在不考虑数量折扣，不考虑缺货成本和变质过时成本，一次订货、均衡耗用情况下的订货批量模型。

（二）存货经济批量的数量折扣模型

企业规定每次订购量达到某一数量界限时，给予价格优惠。于是，购买者就可以利用数量折扣价，取得较低商品价格、较低运输费和较低年订购费用的机会，并使从大批量中得到的节约可能超过抵偿增支的储存成本。在有数量折扣的决策中，订货成本、储存成本以及采购成本都是订购批量决策中的相关成本，这时，上述三种成本的年成本合计最低的方案为最优方案。

实行数量折扣的经济订货批量（存货经济批量）计算的基本步骤如下：①按照基本经济批量模型确定经济订货批量；②计算按经济批量进货时的存货相关总成本；③计算按给予数量折扣的进货批量进货时的存货相关总成本。

比较不同进货批量的存货相关总成本，最低存货相关总成本对应的进货批量，就是实行数量折扣的最佳经济批量。

三、存货的日常管理

加强存货日常管理的目的是使企业保持科学合理的存货量。一个大型企业往往有成千上万种存货项目，有些存货价值大、数量多，有些存货价值小、数量少，如果不分重点，对每一项目存货都进行周密的规划、严格的控制，不仅使管理工作变得复杂，而且容易顾此失彼。因此，加强存货日常管理的主要途径是控制订货的数量和订购时间，选择适当的订货方式，最常用的方法是 ABC 分类法、适时制库存控制系统等。

（一）ABC 分类法

ABC 分类法经过不断发展和完善，现已广泛用于存货管理、成本管理和生产管理。ABC 分类法就是遵循"保证重点、照顾一般"的原则，采用科学的分析方法，将重点存货与一般存货加以划分，分别进行管理的一种有效管理方法。ABC 分类标准主要有两个：一是金额标准；二是品种数量标准。其中，金额标准是最基本的，品种数量标准仅作为参考。具体内容如下。

A 类：金额巨大，但品种数量较少的存货（品种数量占总品种数量的 10% 左右，金额占总金额的 70% 左右）；

B 类：介于 A、C 两类之间的存货（品种数量占总品种数量的 20% 左右，金额占总金额的 20% 左右）；

C类：金额微小，但品种数量众多的存货（品种数量占总品种数量的70%左右，金额占总金额的10%左右）。

A类存货种类虽少，但占用资金多，因而应集中主要力量，对其收入、发出进行严格的控制和管理；C类存货虽然品种繁多，但占用资金不多，对这类存货不必花费大量时间和精力进行规划和控制；B类存货介于A类和C类之间，应给予相当的重视，但不必像A类那样进行非常严格的控制。

（二）适时制库存控制系统

适时制库存控制系统又称零库存管理、看板管理系统。它最早由丰田公司提出并将其应用于实践，是指制造企业事先与供应商和客户协调好，只有当制造企业在生产过程中需要原料或零件时，供应商才会将原料或零件送来；而每当产品生产出来就被客户拉走。这样，制造企业的库存持有水平就可以大大降低。显然，适时制库存控制系统需要的是稳定而标准的生产程序以及与供应商的诚信，否则，任何一环出现差错，都将导致整个生产线的停止。目前，已有越来越多的公司利用适时制库存控制系统减少甚至消除对库存的需求，即实行零库存管理，如沃尔玛、丰田、海尔等。适时制库存控制系统进一步发展，被应用于企业整个生产管理过程中——集开发、生产、库存和分销于一体，大大提高了企业运营管理效率。

第五章 收入与分配管理

第一节 收入与分配管理概述

一、收入与分配管理的意义与原则

企业通过经营活动取得收入后,要按照补偿成本、缴纳所得税、提取公积金、向投资者分配利润等顺序进行分配。对于企业来说,收入分配不仅是资产保值、保证简单再生产的手段,同时是资产增值、实现扩大再生产的工具。通过收入分配还可以满足国家政治职能与经济职能的需要。同时,它也是处理所有者、经营者等各方面物质利益关系的基本手段。

(一)收入与分配管理的意义

收入与分配管理作为现代企业财务管理的重要内容之一,对于维护企业与各相关利益主体的财务关系、提升企业价值具有重要意义。具体而言,企业收入与分配管理的意义表现在以下四个方面。

1. 收入与分配管理集中体现了企业所有者、经营者与劳动者之间的利益关系

企业所有者是企业权益资金的提供者,按照"谁出资、谁受益"的原则,其应得的投资收益需通过企业的收益分配来实现,而获得投资收入的多少取决于企业盈利状况及利润分配政策。通过收益分配,投资者能实现预期的收益,提高企业的信誉程度,有利于增强企业未来融通资金的能力。

企业的债权人在向企业投入资金的同时承担了一定的风险。企业的收入分配中应体现出对债权人利益的充分保护,不能伤害债权人的利益。除了按时支付到期本金、利息外,企业在进行收入的分配时也要考虑债权人未偿付本金的保障程度,否则将在一定程度上削弱企业的偿债能力,从而降低企业的财务弹性。

职工是价值的创造者,是企业收入和利润的源泉。通过薪资的支付以及各种福利的提供,可以提高职工的工作热情,使其为企业创造更多的价值。因此,为了正确、合理地处理好企业各方利益相关者的需求,就必须对企业所实现的收入进行合理分配。

第五章 收入与分配管理

2. 收入与分配管理是企业维持简单再生产和实现扩大再生产的基本条件

企业在生产经营过程中所投入的各类资金，会随着生产经营活动的进行不断地发生消耗和转移，形成成本费用，最终构成商品价值的一部分。销售收入的取得，为企业成本费用的补偿提供了前提，为企业简单再生产的正常进行创造了条件。通过收入与分配的管理，企业能形成一部分自行安排的资金，可以增强企业生产经营的财力，有利于企业适应市场需要扩大再生产。

3. 收入与分配管理是企业优化资本结构、降低资本成本的重要措施

留存收益，是企业重要的权益资金来源。留存收益的多少，影响企业积累的多少，从而影响权益与负债的比例，即资本结构。企业价值最大化的目标要求企业的资本结构最优，而收入与分配便成了优化资本结构、降低资本成本的重要措施。

4. 收入与分配管理是国家建设资金的重要来源之一

在企业正常的生产经营活动中，企业不仅为自己创造了价值，还为社会创造了一定的价值，即利润。利润代表企业的新创财富，是企业收入的重要构成部分。除了满足企业自身的生产经营性积累外，通过收入分配，国家税收也能够集中一部分企业利润，由国家有计划地分配使用，实现国家政治职能和经济职能，为社会经济的发展创造良好条件。

（二）收入与分配管理的原则

1. 依法分配原则

企业的收入分配必须依法进行。为了规范企业的收入分配行为，维护各利益相关者的合法权益，国家颁布了相关法规。这些法规规定了企业收入分配的基本要求、一般程序和重要比例，企业应当认真执行，不得违反。

2. 分配与积累并重原则

企业的收入分配必须坚持积累与分配并重的原则。企业通过经营活动获取收入，既要保证企业简单再生产的持续进行，又要不断积累企业扩大再生产的财力基础。恰当处理分配与积累之间的关系，留存一部分净利润，能够增强企业抵抗风险的能力，同时可以提高企业经营的稳定性与安全性。

3. 兼顾各方利益原则

企业的收入分配必须兼顾各方面的利益。企业是经济社会的基本单元，企业的收入分配涉及国家、企业股东、债权人、职工等多方面的利益。正确处理它们之间的关系，协调其矛盾，对企业的生存、发展是至关重要的。企业在进行收入分配时，应当统筹兼顾，维护各利益相关者的合法权益。

4. 投资与收入对等原则

企业进行收入分配应当体现谁投资、谁受益，收入大小与投资比例相对等的原则。这是正确处理投资者利益关系的关键。企业在向投资者分配收入时，应本着平等一致的原则，按照投资者投资额的比例进行分配，不允许任何一方随意多分多占，以从根本上实现收入分配的公开、公平和公正，保护投资者的利益。但是，公司章程或协议明确规定出资比例与收入分配比例不一致的除外。

二、收入与分配管理的内容

企业通过销售产品、转让资产、对外投资等活动取得收入，而这些收入的去向主要是两个方面：一是弥补成本费用，即为取得收入而发生的资源耗费；二是形成利润，即收入扣除成本费用后的余额。收入、成本费用和利润三者之间的关系可以简单表述为下式。

$$收入 - 成本费用 = 利润$$

由此可以看出，对企业收入的分配，首先是对成本费用进行补偿，然后，对其余额（利润）按照一定的程序进行再分配。收入与分配管理的内容主要包括收入管理、分配管理和纳税管理三个方面。

（一）收入管理

收入是指企业在日常活动中形成的、会导致所有者权益增加的、与所有者投入资本无关的经济利益的总流入，一般包括销售商品收入、提供劳务收入和让渡资产使用权收入等。企业的收入主要来自生产经营活动，企业正常的经营活动主要包括销售商品、提供劳务、让渡本企业资产使用权等。具体表现为：销售商品得到的商品销售收入；提供运输、修理等劳务取得的劳务收入；让渡专利、商标等无形资产使用权而取得的使用费，以及以投资方式供其他企业使用本企业的资产而获得的股利。

销售收入是企业收入的主要构成部分，是企业能够持续经营的基本条件，销售收入的制约因素主要是销量与价格，销售预测分析与销售定价管理构成了收入管理的主要内容。

1. 销售预测分析

销售预测分析实际上是对市场动态与销售情况的预测分析。企业财务部门和销售部门应深入调查研究，把握市场动态和变化趋势，采用科学方法对销售情况和相应的收入进行合理的预测，从而更好地帮助管理层决策。常见的预测分析方法主要有两类：一类是定性分析法，即非数量分析法，如营销员判断法、专家判断法和产品寿命周期分析法；另一类是定量分析法，也称数量分析法，一般包括趋势预测分析法和因果预测分析法两大类。

2. 销售定价管理

在市场经济条件下，企业拥有商品的定价权，应根据各自的定价目标选择科学、可行的定价方法，合理确定商品的销售价格。价格策略的制定，应考虑市场供求状况、竞争激烈程度、消费者心理以及市场定位等因素。常见的定价方法主要有两类：一类是基于成本的定价方法，如全部成本费用加成定价法、目标利润法等；另一类是基于市场需求的定价方法，如需求价格弹性系数定价法、边际分析定价法等。

（二）分配管理

分配管理指的是对利润分配的管理。利润是收入弥补成本费用后的余额。由于成本费用包括的内容与表现的形式不同，利润所包含的内容与形式也有一定的区别。若成本费用不包括利息和所得税，则利润表现为息税前利润；若成本费用包括利息而不包括所得税，则利润表现为利润总额；若成本费用包括了利息和所得税，则利润表现为净利润。本章所指利润分配是指对净利润的分配。利润分配关系着国家、企业及所有者等各方面的利益，必须严格按照国家的法令和制度执行。

1. 弥补以前年度亏损

企业在提取法定公积金（法定盈余公积金）之前，应先用当年利润弥补以前年度亏损。企业年度亏损可以用下一年度的税前利润弥补，下一年度不足弥补的，可以在5年之内用税前利润连续弥补，连续5年未弥补的亏损则用税后利润弥补。其中，税后利润弥补亏损可以用当年实现的净利润，也可以用任意盈余公积金转入。

2. 提取法定公积金

根据相关规定，法定公积金的提取比例为当年税后利润（弥补亏损后）的10%。当年法定公积金的累积额已达注册资本的50%时，可以不再提取。法定公积金提取后，根据企业的需要，可用于弥补亏损或转增资本，但企业用法定公积金转增资本后，法定公积金的余额不得低于转增前公司注册资本的25%。提取法定公积金的主要目的是增加企业内部积累，以利于企业扩大再生产。

3. 提取任意公积金

根据相关规定，公司从税后利润中提取法定公积金后，经股东会或股东大会决议，还可以从税后利润中提取任意公积金（任意盈余公积金）。这是为了满足企业经营管理的需要，控制向投资者分配利润的水平，以及调整各年度利润分配的波动。

4. 向股东（投资者）分配股利（利润）

根据相关规定，公司弥补亏损和提取公积金后所余税后利润，可以向股东（投资者）分配。其中，有限责任公司股东按照实缴的出资比例分取红利，全体股东约定不按照出资比例分取红利的除外；股份有限公司按照股东持有的股份比例分配，但股份有限公司章程规定不按照持股比例分配的除外。

此外，近年来，以期权形式或类似期权形式进行的股权激励在一些大公司逐渐流行起来。从本质上来说，股权激励是企业对管理层或者员工进行的一种经济利益分配。

（三）纳税管理

企业所承担的税负实际上是利益在国家与企业之间的分配，分配结果直接关系到企业未来的发展和股东的利益空间，纳税是企业收入分配过程中的重要环节。纳税管理是对纳税所实施的全过程管理行为，纳税管理的主要内容是纳税筹划，即在合理合法的前提下，对企业经济交易或事项进行事先规划，以减少应纳税额或延迟纳税，实现企业的财务目标。由于企业的筹资、投资、营运和利润分配等日常活动以及企业重组都会产生纳税义务，故这五个环节的纳税管理构成了纳税管理的主要内容。

1. 企业筹资纳税管理

在众多筹资方式中,企业会优先选择内部筹资,内部筹资可以避免股东的双重税收负担。在众多外部筹资方式中,债务筹资给企业带来的税收利益最大,这是因为支付给债权人的利息可以税前扣除,减少了企业的所得税纳税义务以及由此带来的现金流出。

为实现财务管理的目标,在对筹资活动进行纳税筹划时,不仅要确定相对安全的资本结构,还要保证总资产报酬率(息税前)大于债务利息率。

2. 企业投资纳税管理

企业投资纳税管理分为企业直接投资纳税管理和企业间接投资纳税管理,直接投资纳税管理又可以分为直接对外投资纳税管理和直接对内投资纳税管理。直接对外投资纳税管理主要是对投资地区、投资行业、投资组织形式和投资收回方式的筹划,而直接对内投资和间接对外投资的纳税管理主要是通过利用企业所享有的税收优惠政策来进行纳税筹划。

3. 企业营运纳税管理

企业营运纳税管理是对企业日常活动中的采购、生产和销售环节进行纳税管理。在采购环节,主要从增值税纳税人选择、购货对象选择、结算方式选择和增值税专用发票管理四个方面进行增值税进项税额的纳税筹划;在生产环节,主要通过对存货和固定资产计价方法的选择,以及利用期间费用抵扣规定来对所得税进行纳税筹划;在销售环节,主要是通过销售结算方式和促销方式的选择来对所得税进行纳税筹划。

4. 企业利润分配纳税管理

企业利润分配纳税管理包括所得税纳税管理和股利分配纳税管理两个部分。所得税纳税管理要求亏损企业正确把握弥补亏损的年限。股利分配纳税管理要求企业站在股东立场上,选择使股东税务负担较小的股利分配方式。对于自然人股东和法人股东而言,股息红利收益与资本利得收益所适用的税率均不相同,企业在做股利分配决策时应该根据自身的股权结构综合考虑。

5. 企业重组纳税管理

企业重组纳税管理主要包括两方面内容:一方面,通过重组事项,长期降低企业的各项纳税义务;另一方面,企业应该在支付方式等方面进行筹划以达到企业重组的特殊性税务处理条件,使企业适用特殊性税务处理方法,这样可以减少企业重组环节的纳税成本。

第二节 股利分配政策与管理

一、股利分配理论与股利政策

股利政策是指在法律允许的范围内,企业是否发放股利、发放多少股利以及何时发放股利的方针及对策。

股利政策的最终目标是使公司价值最大化。股利往往可以向市场传递一些信息,股利发放的多寡、是否稳定、是否增长等,往往是大多数投资者推测公司经营状况好坏、发展前景优劣的依据。因此,股利政策关系到公司在市场上、在投资者中间的形象,成功的股利政策有利于提高公司的市场价值。

(一)股利分配理论

企业的股利分配方案既取决于企业的股利政策,又取决于决策者对股利分配的理解与认识,即股利分配理论。股利分配理论是指人们对股利分配的客观规律的科学认识与总结,其核心问题是股利政策与公司价值的关系问题。在市场经济条件下,股利分配要符合财务管理目标。人们对股利分配与财务目标之间关系的认识存在不同的流派与观念,还没有一种被大多数人接受的权威观点和结论。但主要有以下两种较流行的观点。

1. 股利无关理论

股利无关理论认为,在一定的假设条件限制下,股利政策不会对公司的价值或股票的价格产生任何影响,投资者不关心公司股利的分配。公司市场价值的高低,是由公司所选择的投资决策的获利能力和风险组合所决定的,而与公司的利润分配政策无关。由于公司对股东的分红只能采取派现或股票回购等方式,因此,在完全有效的资本市场上,股利政策的改变就仅仅意味着股东的收益在现金股利与资本利得之间分配上的变化。如果投资者按理性行事的话,这种改变不会影响公司的市场价值以及股东的财富。

该理论是建立在完全资本市场理论之上的,假定条件包括:①市场具有强式效率,没有交易成本,没有任何一个股东的实力足以影响股票价格;②不存在任何公司或个人所得税;③不存在任何筹资费用;④公司的投资决策与股利决策彼此独立,即投资决策不受股利分配的影响;⑤股东在股利收入和资本增值之间并无偏好。

2. 股利相关理论

与股利无关理论相反,股利相关理论认为,企业的股利政策会影响股票价格和公司价值。主要观点有以下几种。

(1)"手中鸟"理论

"手中鸟"理论认为,用留存收益再投资,给投资者带来的收益具有较大的不确定性,并且投资的风险随着时间的推移会进一步加大,因此,厌恶风险的投资者会偏好确定的股利收益,而不愿将收益留存在公司内部去承担未来的投资风险。该理论认为,公司的股利政策与公司的股票价格是密切相关的,即当公司支付较高的股利时,公司的股票价格会随之上升,公司价值将得到提高。

(2)信号传递理论

信号传递理论认为,在信息不对称的情况下,公司可以通过股利政策向市场传递有关公司未来获利能力的信息,从而会影响公司的股价。一般来讲,预期未来获利能力强的公司,往往愿意通过相对较高的股利支付水平把自己同预期获利能力差的公司区别开来，以吸引更多的投资者。对于市场上的投资者来讲，股利政策的差异或许是反映公司预期获利能力的有价值的信号。如果公司连续保持较为稳定的股利支付水平，那么，投资者就可能对公司未来的盈利能力与现金流量抱有乐观的预期。另外，如果公司的股利支付水平在过去一个较长的时期内相对稳定，而现在却有所变动，投资者将会把这种现象看作公司管理当局将改变公司未来收益率的信号，股票市价将会对股利的变动做出反应。

（3）所得税差异理论

所得税差异理论认为，由于普遍存在的税率以及纳税时间的差异，资本利得收益比股利收益更有助于实现收益最大化目标，公司应当采用低股利政策。一般来说，对资本利得收益征收的税率低于对股利收益征收的税率；再者，即使两者没有税率上的差异，由于投资者对资本利得收益的纳税时间选择更具弹性，投资者仍可以享受延迟纳税带来的收益差异。

（4）代理理论

代理理论认为，股利政策有助于减缓管理者与股东之间的代理冲突，即股利政策是协调股东与管理者之间代理关系的一种约束机制。该理论认为，股利的支付能够有效地降低代理成本。首先，股利的支付减少了管理者对自由现金流量的支配权，这在一定程度上可以抑制公司管理者的过度投资或在职消费行为，从而保护外部投资者的利益；其次，较多的现金股利发放，减少了内部融资，导致公司进入资本市场寻求外部融资，从而使公司接受资本市场上更多的、更严格的监督，这样便可通过资本市场的监督减少代理成本。因此，高水平的股利政策降低了企业的代理成本，但同时增加了外部融资成本，理想的股利政策应当使两种成本之和最小。

（二）股利政策

股利政策由企业在不违反国家有关法律、法规的前提下，根据本企业具体情况制定。股利政策既要保持相对稳定，又要符合公司财务目标和发展目标。在实际工作中，通常有以下几种股利政策可供选择。

1. 剩余股利政策

剩余股利政策是指公司在有良好的投资机会时，根据目标资本结构，测算出投资所需的权益资本额，先从盈余中留用，然后将剩余的盈余作为股利来分配，即净利润首先满足公司的权益资金需求，如果还有剩余，就派发股利；如果没有，则不派发股利。剩余股利政策的理论依据是股利无关理论。根据股利无关理论，在完全理想的资本市场中，公司的股利政策与普通股每股市价无关，故而股利政策只需随着公司投资、融资方案的制订而自然确定。因此，采用剩余股利政策时，公司要遵循如下四个步骤：①设定目标资本结构，在此资本结构下，公司的加权平均资本成本将达到最低水平；②确定公司的最佳资本预算，并根据公司的目标资本结构预计资金需求中所需增加的权益资本数额；③最大限度地使用留存收益来满足资金需求中所需增加的权益资本数额；④留存收益在满足公司权益资本增加需求后，若还有剩余，再用来发放股利。

（1）剩余股利政策的优点

留存收益优先满足再投资的需要，有助于降低再投资的资金成本，保持最佳的资本结构，实现企业价值的长期最大化。

（2）剩余股利政策的缺陷

若完全遵照执行剩余股利政策，股利发放额就会每年随着投资机会和盈利水平的波动而波动。在盈利水平不变的前提下，股利发放额与投资机会的多寡呈反方向变动；而在投资机会维持不变的情况下，股利发放额将与公司盈利呈同方向变动。剩余股利政策不利于投资者安排收入与支出，也不利于公司树立良好的形象，一般适用于公司初创阶段。

2. 固定或稳定增长的股利政策

固定或稳定增长的股利政策是指公司将每年派发的股利额固定在某一特定水平或是在此基础上维持某一固定比率逐年稳定增长。公司只有在确信未来盈余不会发生逆转时才会宣布实施固定或稳定增长的股利政策。在这一政策下，应首先确定股利分配额，而且该分配额一般不随资金需求的波动而波动。

（1）固定或稳定增长的股利政策的优点

第一，稳定的股利向市场传递着公司正常发展的信息，有利于树立公司的良好形象，增强投资者对公司的信心，稳定股票的价格。

第二，稳定的股利额有助于投资者安排股利收入和支出，有利于吸引那些打算进行长期投资并对股利有很高依赖性的股东。

第三，固定或稳定增长的股利政策可能不符合剩余股利理论，但考虑到股票市场会受多种因素影响（包括股东的心理状态和其他要求），为了将股利或股利增长率维持在稳定的水平上，即使推迟某些投资方案或暂时偏离目标资本结构，也可能比降低股利或股利增长率更为有利。

（2）固定或稳定增长的股利政策的缺点

第一，股利的支付与企业的盈利相脱节，即不论公司盈利多少，均要支付固定的或按固定比率增长的股利，这可能会导致企业资金紧缺，财务状况恶化。

第二，在企业无利可分的情况下，若依然实施固定或稳定增长的股利政策，是违反相关规定的行为。

因此，采用固定或稳定增长的股利政策，要求公司对未来的盈利和支付能力能做出准确的判断。一般来说，公司确定的固定股利额不宜太高，以免陷入无力支付的被动局面。固定或稳定增长的股利政策通常适用于经营比较稳定或正处于成长期的企业，但很难被长期采用。

3. 固定股利支付率政策

固定股利支付率政策是指公司将每年净利润的某一固定百分比作为股利分派给股东。这一百分比通常称为股利支付率，股利支付率一经确定，一般不得随意变更。在这一股利政策下，只要公司的税后利润一经计算确定，所派发的股利也就相应确定了。固定股利支付率越高，公司留存的净利润越少。

（1）固定股利支付率政策的优点

第一，采用固定股利支付率政策，股利与公司盈余紧密地配合，体现了"多盈多分、少盈少分、无盈不分"的股利分配原则。

第二，由于公司的获利能力在年度间是经常变动的，因此，每年的股利也应当随着公司收益的变动而变动。采用固定股利支付率政策，公司每年按固定的比例从税后利润中支付现金股利，从企业支付能力的角度看，这是一种稳定的股利政策。

（2）固定股利支付率政策的缺点

第一，大多数公司每年的收益很难保持稳定不变，导致年度间的股利额波动较大，由于股利的信号传递作用，波动的股利很容易给投资者带来经营状况不稳定、投资风险较大的不良印象，成为影响股价的不利因素。

第二，容易使公司面临较大的财务压力。这是因为公司实现的盈利多，并不能代表公司有足够的现金流用来支付较多的股利额。

第三，合适的固定股利支付率的确定难度比较大。

由于公司每年面临的投资机会、筹资渠道都不同，而这些都可以影响公司的股利分派，因此，一成不变地奉行固定股利支付率政策的公司在实际中并不多见，固定股利支付率政策只是较适用于那些处于稳定发展且财务状况也较稳定的公司。

4. 低正常股利加额外股利政策

低正常股利加额外股利政策，是指公司事先设定一个较低的正常股利额，每年除了按正常股利额向股东发放股利外，还在公司盈余较多、资金较为充裕的年份向股东发放额外股利。但是，额外股利并不固定，不意味着公司永久地提高了股利支付额。

（1）低正常股利加额外股利政策的优点

第一，赋予公司较大的灵活性，使公司在股利发放上留有余地，并具有较大的财务弹性。公司可根据每年的具体情况，选择不同的股利发放水平，以稳定和提高股价，进而实现公司价值的最大化。

第二，使那些依靠股利度日的股东每年至少可以得到虽然较低但比较稳定的股利收入，从而吸引住这部分股东。

（2）低正常股利加额外股利政策的缺点

第一，由于各年度之间公司盈利的波动使额外股利不断变化，造成分派的股利不同，容易给投资者造成收益不稳定的感觉。

第二，当公司在较长时间持续发放额外股利后，可能会被股东误认为"正常股利"，一旦取消，传递出的信号可能会使股东认为这是公司财务状况恶化的表现，进而导致股价下跌。

相对来说，对那些盈利随着经济周期波动较大的公司或者盈利与现金流量很不稳定的公司，低正常股利加额外股利政策也许是一种不错的选择。

二、利润分配制约因素

企业的利润分配涉及企业相关各方的切身利益，受众多不确定因素的影响，在确定分配政策时，应当考虑各种相关因素的影响，主要包括法律、公司、股东及其他因素。

（一）法律因素

为了保护债权人和股东的利益，法律法规对公司的利润分配做了如下规定。

1. 资本保全约束

相关法律规定公司不能用资本（包括实收资本或股本和资本公积）发放股利，目的在于维持企业资本的完整性，防止企业任意减少资本结构中的所有者权益的比例，保护企业完整的产权基础，保障债权人的利益。

2. 资本积累约束

相关法律规定公司必须按照一定的比例和基数提取各种公积金，股利只能从企业的可供股东分配利润中支付。此处可供股东分配利润包含公司当期的净利润、按照规定提取各种公积金后的余额和以前累积的未分配利润。另外，在进行利润分配时，一般应当贯彻"无利不分"的原则，即当企业出现年度亏损时，一般不进行利润分配。

3. 超额累积利润约束

由于资本利得与股利收入的税率不一致，如果公司为了股东避税而使盈余的保留大大超过了公司目前及未来的投资需要，将被加征额外的税款。

4. 偿债能力约束

偿债能力是企业按时、足额偿付各种到期债务的能力。如果当期没有足够的现金派发股利，则不能保证企业在短期债务到期时有足够的偿债能力，这就要求公司考虑现金股利分配对偿债能力的影响，确定在分配后仍能保持较强的偿债能力，以维持公司的信誉和借贷能力，从而保证公司的正常资金周转。

（二）公司因素

1. 现金流量

由于会计规范的要求和核算方法的选择，公司盈余与现金流量并非完全同步，净收入的增加不一定意味着可供分配的现金流量的增加。公司在进行利润分配时，要保证正常的经营活动对现金的需求，以维持资金的正常周转，使生产经营得以有序进行。

2. 资产的流动性

企业现金股利的支付会减少其现金持有量，降低资产的流动性，而保持一定的资产流动性是企业正常运转的必备条件。

3. 盈余的稳定性

企业的利润分配政策在很大程度上会受盈利稳定性的影响。一般来讲，公司的盈余越稳定，其股利支付水平也就越高。对于盈利不稳定的公司,可以采用低股利政策。

4. 投资机会

如果公司的投资机会多,对资金的需求量大,那么它就很可能会考虑采用低股利支付水平的分配政策;如果公司的投资机会少,对资金的需求量小,那么它就很可能倾向于采用较高的股利支付水平的分配政策。此外,如果公司将留存收益用于再投资所得报酬低于股东个人单独将股利收入投资于其他投资机会所得的报酬,公司就不应多留留存收益,而应多发放股利,这样有利于股东价值的最大化。

5. 筹资因素

如果公司具有较强的筹资能力,随时能筹集到所需资金,那么它会具有较强的股利支付能力。另外,留存收益是企业内部筹资的一种重要方式,它同发行新股或举债相比,不需花费筹资费用,同时增加了公司权益资本的比重,降低了财务风险,便于以低成本取得债务资本。

6. 其他因素

由于股利的信号传递作用,公司不宜经常改变其利润分配政策,应保持一定的连续性和稳定性。此外,利润分配政策还会受其他因素的影响,如不同发展阶段、不同行业的公司股利支付比例会有差异,这就要求公司在进行政策选择时要考虑发展阶段以及所处行业状况。

(三)股东因素

1. 控制权

现有股东往往将股利政策作为维持其控制地位的工具。公司支付较高的股利会导致留存收益减少,当公司为有利可图的投资机会筹集所需资金时,发行新股的可能性增大,新股东的加入必然稀释现有股东的控制权。因此,股东会倾向于较低的股利支付水平,以便从内部的留存收益中取得所需资金。

2. 稳定的收入

如果股东依赖现金股利维持生活,他们往往要求公司能够支付稳定的股利,而反对留存过多的利润。还有一些股东认为通过增加留存收益引起股价上涨而获得的资本利得是有风险的,而目前的股利是确定的,即便是现在较少的股利,也强于未来的资本利得,因此,他们往往也要求较多的股利支付。

3. 避税

政府对企业利润征收所得税以后,还要对自然人股东征收个人所得税,股利收入的税率要高于资本利得的税率。一些高股利收入的股东出于避税的考虑,往往倾向于较低的股利支付水平。

(四)其他因素

1. 债务契约

一般来说,股利支付水平越高,留存收益越少,公司的破产风险加大,就越有可能损害债权人的利益。因此,为了保证自己的利益不受损害,债权人通常都会在债务契约、租赁合同中加入关于借款公司股利政策的限制条款。

2. 通货膨胀

通货膨胀会带来货币购买力水平下降，导致固定资产重置资金不足，此时，企业往往不得不考虑留用一定的利润，以便弥补由于购买力下降而造成的固定资产重置资金缺口。因此，在通货膨胀时期，企业一般会采取偏紧的利润分配政策。

三、股利支付的形式与程序

（一）股利支付的形式

1. 现金股利

现金股利是以现金支付的股利，它是股利支付最常见的方式。公司选择发放现金股利除了要有足够的留存收益外，还要有足够的现金，而现金充足与否往往会成为公司发放现金股利的主要制约因素。

2. 财产股利

财产股利是以现金以外的其他资产支付的股利，主要是以公司所拥有的其他公司的有价证券，如债券、股票等，作为股利支付给股东。

3. 负债股利

负债股利是以负债方式支付的股利，通常以公司的应付票据支付给股东，有时也以发放公司债券的方式支付股利。

财产股利和负债股利实际上是现金股利的替代，但这两种股利支付形式在我国公司实务中很少使用。

4. 股票股利

股票股利是公司以增发股票的方式所支付的股利，我国实务中通常也称其为"红股"。发放股票股利对公司来说，并没有现金流出企业，也不会导致公司的财产减少，而只是将公司的未分配利润转化为股本和资本公积。但股票股利会增加流通在外的股票数量，同时降低股票的每股价值。它不改变公司股东权益总额，但会改变股东权益的构成。

发放股票股利，不会对公司股东权益总额产生影响，但会引起资金在各股东权益项目间的再分配。而且股票股利派发前后每一位股东的持股比例也不会发生变化。发放股票股利虽不直接增加股东的财富，也不增加公司的价值，但对股东和公司都有特殊意义。

（1）对股东来讲，股票股利的优点

第一，理论上，派发股票股利后，每股市价会成反比例下降，但实务中这并非必然结果。因为市场和投资者普遍认为，发放股票股利往往预示着公司会有较大的发展和成长空间，这样的信息传递会稳定股价或使股价下降比例减小甚至不降反升，股东便可以获得股票价值相对上升的好处。

第二，由于股利收入和资本利得税率的差异，如果股东把股票股利出售，还会给他带来资本利得纳税上的好处。

（2）对公司来讲，股票股利的优点

第一，发放股票股利不需要向股东支付现金，在再投资机会较多的情况下，公司就可以为再投资提供成本较低的资金，从而有利于公司的发展。

第二，发放股票股利可以降低公司股票的市场价格，既有利于促进股票的交易和流通，又有利于吸引更多的投资者成为公司股东，进而使股权更为分散，有效地防止公司被恶意控制。

第三，股票股利的发放可以传递公司未来发展前景良好的信息，从而增强投资者的信心，在一定程度上稳定股票价格。

（二）股利支付的程序

公司股利的发放必须遵守相关的要求，按照日程安排来进行。一般情况下，先由董事会提出分配预案，然后提交股东大会决议，股东大会决议通过才能进行分配。股东大会决议通过分配预案后，要向股东宣布发放股利的方案，并确定股利宣告日、股权登记日、除息日和股利发放日。

1. 股利宣告日

股利宣告日即股东大会决议通过并由董事会将股利支付情况予以公告的日期。公告中将宣布每股应支付的股利、股权登记日、除息日以及股利发放日。

2. 股权登记日

股权登记日即有权领取本期股利的股东资格登记截止日期。凡是在此指定日期收盘之前取得公司股票，成为公司在册股东的投资者都可以作为股东享受公司本期分派的股利。在这一天之后取得股票的股东，则无权领取本次分派的股利。

3. 除息日

除息日即领取股利的权利与股票分离的日期。在除息日之前购买股票的股东才能领取本次股利，而在除息日当天或是以后购买股票的股东，则不能领取本次股利。由于失去了收息的权利，除息日的股票价格会下跌。除息日是股权登记的下一个交易日。

4. 股利发放日

股利发放日即公司按照公布的分红方案向股权登记在册的股东实际支付股利的日期。

第三节 股票分割与股票回购

一、股票分割

（一）股票分割的概念

股票分割，又称拆股，即将一股股票拆分成多股股票的行为。股票分割一般只会增加发行在外的股票总数，但不会对公司的资本结构产生任何影响。股票分割与股票股利非常相似，都是在不增加股东权益的情况下增加了股份的数量；所不同的是，股票股利虽不会引起股东权益总额的改变，但股东权益的内部结构会发生变化，而股票分割之后，股东权益总额及其内部结构都不会发生任何变化，变化的只是股票面值。

（二）股票分割的作用

1.降低股票价格

股票分割会使每股市价降低，买卖该股票所需资金量减少，从而可以促进股票的流通和交易。流通性的提高和股东数量的增加，会在一定程度上加大对公司股票恶意收购的难度。此外，降低股票价格还可以为公司发行新股做准备，因为股价太高会使许多潜在投资者力不从心，而不敢轻易对公司股票进行投资。

2.向市场和投资者传递公司发展前景良好的信号

这有助于增强投资者对公司股票的信心。

（三）反分割

与股票分割相反，当公司认为其股票价格过低，不利于其在市场上的声誉和未来的再筹资时，为提高股票的价格，会采取反分割措施。反分割又称为股票合并或逆向分割，是指将多股股票合并为一股股票的行为。反分割显然会降低股票的流通性，抬高公司股票投资的门槛，它向市场传递的信息通常是不利的。

二、股票回购

（一）股票回购的含义及方式

股票回购是指上市公司出资将其发行在外的普通股以一定价格购买回来予以注销或作为库存股的一种资本运作方式。根据我国相关规定，公司有下列情形之一的，可以收购本公司股份：①减少公司注册资本；②与持有本公司股份的其他公司合并；③将股份用于员工持股计划或者股权激励；④股东因对股东大会做出的公司合并、分立决议持异议，要求公司收购其股份；⑤将股份用于转换上市公司发行的可转换为股票的公司债券；⑥上市公司为维护公司价值及股东权益所必需。

属于减少公司注册资本收购本公司股份的，应当自收购之日起10日内注销；属于与持有本公司股份的其他公司合并和股东因对股东大会做出的公司合并、分立决议持异议，要求公司收购其股份的，应当在6个月内转让或者注销；属于其余三种情形的，公司合计持有的本公司股份数不得超过本公司已发行股份总额的10%，并应当在3年内转让或者注销。

上市公司将股份用于员工持股计划或者股权激励、将股份用于转换上市公司发行的可转换为股票的公司债券，以及上市公司为维护公司价值及股东权益所必需情形收购本公司股票的，应当通过公开的集中交易方式进行。上市公司以现金为对价，采取要约方式、集中竞价方式回购股份的，视同上市公司现金分红，纳入现金分红的相关比例计算。

公司不得接受本公司的股票作为质押权的标的。

（二）股票回购的动机

在证券市场上，股票回购的动机多种多样，主要有以下几点。

1. 现金股利的替代

现金股利政策会对公司造成未来的派现压力，而股票回购不会。当公司有富余资金时，通过购回股东所持股票将现金分配给股东，这样一来，股东就可以根据自己的需要选择继续持有股票或出售以获得现金。

2. 改变公司的资本结构

无论是现金回购还是举债回购股份，都会提高公司的财务杠杆水平，改变公司的资本结构。公司认为权益资本在资本结构中所占比例较大时，为了调整资本结构而进行股票回购，可以在一定程度上降低整体资本成本。

3. 传递公司信息

由于信息不对称和预期差异，证券市场上的公司股票价格可能被低估，而过低的股价将会对公司产生负面影响。一般情况下，投资者会认为股票回购是公司认为其股票价值被低估而采取的应对措施。

4. 基于控制权的考虑

控股股东为了保证其控制权不被改变，往往采取直接或间接的方式回购股票，从而巩固既有的控制权。另外，股票回购使流通在外的股份数变少，股价上升，从而可以有效地防止恶意收购。

（三）股票回购的影响

股票回购对上市公司的影响主要表现在以下几个方面：①符合股票回购条件的多渠道回购方式允许公司选择适当时机回购本公司股份，这将进一步提升公司调整股权结构和管理风险的能力，提高公司整体质量和投资价值。②因实施持股计划和股权激励的股票回购，形成资本所有者和劳动者的利益共同体，有助于提高投资者回报能力；将股份用于转换上市公司发行的可转换为股票的公司债券实施的股票回购，也有助于拓展公司融资渠道，改善公司资本结构。③当市场不理性，公司股价严重低于股份内在价值时，为了避免投资者损失，适时进行股份回购，减少股份供应量，有助于稳定股价，增强投资者信心。④股票回购若用大量资金支付回购成本，一方面，容易造成资金紧张，降低资产流动性，影响公司的后续发展；另一方面，在公司没有合适的投资项目又持有大量现金的情况下，回购股份，也能更好地发挥货币资金的作用。⑤上市公司通过履行信息披露义务和公开的集中交易方式进行股份回购，有利于防止操纵市场、内幕交易等利益输送行为。

第四节 纳税管理

一、纳税管理概述

（一）纳税管理

纳税管理是指企业对其涉税业务和纳税事务所实施的研究和分析、计划和筹划、监控和处理、协调和沟通、预测和报告全过程的管理行为。纳税管理的目标是规范企业纳税行为，合理降低税收支出,有效防范纳税风险。投资、筹资、营运和分配等活动是企业财务管理的主要内容,而这些活动的决策过程无一不涉及纳税问题,因此,纳税管理贯穿于财务管理的各个组成部分,成为现代财务管理的重要内容。

(二)纳税筹划

在纳税管理的各个环节中,纳税筹划尤为重要。纳税筹划,是指在纳税行为发生之前,在不违反税法及相关法律法规的前提下,对纳税主体的投资、筹资、营运及分配行为等涉税事项做出事先安排,以实现企业财务管理目标的一系列谋划活动。纳税筹划的外在表现是降低税负和延期纳税。

合理的纳税筹划可以减少企业的现金流出量或延迟现金的流出时间,可以提高资本回报率或节约企业的资本成本。因此,有效的纳税筹划可以提高企业的现金管理水平,有助于企业财务管理目标的实现。

(三)纳税筹划的原则

企业的纳税筹划必须遵循以下原则。

1. 合法性原则

企业开展税务管理必须遵守国家的各项法律法规。依法纳税是企业和公民的义务,也是纳税筹划必须坚持的首要原则。坚持合法性原则是纳税筹划与偷税、逃税、抗税和骗税等行为的本质区别,前者具有合法性,有利于企业财务管理目标的实现;而后者是违法行为,虽然暂时减轻了税收负担,但最终必然会受到法律制裁,给企业带来经济上和声誉上的损失,严重阻碍企业财务管理目标的实现。由于税收法律法规和各项优惠政策会随着社会经济发展变化而不断地进行调整和修订,为了保持纳税筹划的合法性,筹划者要时刻关注国家税收法律法规和税收优惠政策的变化情况。

2. 系统性原则

纳税筹划的系统性原则,也称为整体性原则、综合性原则。一方面,企业纳税筹划的方案设计必须遵循系统观念,要将筹划活动置于财务管理的大系统下,与企业的投资、筹资、营运及分配策略相结合;另一方面,企业需要缴纳的税种之间常常相互关联,一种税的节约可能引起另一种税的增加,纳税筹划要求企业必须从整体角度考虑纳税负担,在选择纳税方案时,要着眼于整体税负的降低。

3. 经济性原则

纳税筹划的经济性原则,也称成本效益原则。纳税筹划方案的实施,在为企业带来税收利益的同时,必然发生相应的成本支出,由于纳税筹划的目的是追求企业长期财务目标而非单纯的税负最轻,因此,企业在进行纳税筹划相关的决策时,必须进行成本效益分析,选择净收益最大的方案。

4. 先行性原则

纳税筹划的先行性原则，是指筹划策略的实施通常在纳税义务发生之前。在经济活动中，纳税人可以根据税法及相关法规对各种经济事项的纳税义务进行合理预测，从中选择有利的筹划策略。如果纳税义务已经发生，根据税收法定原则，相应的纳税数额和纳税时间已经确定，纳税筹划就失去了作用空间。因此，企业进行税务管理时，要对企业的筹资、投资、营运和分配活动等进行事先筹划和安排，尽可能减少应税行为的发生，降低企业的纳税负担，从而实现纳税筹划的目的。

（四）纳税筹划的方法

1. 减少应纳税额

税收由国家权力强制执行，对于企业而言，纳税义务的产生必然会带来企业现金的流出和费用的增加，因此，纳税筹划的首要目的是在合法、合理的前提下减少企业的纳税义务。应纳税额的减少可以节约企业的费用和减少现金支出，从而提高企业的资本回报率和现金周转效率。企业可以通过利用税收优惠政策筹划法或转让定价筹划法来实现减少应纳税额的目标。

（1）利用税收优惠政策筹划法

利用税收优惠政策筹划法，是指纳税人凭借国家税法规定的优惠政策进行纳税筹划的方法。税收优惠政策是指税法对某些纳税人和征税对象给予鼓励和照顾的一种特殊规定。具体来说，指的是国家为了扶持某些特定产业、行业、地区、企业和产品的发展，或者为了对某些有实际困难的纳税人给予照顾，在税法中做出的某些特殊规定，如免除其应缴的全部或部分税款，或按照其缴纳税款的一定比例给予返还等，从而减轻其税收负担。

从税制构成角度探讨，利用税收优惠进行纳税筹划主要是利用以下几个优惠要素。

①利用免税政策

利用免税筹划，是指在合法、合理的情况下，使纳税人成为免税人，或使纳税人从事免税活动，或使征税对象成为免税对象而免纳税收的纳税筹划方法。利用免税筹划方法能直接免除纳税人的应纳税额，技术简单，但使用范围狭窄，且具有一定的风险性。这种方法以尽量争取更多的免税待遇和尽量延长免税期为要点。

②利用减税政策

利用减税筹划，是指在合法、合理的情况下，使纳税人减少应纳税额而直接节税的纳税筹划方法。它也具有技术简单、使用范围狭窄、具有一定风险性等特点。利用减税方法筹划以尽量争取更多的减税待遇，并使减税最大化和减税期最长化为要点。

③利用退税政策

利用退税筹划，是指在合法、合理的情况下，使税务机关退还纳税人已纳税款而直接节税的纳税筹划方法。在已缴税款的情况下，退税偿还了缴纳的税款，节减了税收，所退税额越大，节减的税收就越多。

④利用税收扣除政策

利用税收扣除筹划，是指在合法、合理的情况下，使扣除额增加而实现直接节税，或调整各个计税期的扣除额而实现相对节税的纳税筹划方法。在收入相同的情况下，各项扣除额、宽免额、冲抵额等越大，计税基数就越小，应纳税额也就越小，从而节税也就越多。利用税收扣除进行纳税筹划，技术较为复杂、适用范围较大、具有相对确定性。利用税收扣除进行纳税筹划的要点在于使扣除项目最多化、扣除金额最大化和扣除最早化。

⑤利用税率差异

利用税率差异筹划，是指在合法、合理的情况下，利用税率的差异直接节税的纳税筹划方法。利用税率差异进行纳税筹划，适用范围较广，具有复杂性、相对确定性的特点。采用税率差异节税不但受不同税率的影响，有时还受不同计税基数的影响，计税基数计算的复杂性使税率差异筹划变得复杂。其技术要点在于尽量寻求税率最低化，以及尽量寻求税率差异的稳定性和长期性。

⑥利用分劈技术

利用分劈技术筹划，是指在合法、合理的情况下，使所得、财产在两个或更多个纳税人之间进行分劈而直接节税的纳税筹划技术。出于调节收入等社会政策的考虑，许多国家的所得税和一般财产税通常都会采用累进税率，计税基数越大，适用的最高边际税率也越高。使所得、财产在两个或更多个纳税人之间分劈，可以使计税基数降至低税率级次，从而降低最高边际适用税率，节减税收。

⑦利用税收抵免

利用税收抵免筹划，是指在合法、合理的情况下，使税收抵免额增加而节税的纳税筹划方法。利用税收抵免筹划的要点在于使抵免项目最多化、抵免金额最大化。在其他条件相同的情况下，抵免的项目越多、金额越大，冲抵的应纳税项目与金额就越大，应纳税额就越小，因而节税就越多。

（2）转让定价筹划法

转让定价筹划法，主要是指通过关联企业采用非常规的定价方式和交易条件进行的纳税筹划。转让定价指在经济活动中，有经济联系的企业各方为了转移收入、均摊利润或转移利润而在交换或买卖过程中，不是依照市场买卖规则和市场价格进行交易，而是根据它们之间的共同利益或为了最大限度地维护它们之间的收入而进行的产品或非产品转让。在这种转让中，根据双方的意愿，产品的转让价格可高于或低于市场上由供求关系决定的价格，以达到少纳税甚至不纳税的目的。例如，在生产企业和商业企业承担的税负不一致的情况下，若商业企业承担的税负高于生产企业，则有联系的生产企业和商业企业就可通过某种契约的形式，增加生产企业利润，减少商业企业利润，使它们共同承担的税负和各自承担的税负达到最少。

为了保证利用转让定价进行纳税筹划的有效性，筹划时应注意以下三点：一是要进行成本效益分析；二是价格的波动应在一定的范围之内，以防被税务机关调整而增加税负；三是纳税人可以运用多种方法进行全方位、系统的筹划安排。

2. 递延纳税

考虑到货币的时间价值和通货膨胀因素，纳税筹划的另一条思路是递延纳税。递延纳税是指合法、合理的情况下，纳税人将应纳税款推迟一定期限的方法，延期纳税虽然不会减少纳税人纳税的绝对总额，但由于货币具有时间价值，递延纳税可以使应纳税额的现值减小。延期纳税有利于资金周转，节省利息支出，以及由于通货膨胀的影响，延期以后的税款币值下降，从而降低了实际纳税额。

企业实现递延纳税的一个重要途径是采取有利的会计处理方法，在现实经济活动中同一经济业务有时存在着不同的会计处理方法，而不同的会计处理方法又对企业的财务状况有着不同的影响，同时这些不同的会计处理方法又都得到了税法的承认，因此，通过对有关会计处理方法的筹划也可以达到相对节税的目的。利用会计处理方法进行递延纳税的筹划主要包括存货计价方法的选择和固定资产折旧的纳税筹划等。

二、企业筹资纳税管理

按筹资来源划分，企业筹资可划分为内部筹资和外部筹资，内部筹资来源于企业内部，以积累的留存收益为主；外部筹资来源于企业外部，又可分为债务筹资和股权筹资。

（一）内部筹资纳税管理

企业通常优先使用内部资金来满足资金需求，内部资金是企业已经持有的资金，并且无须花费筹资费用，与外部股权筹资相比，其资本成本更低；与债务筹资相比，降低了企业的财务风险。从税收角度来看，内部筹资虽然不能减少企业的所得税负担，但若将这部分资金以股利分配的形式发放给股东，股东会承担双重税负，若将这部分资金继续留在企业内部获取投资收益，投资者可以自由选择资本收益的纳税时间，可以享受递延纳税带来的收益。因此，内部筹资是减少股东税收的一种有效手段，有利于股东财富最大化的实现。

（二）外部筹资纳税管理

内部筹资一般不能满足企业的全部资金需求，因此，企业还需要进行外部筹资。需要的外部融资额，可以通过增加债务或增加权益资金来满足，这涉及资本结构管理问题。关于资本结构的理论有很多，其中的权衡理论认为，有负债企业的价值是无负债企业价值加上抵税收益的现值，再减去财务困境成本的现值。

在目标资本结构的范围内，企业会优先使用负债融资，这是因为企业价值由企业未来经营活动现金流量的现值决定，负债融资的利息可以在计算应纳税所得额时予以扣除，这就降低了企业的纳税负担，减少了企业经营活动现金流出量，增加了企业价值。在债务利息率不变的情况下，企业财务杠杆越高，企业所取得的节税收益越大，但过高的财务杠杆可能会使企业陷入财务困境，出现财务危机甚至破产，从而带来企业价值的损失。纳税筹划的最终目的是企业财务管理目标的实现而非税负最小化，因此，在进行债务筹资纳税筹划时必须考虑企业的财务困境成本，选择适当的资本结构。

对股东而言，采用债务筹资的好处不仅仅在于节税效应，更重要的是固定性融资成本所带来的财务杠杆效应，即在某一固定的债务与权益融资结构下由于息税前利润的变动引起每股收益产生更大变动程度的现象。

当且仅当总资产报酬率（息税前）大于债务利息率时，负债筹资才能给股东带来正的财务杠杆效应，有利于股东财富的增加。当总资产报酬率（息税前）小于债务利息率且大于零时，产权比率越大，节税收益越大，但股东财富的减少幅度也越大。因此，从股东财富最大化视角考虑，使用债务筹资进行纳税筹划必须满足总资产报酬率（息税前）大于债务利息率的前提条件。

综上可知，使用债务筹资的确可以带来节税收益，增加企业价值，但出于财务管理目标的考虑，在采用债务筹资方式筹集资金时，不仅要将资本结构控制在相对安全的范围内，还要确保总资产报酬率（息税前）大于债务利息率。

随着借贷筹资额的增加，企业的每股净利也随着增加。但同时随着借贷筹资额的增加，企业的经营风险也随着增加。企业通过股票筹资获得的节税收益虽然非常有限，但通过发行股票筹得的资金不需要偿还，可被企业长期占用。因此，企业在筹资时应对筹资成本、财务风险和经营利润综合考虑，并要善于将股权筹资和债务筹资结合使用，选择最佳结合点。

三、企业投资纳税管理

（一）直接投资纳税管理

按投资方向，直接投资纳税管理可以划分为直接对外投资纳税管理和直接对内投资纳税管理。

1. 直接对外投资纳税管理

企业的直接对外投资，主要包括企业联营、合营和设立子公司等行为。由于这类投资规模较大，选择范围广，存在较为广阔的纳税筹划空间，纳税人可以在投资组织形式、投资行业、投资地区和投资收益取得方式的选择上进行筹划。

（1）投资组织形式的纳税筹划

①公司制企业与合伙制企业的选择

目前，我国对公司制企业和合伙制企业在所得税的纳税规定上有所不同，公司制企业的营业利润在分配环节课征企业所得税，当税后利润作为股息分配给个人股东时，股东还要缴纳个人所得税，因此，股东面临着双重税收问题。而合伙制企业不缴纳企业所得税，只课征各个合伙人分得收益的个人所得税。

②子公司与分公司的选择

企业发展到一定规模后，可能需要建立分公司或子公司。从税法上看，子公司需要独立申报企业所得税，分公司的企业所得税由总公司汇总计算并缴纳。根据企业分支机构可能存在的盈亏不均、税率差别等因素来决定分支机构的设立形式，能合法、合理地降低税收成本。

（2）投资行业的纳税筹划

我国不同行业的税收负担不同，在进行投资决策时，应尽可能选择税收负担较轻的行业。如税法规定，对于国家重点扶持的高新技术企业，按15%的税率征收企业所得税；对于创业投资企业进行国家重点扶持和鼓励的投资，可以按投资额的一定比例抵扣应纳税所得额。

（3）投资地区的纳税筹划

由于世界各国以及我国不同地区的税负各有差异，企业在选择注册地点时，应考虑不同地区的税收优惠政策。向海外投资时，由于不同国家税法有较大差异，应该仔细研究有关国家的税收法规。

（4）投资收益取得方式的纳税筹划

企业的投资收益由股息红利和资本利得两部分组成，但这两种收益的所得税税务负担不同。根据企业所得税法相关规定，居民企业直接投资于其他居民企业取得股息、红利等权益性投资收益为企业的免税收入，不包括连续持有居民企业公开发行并上市流通的股票不足12个月取得的投资收益。而企业卖出股份所取得的投资收益则需要缴纳企业所得税。因此，在选择回报方式时，投资企业可以利用其在被投资企业中的地位，使被投资企业进行现金股利分配，这样可以减少投资企业取得投资收益的所得税负担。

2. 直接对内投资纳税管理

直接对内投资，是指在本企业范围内的资金投放，用于购买和配置生产经营所需的生产资料，这里主要对长期经营性资产进行纳税筹划。虽然长期经营性投资会涉及流转税和所得税，但固定资产投资由企业战略和生产经营的需要决定，且税法对固定资产的涉税事项处理均有详细的规定，在投资环节的纳税筹划较少。在无形资产投资中，为了鼓励自主研发和创新，企业为开发新技术、新产品、新工艺发生的研究开发费用，未形成无形资产的计入当期损益，在按照规定据实扣除的基础上，再按照研究开发费用的50%加计扣除；形成无形资产的，按照无形资产成本的150%摊销。因此，企业在具备相应的技术实力时，应该进行自主研发，从而享受加计扣除优惠。

（二）间接投资纳税管理

间接投资又称证券投资，是指企业用资金购买股票、债券等金融资产而不直接参与其他企业生产经营管理的一种投资活动，资产负债表中的交易性金融资产、可供出售金融资产和持有至到期投资等就属于企业持有的间接投资。与直接投资相比，间接投资考虑的税收因素较少，但也有纳税筹划的空间。在投资金额一定时，证券投资决策的主要影响因素是证券的投资收益，不同种类证券收益应纳所得税不同，在投资决策时，应该考虑其税后收益。例如，我国税法规定，我国国债利息收入免交企业所得税，当可供选择债券的回报率较低时，应该将其税后投资收益与国债的收益相比，再做决策。因此，纳税人应该密切关注税收法规，及时利用税法在投资方面的优惠政策进行纳税筹划。

四、企业营运纳税管理

企业的营运活动主要是指企业的日常经营活动，通常包括采购环节、生产环节和销售环节，会产生流转税纳税义务。企业的营运活动也会导致收入的实现，从而产生所得税纳税义务。故在进行企业营运纳税筹划时要综合考虑企业流转税和所得税,以实现企业价值最大化。在营改增背景下,增值税将成为最主要的流转税种,由于制造业企业营运活动覆盖范围更广,因此,这里以工业企业为例来说明生产经营活动中增值税和所得税的纳税管理。

（一）采购的纳税管理

采购主要影响流转税中的增值税进项税额,可以从以下四个方面进行纳税筹划。

1. 增值税纳税人的纳税筹划

增值税纳税人分为一般纳税人和小规模纳税人,我国税务机关对两类纳税人采用不同的征收办法,由此会产生相应的税负差别。某些处于生产经营初期的纳税人,由于其经营规模较小,可以选择成为一般纳税人或小规模纳税人,故存在纳税人身份的纳税筹划问题。增值税一般纳税人以不含税的增值额为计税基础,小规模纳税人以不含税销售额为计税基础,在销售价格相同的情况下,税负的高低主要取决于增值率的大小。一般来说,增值率高的企业,适宜作为小规模纳税人;反之,适宜作为一般纳税人。

2. 购货对象的纳税筹划

企业从不同类型的纳税人处采购货物,所承担的税收负担也不一样。一般纳税人从一般纳税人处采购的货物,增值税进项税额可以抵扣。一般纳税人从小规模纳税人处采购的货物,增值税不能抵扣（由税务机关代开的除外）,为了弥补购货人的损失,小规模纳税人有时会在价格上给予优惠,在选择购货对象时,要综合考虑由于价格优惠所带来的成本的减少和不能抵扣的增值税带来的成本费用的增加。

3. 结算方式的纳税筹划

结算方式包括赊购、现金、预付等。在价格无明显差异的情况下,采用赊购方式不仅可以获得推迟付款的好处,还可以在赊购当期抵扣进项税额;采用预付方式时,不仅要提前支付货款,在付款的当期如果未取得增值税专用发票,相应的增值税进项税额不能被抵扣。因此,在购货价格无明显差异时,要尽可能选择赊购方式。在三种购货方式的价格有差异的情况下,需要综合考虑货物价格、付款时间和进项税额抵扣时间。

4. 增值税专用发票管理

根据进项税额抵扣时间的规定,对于取得防伪税控系统开具的增值税专用发票,需要认证抵扣的企业,在取得发票后应该尽快到税务机关进行认证。购进的多用途物资应先进行认证再抵扣,待转为非应税项目时再作进项税额转出处理,以防止非应税项目物资转为应税项目时由于超过认证时间而不能抵扣其进项税额。

（二）生产的纳税管理

企业生产过程实际上是各种原材料、人工工资和相关费用转移到产品的全过程,可以从以下三个方面进行纳税筹划。

1. 存货计价的纳税筹划

存货的计价方法有多种，按照现行的税法规定，纳税人存货的计算应以实际成本为准。

纳税人各项存货的发生和领用的成本计价方法，可以在先进先出法、加权平均法、个别计价法中选一种。计价方法一经选用，不得随意变更。虽然从长期来看，存货的计价方法不会对应增值税总额产生影响，但是不同的存货计价方法可以通过改变销售成本，继而改变所得税纳税义务在时间上的分布来影响企业价值。从筹划的角度来看，纳税人可以通过采用不同的计价方法对发出存货的成本进行筹划，根据实际情况选择有利于纳税筹划的存货计价方法。

如果预计企业将长期赢利，则存货成本可以最大限度地在本期所得额中税前扣除，应选择使本期存货成本最大化的存货计价方法；如果预计企业将亏损或者企业已经亏损，选择的计价方法必须使亏损尚未得到完全弥补的年度的成本费用降低，尽量使成本费用延迟到以后能够完全得到抵补的时期，才能保证成本费用的抵税效果最大化。如果企业正处于所得税减税或免税期间，就意味着企业获得的利润越多，得到的减免税额越多，因此，应该选择减免税期间内存货成本最小化的计价方法，减少企业的当期摊入，尽量将存货成本转移到非税收优惠期间。当企业处于非税收优惠期间时，应选择使存货成本最大化的计价方法，以达到减少当期应纳税所得额、延迟纳税的目的。

2. 固定资产的纳税筹划

首先，在固定资产计价方面，由于折旧费用是在未来较长时间内陆续计提的，为降低本期税负，新增固定资产的入账价值要尽可能低。例如，对于成套固定资产，其易损件、小配件可以单独开票作为低值易耗品入账，低值易耗品在领用时可以一次或分次直接计入当期费用，这就降低了当期的应纳税所得额。

其次，从固定资产折旧年限来看，固定资产的折旧年限是人为估计值，虽然税法对固定资产规定了最低的折旧年限，纳税筹划不能突破关于折旧年限的最低要求，但是，当企业正处于税收优惠期间或亏损期间时，较高估计固定资产折旧年限有助于其抵税效果最大化。

最后，在固定资产折旧方法方面，税法规定在一般情况下应该采取直线法计算固定资产的折旧，只有当企业的固定资产由于技术进步等原因，确需加速折旧时，才可以缩短折旧年限或采用加速折旧方法。在考虑了货币的时间价值后，直线折旧法和加速折旧法会对折旧的抵税收益造成不同影响，加速折旧法包括双倍余额递减法和年数总额法，这两种折旧方法的抵税效益也不相同，在进行纳税筹划时要慎重选择。

推迟利润的实现，获取货币的时间价值，并不是固定资产纳税筹划的最终目的，不同税收政策的企业，以及不同盈利状况的企业应该选取不同的筹划方法。对于盈利企业，新增固定资产入账时，其账面价值应尽可能低，尽可能在当期扣除相关费用，尽量缩短折旧年限或采用加速折旧法。对于亏损企业和享受税收优惠的企业，应该合理预计企业的税收优惠期间或弥补亏损所需年限，采用适当的折旧安排，尽量在税收优惠期间和亏损期间少提折旧，以达到抵税收益最大化。

在公司有盈利的情况下,采用不同的折旧计提方法不会对未来 5 年的利润总额产生影响,但是会影响应纳税额在时间上的分布,因此,要考虑折旧抵税对公司现金流量产生的影响。在双倍余额递减法与缩短折旧年限法中,固定资产的使用年限和残值都一样,唯一不同的地方在于折旧的时间分布,进而影响到了所得税纳税义务的时间分布,故可以用差额现金流量法进行分析。

用缩短折旧年限法比用双倍余递减法可以获得更多的净现值,从而使企业的价值更大,因此,企业应该采用缩短折旧年限法。

3.期间费用的纳税筹划

企业在生产经营过程中所发生的费用和损失,只有部分能够计入所得税扣除项目,且有些扣除项目还有限额规定。例如,企业发生的招待费支出,按照发生额的 60% 扣除,但最高不得超过当年销售收入的 5‰。因此,企业应该严格规划招待费的支出时间,对于金额巨大的招待费,争取在两个或多个会计年度分别支出,从而使扣除金额最多。

(三)销售的纳税管理

销售在企业经营管理中占有非常重要的地位,销售收入的大小不仅关系到当期流转税额,也关系到企业应纳税所得额,是影响企业税收负担的主要环节。企业销售过程中需要注意以下税收问题。

1.结算方式的纳税筹划

不同销售结算方式中纳税义务的发生时间不同,这为企业进行纳税筹划提供了可能。销售结算方式的筹划,是指在税法允许的范围内,尽量采取有利于本企业的结算方式,以推迟纳税时间,获得纳税期的递延。分期收款结算方式以合同约定日期为纳税义务发生时间,企业在产品销售过程中,在应收款项无法收回或只能部分收回的情况下,应该选择分期收款结算方式。委托代销商品方式下,委托方在收到销货清单时才确认销售收入,产生纳税义务。因此,企业在不能及时收到货款的情况下,可以采用委托代销、分期收款等销售方式,等收到代销清单或合同约定的收款日期到来时再开具发票,承担纳税义务,从而起到延缓纳税的作用。

2.促销方式的纳税筹划

在不同促销方式下,同样的产品取得的销售额有所不同,其应交增值税也有可能不一样。在销售环节,常见的销售方式有销售折扣和折扣销售。销售折扣是指销货方在销售货物或提供应税劳务和应税服务后,为了鼓励购货方及早偿还货款而许诺给予购货方的一种折扣优待,又称为现金折扣。销售折扣不得从销售额中减除,不能减少增值税纳税义务,但是可以尽早收到货款,提高企业资金周转效率。折扣销售,是给予消费者购货价格上的优惠,如八折销售等。如果销售额和折扣额在同一张发票上注明,可以以销售额扣除折扣额后的余额作为计税金额,减少企业的销项税额。

在零售环节,常见的促销方式有折扣销售、实物折扣和以旧换新等。实物折扣,是指销货方在销售过程中,当购买方购买货物时配送、赠送一定数量的货物,实物款额不仅不能从货物销售额中减除，而且需要按"赠送他人"计征增值税。以旧换新，一般应按新货物的同期销售价格确定销售额，不得扣减旧货物的收购价格。因此，从税负角度考虑，企业适合选择折扣销售方式。

五、企业利润分配纳税管理

企业通过投资活动和营运活动取得的收入在弥补了相应的成本费用之后，便形成了企业的利润总额，由此进入了企业利润分配环节。利润分配纳税管理主要包括两个部分：所得税纳税管理和股利分配纳税管理。

（一）所得税纳税管理

为了保证股东分配的利润水平，在合法、合理的情况下，纳税人应该通过纳税筹划尽可能减少企业的所得税纳税义务或者递延缴纳所得税。基于税收法定原则，所得税的纳税金额和纳税时间在经济事项或交易发生之时就已经确定，对于所得税的纳税筹划，主要是在筹资、投资和经营环节，筹划思路和方法前已述及。而利润分配环节的所得税纳税管理主要体现为亏损弥补的纳税筹划。

亏损弥补的纳税筹划，最重要的就是正确把握亏损弥补期限。税法规定，纳税人发生年度亏损，可以用下一纳税年度的所得弥补；下一年度的所得不足以弥补的，可以逐年延续弥补，但延续弥补期最长不得超过5年。但对于高新技术企业和科技型中小企业，亏损结转年限由5年延长至10年。值得注意的是，这里的亏损是指税法上的亏损，即应纳税所得额为负值。因此，当企业发生亏损后，纳税筹划的首要任务是增加收入或减少可抵扣项目，使应纳税所得额尽可能多，以尽快弥补亏损，获得抵税收益。例如，可以利用税法允许的资产计价和摊销方法的选择权，少列扣除项目和扣除金额，使企业尽早实现盈利以及时弥补亏损。

（二）股利分配纳税管理

由于股东面临双重税负，公司分配给投资者的股利并不是股东的最终收益，为了降低股东的纳税义务、分享到更多收益，公司有必要对股利分配进行纳税筹划。股利分配纳税筹划首要考虑的问题是企业是否分配股利。对于不同类型股东，公司侧重于不同的股利政策。

1. 基于自然人股东的纳税筹划

对于自然人股东而言，从上市公司取得的股息红利收益和资本利得收益的纳税负担不同。在当前法律制度下，对于上市公司自身而言，进行股利分配可以鼓励个人投资者长期持有公司股票，有利于稳定股价；对于自然人股东而言，如果持股期限超过1年，由于股票转让投资收益的税负（印花税）重于股息红利收益的税负（0税负），上市公司发放股利有利于长期持股的个人股东获得纳税方面的好处。

2. 基于法人股东的纳税筹划

这里的法人股东主要指具有独立法人资格的公司制企业。根据我国相关法律规定，投资企业从居民企业取得的股息等权益性收益所得只要符合相关规定都可享受免税收入待遇，而不论该投资企业是否为居民企业。而投资企业通过股权转让等方式取得的投资收益需要计入应纳税所得额，

第五章 收入与分配管理

按企业适用的所得税税率缴纳企业所得税。由此可知,如果被投资企业进行股利分配,则投资企业取得的股息红利收益不需要缴纳企业所得税,而如果被投资企业不进行股利分配,投资企业直接以转让股权方式取得投资收益,则会导致原本可免征企业所得税的股息红利投资收益转化成股权转让收益缴纳企业所得税,因此,被投资企业进行股利分配有利于投资企业减轻税收负担。因此,基于法人股东考虑,公司进行股利分配可以帮助股东减少纳税负担,增加股东报酬,为了维持与股东的良好关系,保障股东利益,在企业财务状况允许的情况下,公司应该进行股利分配。

以上两点仅仅是从股东税负方面对股利分配政策进行筹划,在实际工作中,股利分配的制约因素很多,包括法律因素、公司因素、股东因素等,避税仅仅是股东所考虑的因素的一个方面,是一些获得高投资收益的股东所关心的问题。因此,在进行纳税筹划时,应该坚持系统性原则,综合考虑股利分配的各方面制约因素,这一环节的纳税筹划目标不仅是股东税负最小,而且要选择有利于企业长远发展的筹划方案,这样更有利于增加股东财富。

六、企业重组纳税管理

在企业的生命周期中,除了筹资、投资和营运等日常活动外,有时候还会出现使企业法律结构或经济结构发生重大改变的交易,包括企业法律形式改变、债务重组、股权收购、资产收购、合并和分立等,这些交易可以统称为企业重组。企业重组对企业影响巨大,甚至决定企业的生死存亡,而纳税筹划与企业重组关系密切:一方面,企业重组过程往往伴随着流转税和所得税纳税义务的产生,适当的纳税管理可以降低企业并购环节的税收负担,从而减少并购成本;另一方面,企业重组可能会给企业税负带来长期影响。因此,有必要对企业重组进行纳税管理。企业重组的纳税管理可以从以下两方面入手:一方面,通过重组事项,长期降低企业的各项纳税义务。在某些情况下,企业重组是减少企业纳税义务的手段,如将特定产品的生产部门分立为独立的纳税主体,可能会获得流转税税负的降低。为了达到降低税负的目的,需要对重组对象进行筹划。另一方面,减少企业重组环节的纳税义务。资产重组有两类税务处理方法:一般性税务处理方法和特殊性税务处理方法。一般性税务处理方法强调重组交易中的增加值一定要缴纳企业所得税,特殊性税务处理方法规定股权支付部分可以免于确认所得,从而大大降低了企业重组环节的所得税支出。此外,特殊性税务处理可以部分抵扣相关企业的亏损,从中获得抵税收益。因此,在进行重组时,应该尽量满足特殊性税务处理条件,采用特殊性税务处理方法。

(一)企业合并的纳税筹划

会计上的企业合并包括吸收合并、新设合并和控股合并,而税法意义上的企业合并只包括吸收合并和新设合并,这里主要讲税法意义上的企业合并。

1. 并购目标企业的选择

并购目标企业选择的纳税筹划途径大致分为三个方面。

(1)并购有税收优惠政策的企业

现行的相关法律强调以产业优惠为主、区域优惠为辅的所得税优惠格局,因此,企业在选择并购目标时，应充分重视行业优惠因素和地区优惠因素，在同等条件下，优先选择享有税收优惠政策的企业，可以使并购后企业整体的税务负担较小。

（2）并购亏损的企业

如果企业并购重组符合特殊性税务处理的规定，合并企业可以对被合并企业的亏损进行弥补，获得抵税收益，可由合并企业弥补的被合并企业亏损的限额等于被合并企业净资产公允价值乘以截至合并业务发生当年年末国家发行的最长期限的国债利率。因此，在综合考虑了其他条件之后，企业应该选择亏损企业作为并购目标，在亏损企业中，应该优先考虑亏损额接近法定最高亏损弥补额的企业。

（3）并购上下游企业或关联企业

并购可以实现关联企业或上下游企业流通环节的减少，减少流转税纳税义务。

2. 并购支付方式的纳税筹划

我国税法对不同的并购支付方式对应的税务处理的规定存在差异，这为企业并购纳税筹划提供了可能的空间。常见的并购支付方式有股权支付、非股权支付，在支付时，可以单独使用其中一种方式或同时使用两种方式。

（1）股权支付

股权支付是指企业重组中购买、换取资产的一方支付的对价中，以本企业或其控股企业的股权、股份作为支付的形式。对并购公司而言，与现金支付相比，股权支付不会给企业带来融资压力，降低了企业的财务风险。股权支付是对企业合并采取特殊性税务处理方法的必要条件。现行的相关法律规定，当企业符合特殊性税务处理的其他条件，且股权支付金额不低于其交易支付总额的85%时，可以使用资产重组的特殊性税务处理方法，这样可以相对减少合并环节的纳税义务，获得抵税收益。

（2）非股权支付

非股权支付是指在企业并购过程中，以本企业的现金、银行存款、应收款项、本企业或其控股企业股权和股份以外的有价证券、存货、固定资产、其他资产以及承担债务等作为支付的形式。非股权支付采用一般性税务处理方法，对合并企业而言，需对被合并企业公允价值大于原计税基础的所得进行确认，缴纳所得税，并且不能弥补被合并企业的亏损。对于被合并企业的股东而言，需要对资产转让所得缴纳所得税，因此，如果采用非股权支付方式，就要考虑到目标公司股东的税收负担，这样势必会增加收购成本。

综上可知，当采用股权支付不会对并购公司控制权产生重大影响时，应该优先考虑股权支付，或者尽量使股权支付金额不低于其交易支付总额的85%，以争取达到特殊性税务处理的条件。

实际上，特殊性税务处理方法更有利于企业价值最大化，在企业重组的纳税筹划中，应该尽可能满足特殊性税务处理条件，采用特殊性税务处理方法。

（二）企业分立的纳税筹划

1. 分立方式的选择

企业分立可以分为新设分立和存续分立，企业应该根据实际情况进行选择。

（1）新设分立

新设分立是指原企业解散，分立出的各方分别设立为新的企业。可以通过新设分立，把一个企业分解成两个甚至更多个新企业，单个新企业应纳税所得额大大减少，使之适用小型微利企业，可以按照更低的税率征收所得税。或者通过分立，使某些新设企业符合高新技术企业的优惠条件，所适用的税率也就相对较低，从而使企业的总体税收负担低于分立前的企业。

（2）存续分立

存续分立是指原企业存续，而其一部分分出设立为一个或数个新的企业。通过存续分立，可以将企业某个特定部门分立出去，获得流转税的税收利益。例如，消费税的课征只选单一环节，而消费品的流通还存在批发、零售等环节，企业可以将原来的销售部门分立为一个新的销售公司，在出售消费品给销售公司时，适当降低生产环节的销售价格（应当参照社会平均销售价格），从而降低消费税负担，销售公司再以正常价格出售，有利于整体税负的节约。此外，将销售部门分立为一个子公司，还可以增加产品在企业集团内部的销售环节，从而扩大母公司的销售收入，增加可在税前列支的费用数额（如业务招待费和广告费），从而达到节税的目的。

2. 分立支付方式的纳税筹划

企业分立的支付方式有股权支付与非股权支付。股权支付是对企业分立采取特殊性税务处理方法的必要条件。现行的相关法律规定，当企业符合特殊性税务处理的其他条件，且被分立企业股东在该企业分立发生时取得的股权支付金额不低于其交易支付总额的85%时，可以使用企业分立的特殊性税务处理方法。这样不但可以相对减少分立环节的所得税纳税义务，而且被分立企业未超过法定弥补期限的亏损额可按分立资产占全部资产的比例进行分配，由分立企业继续弥补，分立企业可以获得抵税收益。因此，分立企业应该优先考虑股权支付，或者尽量使股权支付金额不低于其交易支付总额的85%，争取达到企业分立的特殊性税务处理条件。

第六章 财务分析

第一节 财务分析概述

企业财务报告主要是通过分类的方法给企业利益相关者提供各种会计信息，但这种信息综合性较差，不能深入揭示企业各方面的财务能力，不能反映企业在一定时期内的发展变化趋势。为了提高会计信息的利用程度，需要采用财务分析的专门方法对这些会计信息进一步加工处理，从而更深入地反映企业的各种财务能力。

财务分析就是采用一系列专门的分析技术和方法，对企业等经济组织过去和现在有关筹资活动、投资活动、经营活动、分配活动的盈利能力、营运能力、偿债能力和增长能力等进行分析与评价的经济管理活动。它使企业的投资者、债权人、经营者及其他关心企业的组织或个人了解企业过去、评价企业现状、预测企业未来，做出正确决策，提供准确的信息或依据。简言之，财务分析就是以企业的财务报告等会计资料为基础，对企业的财务状况、经营成果和现金流量进行分析和评价的一种方法。

一、财务分析的作用

财务分析的作用是对财务报告所提供的会计信息的进一步加工和处理，其目的是为会计信息使用者提供更具相关性的会计信息，以提高其决策质量，具体体现在以下几个方面。

第一，财务分析是评价财务状况及经营业绩的重要依据，通过财务分析，可以了解企业偿债能力、营运能力、盈利能力和现金流量状况，合理评价经营者的经营业绩，以奖优罚劣，促进管理水平的提高。

第二，财务分析是实现理财目标的重要手段，企业理财的根本目标是实现企业价值最大化。通过财务分析，不断挖掘潜力，从各方面揭露矛盾，找出差距，充分认识未被利用的人力、物力资源，寻找利用不当的原因，促进企业经营活动按照企业价值最大化目标运行。

第三，财务分析是实施正确投资决策的重要步骤，投资者通过财务分析，可了解企业获利能力、偿债能力，从而进一步预测投资后的收益水平和风险程度，以做出正确的投资决策。

二、财务分析的基本活动

（一）资产负债表的作用

1. 资产项目的构成及作用

资产是指企业过去的交易或者事项形成的、由企业拥有或者控制的、预期会给企业带来经济利益的资源。资产按其流动性分为：流动资产、长期投资、固定资产、无形资产、递延资产和其他资产等。资产项目的作用：提供了企业变现能力的信息；提供了企业资产结构的信息；提供了反映企业资产管理水平的信息；提供了反映企业价值的信息。

2. 负债项目的构成及作用

负债是指企业过去的交易或者事项形成的、预期会导致经济利益流出企业的现时义务。负债按偿付时间的长短分为：短期负债、长期负债。负债项目的作用：提供了反映企业总体债务水平的信息；提供了反映企业债务结构的信息。

3. 所有者权益项目的构成及作用

所有者权益是指企业资产扣除负债后由所有者享有的剩余权益。所有者权益主要包括：实收资本、资本公积、盈余公积、未分配利润。所有者权益项目的作用：所有者权益的内部结构反映了企业自有资金的来源构成，包括所有者投入的资本、直接计入所有者权益的利得和损失、留存收益等；提供了企业收益分配情况的信息，企业收益的分配主要是利润的分配，分配顺序为税前自动弥补以前 5 年内的未弥补亏损；税后利润提取法定盈余公积、任意盈余公积、向股东分配股利；盈余公积和未分配利润等项目的变动可反映利润分配的状况。

除上述外，将三者结合起来，还可提供分析企业偿债能力的信息、分析企业权益结构的信息。

（二）资产负债表附表

资产负债表中所列示的项目是浓缩后的信息，会计准则要求对这些信息在会计报表附注中加以详细披露，通常采用表格形式，因此也将其称为资产负债表附表。资产负债表附表主要有以下三种：资产减值准备明细表、应付职工薪酬明细表、应交税费明细表。

（三）从利润表分析企业的基本活动

利润表是反映企业在一定期间（如年度、季度或月度）内生产经营成果（或亏损）的会计报表。利润表有两种格式：一是单步式利润表；二是多步式利润表。我国利润表采用多步式格式。

利润表的信息作用：提供了反映企业财务成果的信息；提供了反映企业盈利能力的信息；提供了反映企业营业收入、成本费用状况的信息。

利润表附表主要有两种：利润分配表提供了反映企业利润分配情况的信息；分部报表是反映企业各行业、各地区经营业务的收入、成本、费用、营业利润、资产总额和负债总额等情况的报表。

（四）从现金流量表分析企业的基本活动

现金流量表提供了企业资金来源与运用的信息，反映资产负债表各项目对现金流动的影响。按企业经营活动的性质，现金流量表分为经营活动产生的现金净流量、投资活动产生的现金净流量、筹资活动产生的现金净流量。

三、财务分析的主要步骤

财务报表分析不是一种有固定程序的工作，不存在唯一的通用分析程序，分析步骤一般包括以下几步。

（一）确立分析标准

财务报表使用者立场不同，目的也不同。因此，财务报表分析注重比较，先要确定分析立场，再设定一个客观标准衡量财务报表的数据，最后，客观确定企业财务状况和经营成果。

（二）明确分析的目的

财务报表分析目标，依分析类型的不同而有所不同。如信用分析，主要分析企业的偿债能力和支付能力；投资分析，主要分析投资的安全性和盈利性。

（三）制订分析方案

根据分析工作量的大小和分析问题的难易程度制订分析方案。例如，先确定全面分析还是重点分析，是协作进行还是分工负责，进一步列出分析项目，安排工作进度，确定分析的内容、标准和时间。

（四）收集、核实并整理有关的信息

需要收集的相关资料信息一般包括：宏观经济形势信息、行业情况信息、企业内部数据（如企业产品市场占有率、销售政策、产品品种、有关预测数据等）等；核对和明确财务报表是否反映了真实情况，是否与所收集到的资料相符；将资料分类，按时间先后顺序排列，便于以后撰写分析报告。

（五）分析现状得出分析结论

根据分析目标和内容，评价所收集的资料，寻找数据间的因果关系，联系企业客观环境情况，解释形成现状的原因，揭示经营失误，暴露存在的问题，提出分析意见，解释结果，提供对决策有帮助的信息。

四、财务分析的方法

（一）比较分析法

比较分析法是将同一企业不同时期的财务状况或不同企业之间的财务状况进行比较，揭示企业财务状况中所存在差异的分析方法。比较分析法可分为纵向比较分析法和横向比较分析法两种。

纵向比较分析法又称趋势分析法，是将同一企业连续若干期的财务状况进行比较，确定其增减变动的方向、数额和幅度，以此来揭示企业财务状况的发展变化趋势的分析方法，如比较财务报表法、比较财务比率法。趋势分析法的比较对象是本企业的历史，是在财务分析中最常用的分析方法。

横向比较分析法是将本企业的财务状况与其他企业的同期财务状况进行比较，确定其存在的差异及其程度，以此来揭示企业财务状况中所存在的问题的分析方法。

比较分析法的具体运用主要有重要财务指标的比较、会计报表的比较和会计报表项目构成的比较三种方式。

1. 重要财务指标的比较

重要财务指标的比较是将不同时期财务报告中的相同指标或比例进行纵向比较，直接观察其增减变动情况及变动幅度，研究其发展趋势，预测其发展前景。用于不同时期财务指标比较的比率主要有以下两种。

（1）定基动态比率

定基动态比率是以某一时期的数额为固定的基期数额而计算出来的动态比率。

（2）环比动态比率

环比动态比率是以每一分析期的数据与上期数据相比较计算出来的动态比率。

2. 会计报表的比较

会计报表的比较是指将连续几期的报表数据并列起来，比较各指标不同期间的增减变动金额和幅度，并由此判断企业财务状况和经营成果发展变化的一种方法。会计报表的比较具体包括资产负债表的比较、利润表的比较和现金流量表的比较等。

3. 会计报表项目构成的比较

会计报表项目构成的比较是以会计报表中的某个总体指标作为100%，再计算出各组成项目占该总体指标的百分比，从而比较各个项目百分比的增减变动，以此来判断有关财务活动的变化趋势。

采用比较分析法时，应当注意以下问题。

用于对比的各个时期的指标，其计算口径必须保持一致；

应剔除偶发性项目的影响，使分析所利用的数据能反映正常的生产经营状况；

应运用例外原则对某项有显著变动的指标做重点分析，并研究其产生的原因，以便采取对策，趋利避害。

（二）比率分析法

比率分析法是通过计算各种比率指标来确定财务活动变动程度的方法。比率指标的类型主要有构成比率、效率比率和相关比率三类。

1. 构成比率

构成比率又称结构比率，是某项财务指标的各组成部分数值占总体数值的百分比，反映部分与总体的关系。

比如，企业资产中流动资产、固定资产和无形资产占总资产的百分比，利用构成比率，可以研究总体中某个部分的比例是否合理，以便协调各项财务活动。

2. 效率比率

效率比率是某项财务活动中投入与产出之间关系的财务比率，反映投入与产出的关系。利用效率比率可以进行得失比较，考察经营成果，评价经济效益。

比如，利润项目与销售成本、销售收入、资本金等项目加以对比，可以计算出成本利润率、销售利润率和资本金利润率等指标，从不同角度观察比较企业盈利能力高低及其增减变化情况。

3. 相关比率

相关比率是以某个项目和与其有关但又不同的项目加以对比所得的比率，反映有关经济活动的相互关系。利用相关比率指标，可以研究企业相互关联的业务安排是否合理，以保障经营活动顺畅进行。比如，将流动资产与流动负债进行对比，计算出流动比率，可以判断企业的短期偿债能力；将负债总额与资产总额进行对比，可以判断企业的长期偿债能力。

采用比率分析法时，应当注意以下几点：①对比项目的相关性；②对比口径的一致性；③衡量标准的科学性。

（三）因素分析法

因素分析法是依据分析指标与其影响因素的关系，从数量上确定各因素对分析指标影响方向和影响程度的一种方法。

因素分析法具体有两种：连环替代法和差额分析法。

1. 连环替代法

连环替代法指顺序地用各项因素的实际数替换基数，借以计算几个相互联系的因素对综合经济指标变动影响程度的一种分析方法。

采用连环替代法的计算程序：确定影响指标变动的各项因素，分解指标体系，确定分析对象；连环顺序替代，计算替代结果；比较替代结果，确定影响程度，加总影响数值，验算分析结果。

采用连环替代法时，必须按照各因素之间的依存关系，排列成一定的顺序并依次替代。各因素排列顺序的确定原则：如果既有数量因素又有质量因素，先数量后质量；如果既有实物数量因素，又有价值数量因素，先实物后价值；如果都是数量因素或都是质量因素，那么区分主要因素和次要因素，主要因素排列在先。

2. 差额分析法

差额分析法是连环替代法的一种简化形式，是利用各个因素的比较值与基准值之间的差额，来计算各因素对分析指标的影响。

采用因素分析法时，必须注意以下问题。

（1）因素分解的关联性

构成经济指标的因素，必须客观上存在因果关系，并能够反映形成该项目指标差异的内在构成原因，否则就失去了价值。

（2）因素替代的顺序性

确定替代因素时，必须根据各因素的依存关系，遵循一定的顺序并一次替代，不可随意加以颠倒，否则就会得出不同的计算结果。

（3）顺序替代的连环性

因素分析法在计算每一因素变动的影响时，都是在前一次计算的基础上进行，并采用连环比较的方法确定因素变化的影响效果。

（4）计算结果的假定性

由于因素分析法计算的各因素变动的变化影响数，会因替代顺序不同而有区别，因而计算结果不免带有假定性，即它不可能是每个计算的结果都达到绝对的准确，因此，分析时应力求使这种假定合乎逻辑，具有实际经济意义，这样计算结果的假定性才不至于妨碍分析的有效性。

五、财务分析的局限性

（一）资料来源的局限性

1. 报表数据的时效性问题

财务报表只能对已经发生了的历史财务信息加以列报，用于预测未来发展趋势，只有参考价值，并非绝对合理。即使是采用了一些技术手段对未来趋势进行预测，也是建立在财务报表提供的历史资料的基础上的，只是一个历史的假设。

2. 报表数据的真实性问题

企业作为信息提供者，在其形成财务报表之前必然研究信息使用者，尤其是对外部使用者所关注的财务状况及其对信息的偏好进行研究，提供的信息尽力满足信息使用者对企业财务状况、经营成果的期待。其最终的报表信息可能与企业实际状况相去甚远，从而误导信息使用者。

3. 报表数据的可靠性问题

根据目前的会计准则要求，就同一性质的经济业务企业可以根据自身实际需要选择不同的会计处理方式，还可以采用一定的会计估计方法。这样就为企业操纵会计报表数据留下一定空间，减少财务信息的公信力。

（二）财务分析指标的局限性

1. 财务指标体系不严密

每一个财务指标只能反映企业的财务状况或经营状况的某一方面，每一类指标都过分强调本身所反映的方面，导致整个指标体系不严密。

2. 财务指标所反映的情况具有相对性

在判断某个具体财务指标是好还是坏，或根据一系列指标形成对企业的综合判断时，必须注意财务指标本身所反映情况的相对性。因此，在利用财务指标进行分析时，必须掌握好对财务指标的"信任度"。

3. 财务指标的评价标准不统一

例如，对流动比率，人们一般认为指标值为 2 比较合理，速动比率则认为 1 比较合适，但许多成功企业的流动比率都低于 2，不同行业的速动比率也有很大差别，如采用大量现金销售的企业，几乎没有应收账款，速动比率大大低于 1 是很正常的。相反，一些应收账款较多的企业，速动比率可能要大于1。因此，在不同企业之间用财务指标进行评价时没有一个统一标准，不便于不同行业间的对比。

4.财务指标的计算口径不一致

例如，对反映企业营运能力指标，分母的计算可用年末数，也可用平均数，而平均数的计算又有不同的方法，这些都会导致计算结果不一样，不利于评价比较。

第二节 财务能力分析

财务比率也称财务指标，是通过财务报表数据的相对关系来揭示企业经营管理的各个方面的问题，是最重要的财务分析方法。基本的财务报表分析内容包括偿债能力分析、营运能力分析、盈利能力分析、发展能力分析等四个方面。

一、偿债能力分析

企业的偿债能力是指在一定期间内清偿各种到期债务的能力。偿债能力分析是企业财务分析的一个重要方面，企业的管理者、债权人及股权持有者都很重视偿债能力的分析。偿债能力分析可分为短期偿债能力分析和长期偿债能力分析。

（一）短期偿债能力分析

短期偿债能力是指企业用其流动资产偿付流动负债的能力，它反映企业偿付即将到期债务的实力。流动负债对企业的财务风险影响较大，如果不能及时偿还，就可能使企业陷入财务困境，有面临破产倒闭的风险。流动资产是偿还流动负债的保证，可以通过分析流动负债与流动资产之间的关系来判断企业的偿债能力。衡量企业短期偿债能力的指标有：营运资金、流动比率、速动比率、现金比率等。

1.营运资金

营运资金是指流动资产超过流动负债的部分，即流动资产与流动负债的差额。营运资金是计量企业短期偿债能力的绝对指标。

计算营运资金使用的流动资产和流动负债可以直接取自资产负债表。资产负债表项目区分为流动项目和非流动项目，且按照流动性强弱排序，方便计算营运资金和分析流动性。一般情况下，企业应保持一定数额的营运资金，以防止流动负债超过流动资产，即保持营运资金大于0，该指标越高，代表企业短期偿债能力越强，财务状况越稳定。否则当流动资产小于流动负债，即营运资金为负时，企业部分非流动资产以流动负债作为资金来源，就会存在不能偿债的风险。

衡量营运资金持有量的合理性，没有一个统一的标准，如零售业营运资金较大，餐饮业营运资金较小甚至为负数，制造业保持一定的营运资金水平。营运资金指标是一个绝对数，不便于不同企业之间的比较，在实务中很少直接使用营运资金作为偿债能力指标，多通过债务的存量比率来评价。

2. 流动比率

流动比率是流动资产与流动负债的比值。

流动比率是指在假设全部流动资产都可以用于偿还流动负债、全部流动负债都需要还清的前提下，每1元流动负债有多少流动资产作为偿债保障。通常认为生产企业合理的流动比率为2。因为流动资产中变现能力最差的存货金额约占流动资产总额的一半，其他流动性较大的流动资产至少等于流动负债，企业短期偿债能力才会有保证。

流动比率是相对数，排除了企业规模的影响，更适合同业比较以及本企业不同历史时期的比较。

流动比率高并不意味着短期偿债能力一定很强，因为流动比率假设所有的流动资产都能变现清偿流动负债，而实际上流动资产的变现能力并不相同、变现金额与账面金额存在较大差异，流动比率只是对短期偿债能力的粗略估计，还需要进一步分析流动资产的构成项目。

计算出来的流动比率只有和同业平均流动比率、本企业过去流动比率进行比较，才能知道其高低，而且需进一步分析流动资产和流动负债所包含的内容及经营因素才能判断这一指标过高或过低的原因。

营业周期、流动资产中的应收账款和存货的周转速度是影响流动比率的主要因素。营业周期短、应收账款和存货的周转速度快的企业流动比率低一些也是可以接受的。

年初、年末流动比率都大于2，说明企业具有较强的短期偿债能力。

流动比率比较容易被人为操纵，且没有揭示流动资产的构成，只能大致反映流动资产的整体变现能力。剔除了变现能力较弱的存货之后的比率所反映的短期偿债能力才更加可信，这个指标就是速动比率。

3. 速动比率

速动资产与流动负债的比值称为速动比率。

速动资产包括：货币资金、交易性金融资产、各种应收款项，可以在短期内变现。

非速动资产包括：存货、预付账款、一年内到期的非流动资产、其他流动资产。

速动比率是指在假设全部速动资产都可以用于偿还流动负债的前提下，每1元流动负债有多少速动资产作为偿债保障。

速动比率经验值为1，因为通常认为存货占了流动资产的一半左右，因此剔除了存货影响的速动比率至少是1。与流动比率一样，不同行业的速动比率差别很大，如采用大量现金销售的商店，几乎没有应收款项，速动比率远低于1很正常；一些应收款项较多的企业，速动比率可能会大于1。

影响速动比率可信性的重要因素是应收款项的变现能力。账面上的应收款项不一定能变现，实际坏账可能比计提的准备要多；季节性的变化，可能使报表上的应收款项金额不能反映平均水平，计算出来的速动比率不能客观反映其短期偿债能力。

4. 现金比率

速动资产中，流动性最强、可直接用于偿债的资产称为现金资产。现金资产包括货币资金、交易性金融资产等。现金资产与流动负债的比值称为现金比率。其计算公式如下：

$$现金比率 =（货币资金 + 交易性金融资产）÷ 流动负债$$

现金比率是在假设现金资产可全部用于偿还流动负债的情况下，每1元流动负债有多少现金资产作为偿债保障。由于流动负债是在1年内或1个营业周期内陆续清偿，所以并不需要企业时时保留相当于流动负债金额的现金资产。研究表明可以接受0.2的现金比率，这一比率过高，就意味着企业过多的资源占用在盈利能力较低的现金资产上，从而影响企业的盈利能力。

现金比率虽然能反映企业的直接支付能力，但一般情况下，企业不可能也无必要保留过多的现金类资产；对于经营活动具有高度的投机性和风险性、存货和应收账款停留的时间比较长的行业来说，对现金比率进行分析非常重要；对财务发生困难的企业，特别是发现企业的应收账款和存货的变现能力存在问题的情况下，计算现金比率能更真实、更准确地反映企业的短期偿债能力。

5. 影响短期偿债能力的其他因素

分析企业的短期偿债能力，除了进行短期偿债能力指标的计算分析以外，还要对影响企业短期偿债能力的各种因素进行分析。

（1）增强短期偿债能力的因素

这类因素包括：可动用的银行贷款指标（贷款额度）；可以很快变现的长期资产；偿债能力的声誉及筹资环境。

（2）降低短期偿债能力的因素

这类因素包括：或有的负债（如未决诉讼、未决仲裁、债务担保、产品质量保证、环境污染整治、承诺、重组义务等）；担保责任引起的负债。

（二）长期偿债能力分析

长期偿债能力是指企业偿还长期债务的能力，是评价企业财务状况的重点内容。企业在长期内不仅要偿还流动负债还要偿还非流动负债，因此，长期偿债能力衡量的是企业对所有负债的偿还能力，以便债权人和投资者全面了解企业的偿债能力及财务风险。反映企业长期偿债能力的指标有：资产负债率、产权比率、权益乘数和利息保障倍数。

1. 资产负债率

资产负债率是负债总额与资产总额的比率，它表明在资产总额中，债权人提供资金所占的比重。用于衡量企业利用债权人资金进行财务活动的能力，以及在清算时企业资产对债权人权益的保障程度。

资产负债率越低，企业偿债越有保证，贷款越安全。资产负债率代表企业的举债能力。当资产负债率高于50%时，表明企业资产来源主要依靠的是负债，财务风险较大；当资产负债率低于50%时，企业资产的主要来源是所有者，财务比较稳健。这一比率低，说明资产对负债的保障能力越高，企业的长期偿债能力越强。

资产负债率的合理范围，并没有严格的标准，不同行业、不同地区的企业甚至同一企业的不同时期，对资产负债率的要求也是不一样的。

应站在不同的角度对资产负债率进行分析。不同的利益相关者对资产负债率的要求不同。如债权人希望较低的资产负债率；股东希望在风险可承受范围内保持适度的资产负债率，以充分发挥财务杠杆的作用，获得更大的收益；经营者需要权衡企业的资产结构与资本结构，权衡财务风险与收益。

2. 产权比率

产权比率又称资本负债率，是负债总额与所有者权益的比值，是企业财务结构稳健与否的重要标志。

产权比率表明由债务人提供的资本与所有者提供的资本的相对关系，即企业的财务结构是否稳定；反映了债权人资本受股东权益保障的程度，或者是企业清算时对债权人利益的保障程度。这一比率越低，说明企业长期偿债能力越强，债权人权益保障程度越高。在分析时同样要求结合企业的具体情况进行分析，当企业的资产收益率大于负债成本率时，负债经营有利于提高资金收益率，获得额外的利润，此时的产权比率可以适当高一些。产权比率高，是高风险、高报酬的财务结构；产权比率低，是低风险、低报酬的财务结构。

产权比率与资产负债率具有共同的经济意义，资产负债率中应注意的问题，在产权比率分析中也应引起注意。

产权比率与资产负债率的不同之处在于，资产负债率侧重分析债务偿还时安全性的物质保障程度，产权比率侧重于揭示债务资本和权益资本的相互关系，说明所有者权益对偿债风险的承受能力。

3. 权益乘数

权益乘数是总资产与股东权益的比值。

权益乘数表明每 1 元股东权益拥有的资产额。在企业存在负债的情况下，权益乘数大于 1。企业负债比例越高，权益乘数越大。产权比率和权益乘数是资产负债率的另外两种形式，是常用的反映财务杠杆水平的指标。

对权益乘数应该从不同的角度进行分析。权益乘数越小，企业的偿债能力就越强。

4. 利息保障倍数

利息保障倍数是指息税前利润对利息费用的倍数。

利息保障倍数表明每 1 元利息支付有多少倍的息税前利润作保障，它可以反映债务政策的风险大小，企业是否有足够的息税前利润去支付利息。

分母的应付利息是指本期的全部应付利息，不仅包括计入财务费用的利息费用，还应包括计入固定资产成本的资本化利息。利息保障倍数反映的是企业支付利息的能力，体现企业举债经营的基本条件，不能反映债务本金的偿还能力。因此，在评价偿债能力时，还应结合债务本金、债务期限等因素综合评价。

利息保障倍数越高，企业长期偿债能力越强。从长期看利息保障倍数至少要大于 1（国际公认标准是3），即息税前利润至少要大于应付利息，企业才具备偿还债务利息的可能性。如果利息保障倍数过低，企业将面临亏损、偿债的安全性与稳定性下降的风险。在短期内，利息保障倍数小于1也仍然具有利息支付能力，计算息税前利润时，减去的一些折旧和摊销费用并不需要支付现金。但这种支付能力是暂时的，当企业需要重置资产时，势必发生支付困难。因此在分析时需要比较企业多个会计年度（如5年）的利息保障倍数，以说明企业付息能力的稳定性。

5.影响长期偿债能力的其他因素

（1）长期租赁

当企业急需某种设备或厂房而又缺乏足够资金时，可以通过租赁的方式解决。财产租赁的形式包括融资租赁和经营租赁。融资租赁形成的负债会反映在资产负债表中，而经营租赁的负债则未反映在资产负债表中。当企业的经营租赁额比较大、期限比较长或具有经常性时，就形成了一种长期性融资，因此，经营租赁也是一种表外融资。这种长期融资，到期必须支付租金，会对企业偿债能力产生影响。因此，如果企业经常发生经营租赁业务，应考虑租赁费用对偿债能力的影响。

（2）债务担保

担保项目的时间长短不一，有的影响企业的长期偿债能力，有的影响企业的短期偿债能力。

（3）可动用的银行贷款指标和授信额度

当企业有可以动用的银行贷款指标或授信额度时，这些数据不在财务报表内反映，但由于可以随时增加企业的支付能力，因此可以提高企业的偿债能力。

（4）或有事项和承诺事项

如果企业存在债务担保或未决诉讼等或有事项，则会增加企业的潜在偿债压力。同样各种承诺支付事项，也会加大企业的偿债义务。

二、营运能力分析

营运能力指企业资金周转状况，资金周转状况好，说明企业的经营管理水平高，资金利用效率高。因此，营运能力指标可通过投入与产出之间的关系反映出来。营运能力分析主要包括：流动资产营运能力分析、固定资产营运能力分析、总资产营运能力分析。

（一）流动资产营运能力分析

1.应收账款营运能力分析

应收账款在流动资产中的地位举足轻重，及时收回应收账款，既能增强企业的短期偿债能力，也能反映企业管理应收账款的效率。反映应收账款周转情况的比率有应收账款周转率（次数）和应收账款周转天数。

应收账款周转率（次数）是企业在一定时期内赊销销售收入净额与应收账款平均余额的比率，表明一定时期内应收账款平均回收的次数。应收账款周转率越高，说明应收账款周转速度越快，发生坏账的可能性越小。

应收账款周转天数也称为应收账款收现期。应收账款周转天数表明从销售开始到收回现金平均需要的天数。应收账款周转天数越短，说明企业应收账款的周转速度越快。

从理论上讲，分子应当用赊销净额，但是赊销数据难以取得，且可以假设现金销售是收账时间为零的应收账款，因此只要保持计算口径的历史一致性，使用扣除销售折扣和折让后的销售净额不影响分析。

分母应当为计提坏账准备前的应收账款余额，应收账款在财务报表上按净额列示，计提坏账准备越多，应收账款的周转率越高，周转天数越少，对应收账款管理欠佳的企业反而会得出应收账款周转情况更好的错误结论。

应收账款年末余额的可靠性问题，如应收账款是特定时点的存量，容易受季节性、偶然性、人为因素的影响等。在用应收账款周转率指标评价业绩时，最好使用多个时点的平均数，以减少这些因素的影响。

运用应收账款周转率指标评价企业应收账款管理效率时，应将计算出的指标与该企业前期、与行业平均或与其他类似企业数据相比较来进行判断。

2. 存货营运能力分析

存货在流动资产中所占比重较大，存货的流动性直接影响了企业流动比率。存货周转率可以通过存货周转次数和存货周转天数来分析。

存货周转率（次数）是企业一定时期内销售成本（销售收入）与平均存货余额的比率。它可以反映企业存货变现能力和销货能力，是衡量企业购入存货、投入生产、销售收回等各环节管理效率的综合性指标。

存货周转天数表明存货周转一次需要的时间，也就是存货转换成现金平均需要的时间。

在正常经营情况下，存货周转率越高，说明存货周转速度越快，销售成本占用资金少。则存货周转率低，说明库存商品占用大量资金，销售状况不好。

存货周转速度越快，存货的占用水平越低，流动性越强，存货转换为现金或应收账款的速度就快，企业的短期偿债能力即盈利能力就会增强。通过对存货周转速度的分析，有利于找出存货管理中存在的问题，尽可能降低资金占用水平。

计算存货周转率时，若分析资产获利能力及各项资产的周转情况，则用"销售收入"计算存货周转率；若分析资产的流动性或存货管理的业绩，则用"销售成本"计算存货周转率。

存货周转天数不是越少越好，若存货周转率过低，可能存在存货管理水平太低、经常缺货或采购次数过于频繁、批量过小等问题；应关注构成存货的原材料、在产品、半成品、产成品和低值易耗品之间的比例关系；应结合应收账款周转情况和信用政策进行分析。

3. 流动资产营运能力分析

（1）流动资产周转率

流动资产周转率是销售收入与流动资产平均余额的比率，反映企业对流动资产的利用效率。

（2）流动资产周转天数

流动资产周转天数表明流动资产周转一次需要的时间，也就是流动资产转换成现金平均需要的时间。

通常，流动资产中应收账款和存货占绝大部分，因此它们的周转状况对流动资产周转具有决定性影响。

一般情况下，流动资产周转率指标越高，表明企业流动资产周转速度越快，以相同的流动资产完成的周转额越多，流动资产利用效果越好。流动资产周转天数越少，表明流动资产在生产、销售各个阶段所占用的时间越短，可以相对节约流动资产，增强企业盈利能力。

但是究竟流动资产周转率应该达到多少才算好，并没有一个确定的标准，对企业流动资产周转率的分析应该基于企业历年的数据以及同行业状况。

流动资产周转率是一个综合分析指标，作为营运能力的关键因素，不能将流动资产周转率的分析与企业的偿债能力以及盈利能力割裂开来而一味地追求高流动资产周转率，在较快的周转速度下，流动资产会相对节约，相当于流动资产投入的增加，在一定程度上增加了企业的盈利能力。

（二）固定资产营运能力分析

固定资产的营运能力分析是对固定资产利用率与其所占用的资金之间的关系的分析，主要指标是固定资产周转率。

固定资产周转率是指企业销售收入与固定资产平均净值的比率。

固定资产周转率表示在1个会计年度内，固定资产周转的次数，或表示每1元固定资产支持的销售收入。

固定资产周转率主要用于分析大型生产设备等的利用效率，该指标越高，说明企业固定资产投资得当，结构合理，利用效率高。

在计算和使用固定资产周转率时应注意的问题有：随着固定资产的磨损，固定资产的产出能力会降低；净值能真实地反映固定资产的实际资金占用情况，更准确地反映周转状况；采用固定资产净值将受到固定资产折旧计提、减值准备计提的影响，在使用该指标时应注意其可比性问题；当企业固定资产平均净值过低（如因资产陈旧或过度计提折旧），或者当企业属于劳动密集型企业时，采用固定资产周转率对企业进行营运能力分析的意义不大，因为这时固定资产对于企业来说，并不是其销售的业务或者产品的必要组成部分。

（三）总资产营运能力分析

总资产营运能力分析是对企业总资产利用率与其所占用的资金之间的关系的分析，是衡量企业组织、管理、营运整个资产的能力和效率，是企业经营效益的重要影响因素。其主要指标为总资产周转率。

在计算和使用总资产周转率时应注意的问题如下。

第一，由于年度报告中只包括资产负债表的年初数和年末数，外部报表使用者可直接用资产负债表的年初数来代替上年平均数进行比率分析。

第二，如果企业的总资产周转率突然上升，而企业的销售收入却无多大变化，则可能是企业本期报废了大量固定资产造成的，而不是企业的资产利用效率提高了。

第三，如果企业的总资产周转率较低，且长期处于较低的状态，企业应采取措施提高各项资产的利用效率，处置多余、闲置不用的资产，提高销售收入，从而提高总资产周转率。

第四，如果企业资金占用的波动性较大，平均总资产应采用更详细的资料进行计算，如按照月份、季度、年份计算。

计算总资产周转率时，分子、分母应保持一致。

这一比率用来衡量企业资产整体的使用效率。总资产由各项资产组成，在销售收入既定的情况下总资产周转率的驱动因素是各项资产。因此，总资产周转率的情况分析应结合各项资产的周转情况，以发现影响企业资产周转的主要因素。

三、盈利能力分析

盈利能力是指企业获取资金或资本的增值能力，通常表现为一定时期内企业收益数额的多少及其水平的高低。利润率越高，盈利能力就越强。盈利能力是营运能力的目的与归宿，也是偿债能力和发展能力的结果与表现。盈利能力指标主要包括销售毛利率、销售净利率、总资产净利率和净资产收益率。

（一）销售毛利率

销售毛利率是指企业的销售毛利与销售收入的比率，反映了企业销售的初始盈利能力。

$$销售毛利 = 销售收入 - 销售成本$$

销售毛利率反映每1元销售收入实现毛利润的多少，即企业主营业务的盈利能力和获利水平，体现了企业生产经营活动最基本的获利能力。毛利是公司利润形成的基础。销售毛利率越高，说明抵补企业各项支出的能力越强，盈利能力越高；反之，则相反。

销售毛利率高于行业水平的企业意味着实现一定的收入占用了更少的成本，表明它们在资源、技术或劳动生产率方面具有竞争优势，在盈利能力方面也优于其他企业。

（二）销售净利率

销售净利率是指企业的净利润与销售收入的比率。

销售净利率反映了每1元销售收入最终赚取了多少利润，反映了产品最终的盈利能力，该比率越大，企业的盈利能力就越强。

在利润表上，从销售收入到净利润需要扣除销售成本、期间费用、税金等项目，因此，可以将销售净利率的扣除项目进行分解来识别影响销售净利率的主要因素。

（三）总资产净利率

总资产净利率是指企业在一定时期内获取的净利润与平均资产总额的比率，反映了每1元资产所创造的净利润。

总资产净利率衡量的是企业资产的盈利能力,该比率越高,表明企业资产的利用效果越好,企业的盈利能力越强。影响总资产净利率的因素是销售净利率和总资产周转率。

因此,企业可以通过提高销售净利率、加速总资产周转率来提高总资产净利率。

(四)净资产收益率

净资产收益率,又称股东权益报酬率或所有者权益报酬率,是指企业净利润与平均所有者权益的比率,表示每1元股东资本赚取的净利润。

净资产收益率是评价企业盈利能力的一个重要财务指标,也是杜邦财务分析体系的核心,更是投资者关注的重点。该指标是从所有者角度考察企业盈利水平的高低的,该比率越高,说明所有者投资带来的收益越高,股东和债权人利益的保障程度越高。如果该指标在一段时间内持续增长,说明企业盈利能力稳定上升。但净资产收益率不是一个越高越好的概念,分析时要注意企业的财务风险。

四、发展能力分析

企业发展能力是指企业在未来一定时期内生产经营的增长趋势和增长水平。企业发展能力分析是从动态的角度评价和判断企业的成长能力,根据过去的资料在评价企业发展成果的基础上推测企业未来的发展潜力。衡量企业发展能力的指标主要有:销售收入增长率、总资产增长率、营业利润增长率等。

(一)销售收入增长率

销售收入增长率反映的是相对化的销售收入增长情况,是衡量企业经营状况和市场占有能力、预测企业经营业务拓展趋势的重要指标。在实际分析时,需要考虑企业历年的销售水平、市场占有情况、行业未来发展及其他影响企业发展的潜在因素,或结合企业前3年的销售收入增长率进行趋势性分析判断。

销售收入增长率为正值,说明企业本期销售规模增加;该指标越大,表明企业销售增长得越快,市场开拓和客户发展情况越好;反之则相反。该指标应结合销售增长的具体原因,分析销售增长的来源,是销售数量的增加,是单位产品售价的提高,还是产品销售结构的改变等;该指标应与同行业水平横向比较,与本企业历史水平纵向比较,分析差异,改善营销管理的措施。

分析销售收入增长是否具有良好的成长性,是否具有效益性,只有当收入增长率大于资产增长率时,才具有效益性,否则说明销售方面的可持续增长能力不强。销售增长率受增长基数的影响,如果增长基数即上期营业收入较小,本期营业收入即使有较小增长,也会引起销售增长率的大幅提高,不利于企业之间的比较。因此,还需要分析销售收入增长额、三年销售平均增长率。

(二)总资产增长率

总资产增长率是从企业总量扩张方面衡量企业的发展能力,表明企业规模发展水平对企业发展后劲的影响。

总资产增长率越高,说明企业年内资产规模扩张的速度越快,获得规模效益的能力越强,但要避免盲目扩张。

根据各项资产在总资产中的比重，制定合理的资产增长目标，即使资产规模和资产增长速度相同，但由于资本结构不同，资金来源的资本成本不同，即使短期内表现较好的高增长指标，从长期来看也不利于企业的发展；总资产增长率高，并不意味着资产规模增长就适当，必须结合销售增长和收益增长进行分析；注意企业发展战略、会计处理方法、历史成本原则等对总资产增长率的影响。一些重要的资产无法体现在资产总额中，如人力资源、非专利技术、企业文化等，所以该指标无法反映企业真正的资产增长情况。

（三）营业利润增长率

营业利润增长率指企业本年营业利润增长额与上年营业利润总额的比率，反映企业营业利润的增减变动情况。

营业利润增长率为负数，说明该企业销售情况不好，企业没有营业利润；该指标为正数，说明企业营业利润增长了，增长越多，企业发展能力越强。

第三节 财务综合分析

财务综合分析评价就是企业的偿债能力、盈利能力、营运能力和发展能力的综合分析，分析它们的相互关系和内在联系，系统、全面、综合地对企业的财务状况和经营成果进行分析和评价，说明企业整体财务状况和经营成果在所处行业内的优势。下面介绍两种常用的综合分析法：财务比率综合分析法和杜邦分析法。

一、财务比率综合评分法

（一）财务比率综合评分法的定义

财务比率综合评分法也称沃尔评分法，是指通过对选定的几项财务比率进行评分，然后计算出综合得分，并据此评价企业的综合财务状况的方法。

（二）财务比率综合评分法的局限性

1. 指标选择方面

沃尔评分法未能在理论上证明为什么要选择7个财务比率指标，因而无法解决指标及指标数量选择上的主观性和随意性。

2. 指标权重方面

沃尔评分法无法提供赋予各个指标权重大小的依据，无法证明各个指标所占权重的合理性，因而导致各个指标权重的赋予具有较大的主观性和随意性。

3. 指标评分规则方面

沃尔评分法的评分规则是，比率的实际值越高，其单项得分就越高，企业的总体评价就越好，这是由于各项评价指标的得分＝各项指标的权重×（指标的实际值÷指标的标准值），就意味着当某项指标实际值大于标准值时,该指标的得分就会越高。在实务中,有些指标可能是低于标准值才是代表理想值。但是,用该公式计算出来的分数却是低于标准分,显然与实际不符。因此,在指标选择上,应注意评价指标的同向性,对于不同向的指标应进行同向化处理或是选择其他替代指标,如资产负债率就可以用其倒数的值来代替。

4.技术方面

沃尔评分法在技术上也存在一个问题,就是当某一个指标严重异常时,会对总评分产生不合逻辑的重大影响。如当某一单项指标的实际值畸高时,会导致最后总分大幅度增加,掩盖了情况不良的指标,从而出现"一白遮百丑"的现象。因此,在实务运用时,可以设定各指标得分值的上限或下限。

总之,沃尔评分法是评价企业总体财务状况的一种比较可取的方法,这一方法的关键在于指标的选定、权重的分配以及标准值的确定等。

二、杜邦分析法

杜邦分析法又称杜邦财务分析体系(简称杜邦体系),是根据各主要财务比率指标之间的内在联系,建立财务分析指标体系,对企业财务状况及经营成果进行综合系统分析评价的方法。

(一)杜邦分析法的基本思路

杜邦分析法是建立一套完整的、相互关联的财务比率体系。该方法以净资产收益率为起点,以总资产净利率和权益乘数为基础,重点揭示企业获利能力及权益乘数对净资产收益率的影响,以及各相关指标间的相互作用关系。因其最初由美国杜邦公司成功应用而得名。

1.净资产收益率

净资产收益率是综合性最强的一个财务分析指标,是杜邦分析体系的起点。该指标的高低反映了投资者的净资产获利能力的大小,同时反映了企业筹资、投资、资产运营等活动的效率。净资产收益率是由销售净利率、总资产周转率和权益乘数决定的,三个比率分别反映了盈利能力比率、资产管理比率和企业的负债比率,无论提高其中的哪个比率,净资产收益率都会提高。

2.销售净利率

销售净利率是利润表的概括,反映了企业净利润与销售收入的关系,它的高低取决于销售收入与成本总额的高低——扩大销售收入、降低成本费用都有利于提高销售净利率,需要进一步从销售成果和资产营运两方面来分析。

3.权益乘数

权益乘数是资产负债表的概括,表明了企业的负债程度,反映了公司利用财务杠杆进行经营活动的程度。该指标越大,企业的负债程度越高;资产负债率高,权益乘数就大,这说明公司负债程度高,公司会有较多的杠杆利益,但风险也高;资产负债率低,权益乘数就小,这说明公司负债程度低,公司会有较少的杠杆利益,但相应所承担的风险也低,它是资产权益率的倒数。

4.总资产周转率

总资产周转率把利润表和资产负债表联系起来,使净资产收益率可以综合反映企业资产实现销售收入的综合能力。分析时,必须综合销售收入分析企业资产结构是否合理,即流动资产和长期资产的结构比率关系。同时还要分析流动资产周转率、存货周转率、应收账款周转率等有关资产使用效率指标,找出总资产周转率高低变化的确切原因。如企业持有的货币资金超过其业务需要就会影响企业的盈利能力,如企业存货和应收账款过多,就会既影响企业的盈利能力又影响企业的偿债能力。因此,还应进一步分析各项资产的占用数额和周转速度。

销售净利率和总资产周转率反映了企业的经营战略。两者共同作用得到总资产净利率,反映了企业管理者运用受托资产赚取盈利的业绩。

(二)杜邦分析法的局限性

从企业绩效评价的角度来看,杜邦分析法只包括财务方面的信息,不能全面反映企业的实力,有很大的局限性,在实际运用中需要加以注意,必须结合企业的其他信息加以分析。主要表现在以下几方面。

1.忽视了对现金流量的分析

数据仅来源于三张主表,不能全面反映上市公司的重要财务指标(如每股收益、每股净资产、净资产收益率、股利支付率等),不能反映股东权益的股份化。对短期财务结果过分重视,有可能助长公司管理层的短期行为,忽略企业长期的价值创造。

2.忽视了对企业可持续发展能力的分析

销售净利率这一核心指标易受到会计利润短期性的影响,忽略企业长期的价值创造。杜邦分析法的分析指标仅局限于财务指标,忽视了其他指标如顾客、供应商、员工、技术创新等因素对企业经营业绩的影响。

3.忽视了对企业的绩效进行评价

杜邦分析法仅局限于过去的财务信息,属于事后分析,对事前预测、事后控制的作用不大。在杜邦分析法的实际应用中,必须结合企业的其他分析方法加以分析,以弥补杜邦分析法的局限性,同时可以弥补其他分析方法的缺陷,使财务分析结果更加完整和科学。

第七章 会计目标理论

第一节 会计目标研究评价

会计目标是指导会计工作、评价会计准则的指针,是会计系统全力以赴、力争实现的标准,是会计准则概念框架的最高层次。因而,确定科学的会计目标,用以指导实践,指导会计理论研究,提高会计工作和会计学术水平均有重要意义。

主要分歧有两个方面:一是目标的用语,目标与目的是否有别?目标、任务、作用三者是什么关系?二是目标的主体,是财务报表、财务报告、财务会计还是会计?

一、会计目标的用语

(一)会计目标与会计目的

会计目标是为了实现下述各种目的提供有关的信息:①做出关于利用有限资源的决策,其中包括确定重要的决策领域和确定目的和目标;②有效地管理和控制一个组织内的人力和物力资源;③保护资源,并报告其管理情况;④有利于履行社会职能和社会控制。

吴水澎、石本仁提出:会计的本质包括会计的目的,会计的目的是会计存在的前提,也是会计产生的根本原因,它直接决定会计的基本职能,会计目的是客观的、内在的,而会计目标是主观的、外在的。会计目的从会计产生就基本确定下来了,并且不会发生多大的变化。罗勇、李定清提出:"会计目的作为会计产生的原因和发展的动力,决定会计的本质和职能。"

上述意见虽有差异,其共同性是目的带有根本性,后两者认为目的属于本质范畴,或者是决定本质的范畴。问题在于决定本质的是什么。显然不是目标或者目标之同义词目的,应当是"动因"。

目标和目的差异仅在于"着重指行为的意图",表示明确的决心或更坚决。我们认为,理论范畴应当准确明晰,不宜用同义词作为不同的理论范畴,以免难解、误解,造成混乱,此其一;其二,制约会计本质、职能的应当是客观的经济规律或客观必然性,不宜用主观性较强的目的来概括。具体地说,会计目标、职能、本质等范畴已为理论界广泛使用,它们产生客观依据应是"动因"。

(二)会计目标与会计作用、会计任务

"作用"是指"对事物所产生的影响、效果、效用"。指挥会计工作的反映和控制职能,必然产生维护社会主义市场经济秩序、加强经济管理、提高经济效益的作用。以"作用"描述"职能",两者的区别在于职能是"应有的作用",作用是已经实现的职能。会计职能充分发挥了,必然起到相应的作用。

我国会计理论界对会计任务进行过大量的研究。目标是主动制定的,任务是上级赋予的,似有被动性。我国对会计任务的表述如"巩固和加强经济责任制""讲求经济活动的效果、提高经营管理水平""监督财经纪律的遵守情况"等,意在加强经济管理的提法,是很有特色的。但是,目标的提法比较简洁,具有主动性,又符合国际惯例。

综上所述,会计本质、职能、目标、任务、作用等都体现会计的职责,有高度的一致性,只是提出的角度不同。可否这样说:职能是需要而又可能做到的,目标和任务是应当做到的,作用是已经做到的。职能是固有的、潜在的、相对稳定的,具有客观性;目标和任务随环境的发展按有关方面的要求提出,是职能的具体化,具有变动性和主观性,也有一定的客观性。它们都体现环境的需要,但职能体现本质,体现会计结构和会计系统内在的规律性要求。没有该职能就不可能提出相应的任务或目标。

二、会计目标的主体

由于现代会计有财务会计和管理会计两个分支,它们各有主要的服务对象即信息的使用者。会计目标,若按财务会计和管理会计加以区分,可以分别概述如下。第一,财务会计的主要目标是:向作为宏观经济管理者的国家、企业外部投资者、债权人和其他与企业有利害关系的集团提供有助于宏观调控、优化社会经济资源配置和进行合理的投资决策与信贷决策所必需的各种财务和非财务信息。第二,管理会计的主要目标是:向企业的经营者和内部职能部门、责任中心的负责人、职工代表大会和工会提供有助于他们进行正确的经营和理财与投资决策、评估业绩、加强内部经营管理以及维护职工正当利益所必需的财务和非财务信息。

会计法和会计准则是会计活动的规范,应当规范会计目标而不仅是财务报表目标。作为会计基础理论范畴,目标的主体应是包括管理会计和财务会计在内的整个会计。如果作为财务会计学、管理会计学,分别表述其目标,未尝不可。把会计理论局限于财务会计理论的观点,似有不妥。就本书来说,第一、第二章,就是针对整个会计。

三、管理层是否使用财务报告

(一)从管理者自身角度来说

在一个组织中,管理者的行为体现了"双重人格",即受制于组织目标、需为组织生存和发展负责的"组织人格",以及受自身目标、追求、价值观等影响的"个人人格"。

从管理层自身来说,一方面,由于管理层具有"组织人格",不仅有履行受托责任的义务,而且有履行受托责任的主观意愿,所以委托人所关注的信息也必然是受托人即企业管理层所需要关注的。企业管理层要了解委托责任的完成情况,就需要利用财务报表信息。按照对程序化决策和非程序化决策的划分,企业管理层应把主要精力花在企业经营的重大决策方面。从我国的实际看，企业管理所需要的信息，2/3来自会计，这已是众人皆知的常识。管理层提供信息和利用信息的统一构成了会计的具体目标，怎能否定报告主体的决策管理层是财务会计报告信息的使用者呢！当他们的决策需要使用财务信息时，利用精练的财务报告进行相关的深入分析，是最好的选择。另一方面，企业管理层具有"个人人格"，其在组织中的行为要受到各个管理者自身因素（如个人所追求的目标，个人的知识、兴趣、爱好和价值观等）的影响，因此，企业管理层不会总以委托人的利益最大化为行动目标。为了激励经理勤勉尽责，努力增加企业盈利，委托人通常会设计一种基于盈利指标的管理报酬合约。财务会计指标，尤其是盈利指标，广泛地应用于管理报酬合约。事实上，目前的管理报酬计划大都是以会计（盈余）数字为基础的。我国上市公司大多实施与年度利润挂钩的年薪制。既然管理层的报酬方案包括业绩奖金，那么只有在公司经营业绩突出时，企业管理层成员才会有好的回报。如果投资者对企业管理层的经营业绩不满意，他们将会通过董事会或其他机制对管理层施加压力，包括撤换。无论是出于获得更多个人收入的动力，还是出于保住工作职位的压力，都会使管理层关注公司的财务信息，以便及时发现企业营运中存在的机遇与问题，努力提高经营业绩。

财务报告综合、系统地反映企业的财务状况和财务成果，是考核企业经营业绩的权威数据，是财务会计的"最终产品"。企业决策管理层要做到准确判断、合理决策，必须掌握大量信息，必须对所掌握的信息深入分析，用以发现问题、解决问题。企业内部的管理者也关心、利用会计报告的信息，但他们所需要的会计信息远远不止会计准则所应规范的那些。为提高企业的经营管理水平，企业的管理者还会需要除对外报送的会计报表以外的许多内部报表和其他额外资料，这些额外资料的提供，以及企业如何加强财务会计工作，参与企业的经营管理，如资本的筹集和使用，会计责任制的建立，成本的预测、控制、核算和分析等问题，都不属于准则规范的范围，而应由企业根据本企业的具体情况自行规定。

（二）从会计职能的转变来说

根据系统论，本质是结构的描述，系统的特性首先取决于它的结构。结构的不同可以使同一类系统具有不同的功能，功能表现结构，结构决定功能。具体到会计而言，会计职能尤其是基本职能，内显结构与本质，外联系统与环境，反映和控制会计对象要素，制约会计目标，贯穿于会计工作全过程。正是从现代会计所处的环境出发，从现代经济管理对会计所提出的要求出发，以及从市场经济下会计所担负的重大经济责任出发，我们认为，现代会计的基本职能应当归纳为反映和控制。至于反映和控制的关系，系统科学明确指出，信息与控制是不可分割的，信息论是控制论的基础。因此本书认为，会计的反映职能是基础，控制职能则起主导作用。会计的反映职能是会计发挥控制职能作用的基础，是为进行会计控制服务的，而会计控制则是现代会计部门适应市场竞争环境变化，强化企业内部管理，增强企业竞争能力，以及参与企业经营决策的首要职能。

科学技术尤其是信息技术的发展带动了各个领域的突破与发展，会计领域也不例外。一方面，计算机的集成化、智能化和微型化，使传统的"凭证—账簿—报表"的会计程序不再烦琐；另一方面，"柔性"制造、智能生产和流程再造等新型生产方式的发展，加速了会计职能由"记账、算账、报账"的核算型向"预测、决策、预算、控制和考评"的核算管理型转变。企业管理层利用包括财务报表资料在内的会计信息，以强化企业的管理，做出及时、正确的决策，从而实现会计由核算型向核算管理型转化。

（三）强调管理层使用财务报告的重大意义

首先，财务报告使用者把企业管理层排斥在外，会隐性地告诉其他使用者，企业管理者根本就不用这份公开的财务报告。先不管它是否真实可靠，从心理上就在外部使用者心里大打折扣，加剧报告提供者与使用者的矛盾，不利于资本市场发展。将企业管理层列入财务报告使用者，有利于我国证券市场的发展，减少投机型投资，促进弱式有效市场向半强式有效市场的转变。

其次，财务报告使用者把企业管理层排斥在外，表明准则的制定是在满足外部信息使用者的需要。从长远来说，准则作为国家的会计规范，它是兼顾各方利益后调和的产物，不顾企业自身管理的需要，制定烦琐的条款，增加了企业的负担，而且使准则与企业分离，不符合财务报告编制的成本效益原则，不利于企业的发展。将企业管理层列入财务报告使用者，才符合我国财政部制定准则规范除上市公司以外所有企业的具体国情，才能实现企业与国家之间的和谐，促进国家经济的繁荣。

最后，从会计目标服务对象的重要性来看，把投资者、债权人、政府及其有关部门列在前面，可以。但从会计工作的角度看，企业决策管理层和会计部门首先要运用会计信息，加强经济管理。这正是当前和今后深化会计改革、建立核算管理型会计的迫切需要。将财务会计报告主体的决策管理层（包括财会部门）列入使用者，有利于指导他们更好地强化会计核算与管理，尽快实现会计从核算型向核算管理型转化。

通过以上分析，我们认为企业管理层是财务报告的使用者，而且是首要的使用者，各国皆然。我们要重视国情，不断完善相关企业会计准则，指导会计活动，促进经济管理的发展。

四、决策有用观或受托责任观的失误

第一，作为具有指导性的财务报告目标，采用决策有用观或受托责任观的提供信息论需要商榷。面对世界性的假账，提供信息论显得苍白无力，因为它并未明确规范财务报告应当达到的境地或标准：提供真实或可靠的信息，加强经济管理。决策有用观或受托责任观，只是强调作什么用，为谁服务，并非想要达到的境地或标准，不能充分指导财务报告的编制，不能指导会计准则框架的建立和会计准则建设，更不能充分指导财务会计活动。

决策有用观或受托责任观作为一项具体目标很好，而以之作为财务会计或会计基本目标，则不够。如果会计工作的目标只是为投资者和债权人提供考核受托责任或决策有用的信息，这种信息的主要来源是财务报告，那么会计工作只要编出财务报告，即可提供会计信息，并用以进行经济决策，考核受托责任，从而"实现"会计目标，岂不荒唐！因为编制财务报告只是会计基础工作的一部分，还有大量的经济管理工作要做，如参与经营决策、参与调节经济活动、监督经济过程、考评经济业绩和参与处理分配关系等。

第二，仅从上市公司出发，指导性不全面。缘于外部用户的需要，提供投资者据以进行经济决策的信息，如果说是上市公司对投资者的财务报告具体目标或许可以，但以之作为整个财务报告目标显然不够全面，以之作为财务报告或财务会计目标则更不够，因为决策有用只是经济管理的部分职能。作为经济管理重要组成部分的会计工作，除了如实提供信息外，还必须以加强经济管理作为自己的奋斗目标。不仅为利益相关者如实提供有用信息，会计人员和会计机构还要努力加强经济管理。

同理，受托责任观也有指导性不够的缺点。

作为会计目标，应当是所有会计单位的，对所有会计活动都有指导意义，而不应当仅对少数上市公司，仅针对某种行为。如果仅针对某些单位、某些行为，那是具体目标，不是基本目标。

第三，不能指导会计准则概念框架的建设目标，应当体现会计活动想要达到的境地，也是判断其是否达到理想境地的标准。

会计目标是会计准则概念框架（CF）的最高层次，通过概念框架指导和评价会计准则；会计准则是用以规范会计活动的。由于现在流行的目标观仅从投资者的角度进行概括，无论是决策有用观或受托责任观，都不能全面、准确地指导会计准则概念框架建设。

目标指导各种会计活动，是会计系统全力以赴、力争实现的标准。确定科学的会计目标，用以指导实践，提高会计工作水平，指导会计理论研究，提高会计学术水平，均有重要意义。

决策有用观或受托责任观之所以不能充分指导会计理论或实践，就是因为它只表述了会计反映职能的一部分，未能充分概括会计工作应当达到的境地或标准，未能全面、准确地体现会计基本职能。会计工作是经济管理的重要组成部分，在为投资者和债权人提供有用信息的同时，还要为本单位和利益相关者加强经济管理服务。

既然目标是想要达到的境地，财务报告目标提供信息论，突出目标的服务对象和用途，未能说明应当达到的境地或标准。财务报告或会计工作的目标须规范提供什么质量的信息，努力加强经济管理。决策有用观或受托责任观只说明信息作什么用，未能说明其应当达到的境地。这种失误的根源在于，未能研究应当达到的境地是什么，根据什么制定目标。

会计准则是用以规范和指导财务会计工作的，会计目标属会计基础理论范畴，目标的主体应是包括管理会计和财务会计在内的整个会计。如果是财务会计学、管理会计学，分别表述其目标，未尝不可。把会计理论局限于财务会计理论的观点，名不符实。如总论、基础理论等，是适用于各种会计的。

第二节 制定会计目标的客观依据

会计工作多种多样，每种工作、每种活动都有自己的目标。就整个会计工作而言，也有多种目标。要制定会计目标,首先要研究制定目标的客观依据。

社会环境因素众多,如何决定会计目标,未见论证。再说,会计、审计、统计,社会环境相同而目标不同,难以单纯用环境来说明。会计是适应环境的需要、经济管理的需要、节约劳动时间的需要而产生和发展的。在长期的经济活动中,环境与经济管理的需要,结合会计系统的运行,形成了会计职能。它既反映需要,又体现可能。系统理论认为,系统功能表达系统结构的目的性。职能是体现会计本质的功能,而目标则是按照信息使用者的要求把会计职能具体化。会计的职能是相对稳定的,而目标则随着会计所赖以存在的外在环境(社会制度、经济体制)的变化而变更。提出设定会计目标,既能为会计作为一个信息系统设定运行的导向和应达到的预期目的,同时赋予会计职能以环境的影响和时代的特征。统计、会计、审计,环境相同而目标不同,就是因为三者的职能和本质不同。会计基本目标是会计基本职能的具体化。直接制约会计目标的是会计职能,没有该项职能,就难以具有相应的目标。职能具有根本性,目标具有现实性,因此,会计目标提供有用信息论乃是会计反映职能的具体化。受托责任观和决策有用观显然不能全面体现会计基本职能。鉴于基本职能体现会计本质及我国会计界对会计基本职能的认识,本书认为应当较赞同根据基本职能研究会计基本目标。

会计目标、职能、本质的对应性不仅为会计基础理论研究所证明,系统科学更说明了它的一般性。

系统科学认为,系统同时具有许多目标或特定功能。系统功能的对应性是指功能和结构具有相互对应的性质。这一性质可表述为:结构是功能的基础,功能是结构的表现;结构决定功能,功能反作用于结构。本质是结构的描述。系统功能表达系统结构的目的性,并且是检验系统结构的尺度。由此可见,本质描述结构,结构决定功能,功能表现结构和本质,目标体现功能。

社会环境对会计目标有重大影响,社会环境的需要、经济管理的需要必须与会计本质、职能相结合,才能制定会计目标。制定会计目标根本性的依据应是建立会计系统的客观需要。为什么要建立会计系统?根据节约劳动时间规律,社会要发展,必须努力节约劳动时间。既要计算劳动时间的节约量和劳动产品的增加量,又要强化经济管理,以促进劳动时间的节约,促进经济效益和社会效益的提高。前者形成会计的信息处理结构、信息系统本质、反映职能和提供有用信息的目标;后者形成会计的经济控制结构、控制系统本质、控制职能和加强经济管理的目标。前者具有基础性,后者具有主导性,两者互相渗透,相互为用,正如系统科学所强调的信息和控制是不可分割的,信息论是控制论的基础。

正是由于社会环境的作用,各国会计的具体目标、不同时代的会计目标,才会产生差异。

多年来,美国流行的会计目标是提供信息论。决策有用论和经管责任论都属于提供信息论。他们认为,会计本质是经济信息系统,会计职能是提供有关经济主体的数量化信息。如此看来,会计目标、职能、本质,三者具有对应性。决策有用观或经管责任观之所以不能作为会计基本目标,就是因为它只表述了会计工作的部分职能,而不能全面、准确地表述会计基本职能。

第三节 会计目标系统论

一、会计基本职能与基本目标

会计基本职能内显本质和结构、外联社会环境，是基本需求与可能的统一。会计目标是会计职能的具体化，应当根据会计基本职能，建立会计的基本目标。多数人基本同意会计具有反映和控制两大基本职能，只是表述有所不同，含义略有差异。基于反映职能，产生"如实提供信息"的目标，已成共识，毋庸多议。基于会计的控制职能，还应提出"加强经济管理"的基本目标。会计是经济管理的重要组成部分。从历史上看，会计的产生和发展，都为强化经济管理服务，并直接从事经济管理活动。会计是包括财务会计、管理会计、成本会计的大系统。包括总会计师在内的会计人员要协同有关部门建立、健全并实施规章制度，加强资金、成本和利润管理，进行分析、预测、考核，参与经济决策，这些显然都属于管理系统。不仅记账、算账、报账，还要用账。会计信息，首先并直接为会计人员所用。管理会计参与管理过程，已成共识。即使单就财务会计来讲，记账员要记好账，首先要对凭证进行审核，要注意所记内容的真实性、合理性。如材料账、商品账，要注意材料、商品是否数量足、质量好，是否适用或适销，是否有霉烂变质、损失浪费或贪污挪用，还要经常分析库存结构，减少或杜绝积压浪费，协同采购部门提出采购计划等，都是以强化经济管理为目标的具体管理行为。财产清查也是管理活动。随着知识经济和会计电算化、网络化的发展，反映职能有所减轻，控制职能将愈益重要。因此，强化经济管理意识，对于每个会计人员来说，都是不可或缺的。每个会计人员，都要努力当好领导的参谋和助手。会计改革与发展总体目标的基本点包括"以强化经济管理为中心"。加强基础工作、强化经济管理，是突破当前会计工作薄弱环节、提高会计水平的关键，因而提出建立反映管理型会计的要求。所以要把如实提供信息、加强经济管理并列为会计的两大基本目标。

把提供有用信息作为编制财务报告的目标，以之作为财务会计或会计的基本目标之一，体现会计的反映职能和信息系统本质；以之作为会计唯一的基本目标，则给人以偏概全之感。倘若如此，显然是不正确的，因为还有大量经济管理工作需要会计人员来做，信息系统论的不足之处，正在于此。而且，统计目标也是提供信息，这样就无法对两者加以区别。

不仅管理会计有"参与管理过程"的职能，财务会计也具有控制职能，广大会计人员都要主动运用信息，强化经济管理，建立管理型会计。

作为会计基本目标之一，建议用"如实提供信息"替代"提供有用信息"。不仅因为真实性是信息的生命，而且因为"有用"的含义已经体现在另一基本目标"加强经济管理"和总目标中。决策有用论和考核受托责任都属于"加强经济管理"，并且是重要的内涵。

从基本目标的构成来看，如实提供信息是基础，加强经济管理是主导。提供信息，要从管理的需要出发，为加强经济管理服务。经济管理，包括会计人员和会计主体及所有使用会计信息的有关方面。信贷决策、投资决策，都属于经济管理。

二、会计总目标

会计目标是多层次的，基本目标为总目标服务，受总目标指导，总目标指导整个会计工作。

会计工作要保证会计资料真实、完整，加强经济管理和财务管理，提高经济效益，维护社会主义市场经济秩序。新时期会计改革与发展的总目标和基本原则是：主动适应我国经济社会发展客观需要，会计审计标准体系建设得到持续加强，会计审计业发展取得显著成效，会计人员素质得到全面提升，会计法治化、数字化进程取得实质性成果，会计基础性服务功能得到充分发挥，以实现更高质量、更加公平、更可持续的发展，更好服务我国经济社会发展大局和财政管理工作全局。主要任务包括：持续推动会计审计标准体系高质量建设与实施、全面推动会计审计业高质量发展、培养造就高水平会计人才队伍、全面推进会计法治建设、切实加快会计审计数字化转型步伐、大力推动会计职能拓展、全面参与会计国际治理以及加强会计理论和实务研究。

从会计总目标来看，提高经济效益和社会效益，体现了市场经济和各种社会的共同要求；维护社会主义市场经济秩序，则体现了社会主义市场经济的特殊要求，它们都体现了会计的本质和基本职能。

三、会计具体职能与具体目标

会计职能、会计目标是多元的，除了基本职能、基本目标和总目标以外，还有具体职能、具体目标。后者受前两者制约。

既然会计目标是会计职能的具体化，会计具体目标必然是会计具体职能的具体化。具体职能是根据庞大的会计实践进行理论概括提炼出来的，与基本职能有密切的联系。

根据反映职能，建立如实提供信息的目标；根据控制职能，建立强化经济管理的目标。另外，会计的反映职能表现会计信息处理结构（确认、记录、报告、分析）和经济信息系统本质；会计的控制职能表现会计控制结构（规划、调节、监督、考评）和经济控制系统（或称管理活动）本质。

会计的具体职能和具体目标可概括为下述八种。

（一）确认——建立科学的账户体系，分类确认经济业务

运用会计科目和账户等专门方法，依据确认标准，识别经济业务如何输入会计系统，如何进行会计报告。

（二）记录——科学计量，系统记录

通过会计凭证、各种账簿，运用复式记账等会计方法，进行连续的、系统的记录，构成会计的特色之一。记录是会计确认的继续以及会计报告的基础和依据。

要记录，必须对经济业务进行计量和计算。为了科学计量，就要形成不同的计量单位、计量属性和计量模式。

（三）报告——提供真实、完整的财务报告

根据经过审核的会计账簿记录和有关资料，编制财务报告。财务报告由财务报表、附注和财务情况说明书组成。财务报告必须真实、完整，及时地提供给使用者，符合国家宏观经济管理的要求，满足有关各方了解企业财务状况及经营管理的需要，满足企业加强内部经济管理的需要。

（四）分析——分析经济情况，预测经济前景

根据财务报告及有关资料对财务状况和成本升降情况进行分析，对需要研究的经济情况进行分析，总结经验，发现问题，找出差距，分析原因，提出改善工作的建议。

在深入分析的基础上科学地预测经济前景。

（五）规划——参与经济决策，规划经济活动

根据会计信息和其他信息，运用决策方法，提出最优方案，配合单位领导和有关部门，参与经济决策，编制经济计划，制定经济定额，划分责任单位，建议责任指标，拟订完成经济计划的措施。

（六）调节——参与调节经济活动，处理分配关系

根据计划目标，参与调节经济活动。参与制定规章制度，建立内部控制制度。加强成本管理，参与处理分配关系。

（七）监督——监督经济过程，保障资产安全

通过凭证审核、财产清查和稽核，消除账账、账实不符，发现并揭发贪污、浪费行为，防止弊端，保护资产和所有者的权益。

（八）考评——考评经济责任，为奖惩提供依据

对企业、部门和职工的经营业绩进行考核，联系经济责任制，奖优罚劣。

上述八种具体职能和具体目标，只是从会计工作的具体功能出发所进行的归纳。确认、记录、报告、分析，是会计基本职能反映的体现，用以认识、反映会计对象；规划、调节、监督、考评，是会计基本职能控制的体现，用以控制会计对象。可否认为：基本职能体现在具体职能中，具体职能是基本职能的具体化和拓展。基于目标是职能具体化的认识，上文把每一种具体职能概括为两个字，其后是具体目标。而且具体目标，多种多样。每一项会计工作都有自己的具体目标，各种目标还有自己的数量目标、质量目标。

四、新职能、目标体系的优点

（一）概括全面

能够准确说明财务会计和管理会计的各层次的职能和目标。克服了把财务报告目标扩大为包括管理会计在内的会计目标的缺陷。"如实提供信息"可以包括决策有用论、受托责任论以及各方面需要的各种信息。"加强经济管理"，不仅是财务会计的目标，更是管理会计的目标。基本目标和总目标是各种会计工作的目标。

(二)体现环境特征和时代要求

照抄照搬其他国家的研究成果,不能体现我国的环境特征。新目标体系体现了建立社会主义市场经济体制的基本要求,符合我国的实际。两大基本目标和总目标,更是针砭时弊,有利于加强会计基础工作,建立反映管理型会计。

(三)体现会计本质,体现会计系统运行规律的要求

根据系统理论,本质是"结构的描述"。会计工作系统包括密切联系、互相渗透的信息处理结构和会计控制结构。两系统运行的规律性要求是如实提供信息、强化经济管理,提高经济效益和社会效益;维护社会主义市场经济秩序。这些已充分体现在会计目标中。

(四)促进会计理论和会计改革的发展,指导会计实践

新的会计职能、会计目标体系既借鉴国际经验又继承我国会计基本理论的研究成果且发展之;既强调会计基础工作,又突出会计控制职能。按照质量目标,如实提供信息与强化经济管理同时并举,较之已有的会计基本目标的几种提法,更为全面、合理;八种具体职能和具体目标也是对会计工作内容和要求的较为全面的概括,可以更好地指导会计准则的制定,推动会计工作的发展。会计职能系统、会计目标系统既自成系统又密切联系,组成会计基础理论体系的子系统。

这样一来,会计环境、动因、本质、职能、目标密切联系,成为逻辑严密的前后一贯的会计基础理论体系。

会计职能系统、会计目标系统,既有作为"商业语言"的共同性,又有体现历史传统和社会环境特色的特殊性。

五、会计基本准则

(一)会计基本准则概述

1. 企业会计准则的含义及特征

企业会计准则是就各企业、单位发生的交易或事项的会计处理方法和会计程序做出的规定,为各企业、单位的会计核算行为提供规范。企业会计准则的产生与完善是社会经济环境变化的结果。

以会计准则作为企业会计信息生成与提供的标准始于西方国家,其中美国的"公认会计原则"(GAAP)最具代表性。

在国际上,随着各国之间的经济交往日益频繁,跨国公司、合资公司等国际经济联合体的大量涌现,作为商业语言的会计信息便成为不同利益相关者进行经济交流的基础。然而,各个国家或地区的政治、经济、法律和文化等环境的不同,导致了其会计准则之间的差异,影响了分布于世界各国的不同利益相关者对会计信息的理解和据以进行的投资或信贷决策。在这一背景下,建立一套国际通用的会计标准对促进资本的国际流动和国际经济一体化的必要性受到了广泛认同。国际会计准则委员会成立伊始,就把制定和公布编制财务报告应当遵循的会计准则,并推动这些准则在世界范围内被接受和遵循作为其工作目标。为此,国际会计准则委员会发布了一系列的国际会计准则和解释公告。越来越多的国家或者国际组织开始支持国际会计准则委员会所从事的会

计准则的国际协调工作，一些国家或地区及其会计准则制定机构甚至决定在某一个特定的期限内开始全部或部分采用国际财务报告准则。会计准则的国际趋同以及会计准则全球化，是经济全球化所不可或缺的因素。

从世界各国的会计准则制定情况来看，会计准则是由国家权力机关或权威性的会计职业团体所制定。由国家权力机关制定的会计准则，成为国家的行政法规或规章，其施行具有强制性；由权威性的会计职业团体制定的会计准则，其施行虽不具有强制性，但仍具有普遍的指导意义和很强的约束力。目前，中国、德国、日本等国家的会计准则由国家政府机构制定发布，具有法律效力；美国等国家的会计准则由具有权威性的机构制定颁布，并受到政府或其他权威机构的支持，得到广泛认可。会计准则具有以下六个方面的特征。

（1）规范性

由于确立了会计准则，会计人员在进行会计核算时就有了一个共同遵循的标准。各个单位的会计核算可在同一标准的基础上进行，全国甚至全世界的会计核算均执行同一衡量的尺度，从而使会计核算行为达到了规范化，所提供的会计信息具有广泛的一致性和可比性，促进了会计信息质量的提高。

（2）权威性

会计准则通过国家权力机关或权威性的会计职业团体制定发布，具有权威性，是会计核算必须遵守的规范和处理会计业务的标准。

（3）公认性

会计准则要有效地付诸实践，必须得到理论界和实务界的普遍认可和接受。各国以及国际会计准则理事会在制定与修订会计准则时均向会计理论界和实务界征求意见，所制定与修订的会计准则也得到了广泛的认同。

（4）理论与实践相融合性

会计准则是指导会计实践的理论依据，同时，会计准则又是会计理论与实践相结合的产物。

（5）整体性

会计准则是由相互联系又相互制约的具有一定层次的若干准则所构成的一个规范会计核算的完整体系。

（6）发展性

会计准则是在一定社会经济环境下形成与发展起来的，虽然具有相对稳定性，但仍受制于社会经济环境的变化，随着社会经济环境的变化，会计准则也会相应地发生变化。

2. 企业会计准则体系的构成与会计基本准则的地位与作用

我国企业会计准则体系包括《企业会计准则——基本准则》（以下简称"基本准则"）、具体准则和会计准则应用指南等。其中，会计基本准则是纲，在整个企业会计准则体系中起统驭作用；具体准则是目，是依据会计基本准则的原则要求对有关业务或报告做出的具体规定；应用指南是补充,是对具体准则的操作指引。

国际会计准则理事会、美国等国家或者地区在其会计准则制定中,通常都制定有"财务会计概念框架",它既是制定国际财务报告准则和有关国家或地区会计准则的概念基础,也是会计准则制定应当遵循的基本法则。

我国基本准则类似于国际会计准则理事会的《编报财务报表的框架》和美国财务会计准则委员会的《财务会计概念公告》,在企业会计准则体系建设中扮演着同样的角色,在整个企业会计准则体系中具有统驭地位。同时,我国会计准则属于法规体系的组成部分。根据相关规定,我国的法规体系通常由四个部分构成:法律、法规、规章、地方性法规四个层面。其中,法律是由全国人民代表大会常务委员会通过,由国家主席签发。行政法规由国务院常务会议通过,由国务院总理签发。

会计基本准则在企业会计准则体系中具有重要地位,其作用主要表现为两个方面:一是统驭具体准则的制定。基本准则规范了包括财务报告目标、会计基本假设、会计信息质量要求、会计要素的定义及其确认、计量原则、财务报告等在内的基本问题,是制定具体准则的基础,对各具体准则的制定起着统驭作用,可以确保各具体准则的内在一致性。为此,企业会计准则包括基本准则和具体准则,具体准则的制定应当遵循本准则(基本准则)。在企业会计准则体系的建设中,各项具体准则也都严格按照基本准则的要求加以制定和完善,并且在各具体准则的第一条中做了明确规定。二是为会计实务中出现的、具体准则尚未规范的新问题提供会计处理依据。在会计实务中,由于经济交易事项的不断发展、创新,具体准则的制定有时会出现滞后的情况,会出现一些新的交易或者事项在具体准则中尚未规范但又亟须处理,这时,企业不仅应当对这些新的交易或者事项及时进行会计处理,而且在处理时应当严格遵循基本准则的要求,尤其是基本准则关于会计要素的定义及其确认与计量等方面的规定。因此,基本准则不仅扮演着具体准则制定依据的角色,也为会计实务中出现的、具体准则尚未做出规范的新问题提供会计处理依据,从而确保了企业会计准则体系对所有会计实务问题的规范作用。

3. 会计基本准则的目标和适用范围

会计基本准则的目标是规范企业会计确认、计量和报告行为,保证会计信息质量。

会计基本准则适用于在中华人民共和国境内设立的企业(包括公司)。

4. 基本准则规范的主要内容

我国基本准则的制定吸收了当代财务会计理论研究的最新成果,反映了当前会计实务发展的内在需要,体现了国际上财务会计概念框架的发展动态,构建起了完整、统一的财务会计概念体系。它规范的核心内容包括以下六个方面:一是关于财务报告目标。基本准则明确了我国财务报告的目标是向财务报告使用者提供决策有用的信息,并反映企业管理层受托责任的履行情况。二是关于会计基本假设。基本准则强调了企业会计确认、计量和报告应当以会计主体、持续经营、会计分期和货币计量为会计基本假设。三是关于会计基础。基本准则坚持了企业会计确认、计量和报告应当以权责发生制为基础。四是关于会计信息质量要求。基本准则建立了企业会计信息质量要求体系，规定企业财务报告中提供的会计信息应当满足会计信息质量要求。五是关于会计要素分类及其确认、计量原则。基本准则将会计要素分为资产、负债、所有者权益、收入、费用和利润六个要素，同时对有关要素建立了相应的确认和计量原则，规定会计要素在确认时，均应满足相应条件。会计要素在计量时可供选择的计量属性包括历史成本、重置成本、可变现净值、现值和公允价值等。六是关于财务报告。基本准则明确了财务报告的基本概念、应当包括的主要内容和应反映信息的基本要求等。

（二）财务报告目标、会计基本假设和会计基础

1. 财务报告目标

基本准则对财务报告目标进行了明确定位，将保护投资者利益、满足投资者信息需求放在了突出位置，彰显了财务报告目标在企业会计准则体系中的重要作用。基本准则规定，财务报告的目标是向财务报告使用者提供与企业财务状况、经营成果和现金流量等有关的会计信息，反映企业管理层受托责任履行情况，有助于财务报告使用者做出经济决策。

财务报告使用者主要包括投资者、债权人、政府及其有关部门和社会公众等。满足投资者的信息需要是企业财务报告编制的首要出发点。近年来，我国企业改革持续深入，产权日益多元化，资本市场快速发展，机构投资者及其他投资者队伍日益壮大，对会计信息的要求日益提高，在这种情况下，投资者更加关心其投资的风险和报酬，他们需要会计信息来帮助他们做出决策，如决定是否应当买进、持有或者卖出企业的股票或者股权，他们还需要信息来帮助其评估企业支付股利的能力等。因此，基本准则将投资者作为企业财务报告的首要使用者，凸显了投资者的地位，体现了保护投资者利益的要求，是市场经济发展的必然。

如果企业在财务报告中提供的会计信息与投资者的决策无关，那么财务报告就失去了其编制的意义。根据投资者决策有用目标，财务报告所提供的信息应当如实反映企业所拥有或者控制的经济资源、对经济资源的要求权以及经济资源及其要求权的变化情况；如实反映企业的各项收入、费用、利得和损失的金额及其变动情况；如实反映企业各项经营活动、投资活动和筹资活动等所形成的现金流入和现金流出情况等，从而有助于现在的或者潜在的投资者正确、合理地评价企业的资产质量、偿债能力、盈利能力和营运效率等；有助于投资者根据相关会计信息做出理性的投资决策；有助于投资者评估与投资有关的未来现金流量的金额、时间和风险等。

除投资者之外，企业财务报告的使用者还有债权人、政府及有关部门、社会公众等。例如，企业贷款人、供应商等债权人通常十分关心企业的偿债能力和财务风险，他们需要信息来评估企业能否如期支付贷款本金及其利息，能否如期支付所欠购货款等；政府及其有关部门作为经济管理和经济监管部门，通常关心经济资源分配的公平、合理，市场经济秩序的公正、有序，宏观决策所依据信息的真实可靠等，因此，他们需要信息来监管企业的有关活动、制定税收政策、进行税收征管和国民经济统计等；社会公众也关心企业的生产经营活动，包括对所在地经济做出的贡

献,如增加就业、刺激消费、提供社区服务等,因此,在财务报告中提供有关企业发展前景及其能力、经营效益及其效率等方面的信息,可以满足社会公众的信息需要。应当讲,这些使用者的许多信息需求是一致的。由于投资者是企业资本的主要提供者,通常情况下,如果财务报告能够满足这一群体的会计信息需求,也就可以满足其他使用者的大部分信息需求。

现代企业制度强调企业所有权和经营权相分离,企业管理层是受委托人之托经营管理企业及其各项资产,负有受托责任。即企业管理层所经营管理的企业各项资产基本上均为投资者投入的资本或者向债权人借入的资金所形成的,企业管理层有责任妥善保管并合理、有效运用这些资产。企业投资者和债权人等也需要及时或者经常性地了解企业管理层保管、使用资产的情况,以便于评价企业管理层的责任情况和业绩情况,并决定是否需要调整投资或者信贷政策,是否需要加强企业内部控制和其他制度建设,是否需要更换管理层等。因此,财务报告应当反映企业管理层受托责任的履行情况,以有助于外部投资者和债权人等评价企业的经营管理责任和资源使用的有效性。

2. 会计基本假设

会计基本假设是企业会计确认、计量和报告的前提,是对会计核算所处时间、空间环境等所做的合理设定。会计基本假设包括会计主体、持续经营、会计分期和货币计量。

(1) 会计主体

会计主体,是指企业会计确认、计量和报告的空间范围。为了向财务报告使用者反映企业财务状况、经营成果和现金流量,提供与其决策有用的信息,会计核算和财务报告的编制应当集中反映特定对象的活动,并将其与其他经济实体区别开来,才能实现财务报告的目标。在会计主体假设下,企业应当对其本身发生的交易或者事项进行会计确认、计量和报告,反映企业本身所从事的各项生产经营活动。明确界定会计主体是开展会计确认、计量和报告工作的重要前提。

首先,明确会计主体,才能划定会计所要处理的各项交易或事项的范围。在会计工作中,只有影响企业本身经济利益的各项交易或事项才能加以确认、计量和报告,不影响企业本身经济利益的各项交易或事项则不能加以确认、计量和报告。会计工作中通常所讲的资产、负债的确认,收入的实现,费用的发生等,都是针对特定会计主体而言的。

其次,明确会计主体,才能将会计主体的交易或者事项与会计主体所有者的交易或者事项以及其他会计主体的交易或者事项区分开来。例如,企业所有者的经济交易或者事项是属于企业所有者主体所发生的,不应纳入企业会计核算的范围,但是企业所有者投到企业的资本或者企业向所有者分配的利润,则属于企业主体所发生的交易或者事项,应当纳入企业会计核算的范围。

会计主体不同于法律主体。一般来说,法律主体必然是一个会计主体。例如,一个企业作为一个法律主体,应当建立财务会计系统,独立反映其财务状况、经营成果和现金流量。但是,会计主体不一定是法律主体。例如,就企业集团而言,母公司拥有若干子公司,母、子公司虽然是不同的法律主体,但是母公司对子公司拥有控制权,为了全面反映企业集团的财务状况、经营成果和现金流量,有必要将企业集团作为一个会计主体,编制合并财务报表,在这种情况下,尽管企业集团不属于法律主体，但它却是会计主体。再如，由企业管理的证券投资基金、企业年金基金等，尽管不属于法律主体，但属于会计主体，应当对每项基金进行会计确认、计量和报告。

（2）持续经营

持续经营，是指在可以预见的将来，企业将会按当前的规模和状态继续经营下去，不会停业，也不会大规模削减业务。在持续经营前提下，会计确认、计量和报告应当以企业持续、正常的生产经营活动为前提。企业会计准则体系是以企业持续经营为前提加以制定和规范的，涵盖了从企业成立到清算（包括破产）的整个期间的交易或者事项的会计处理。如果一个企业在不能持续经营时还假定企业能够持续经营，并仍按持续经营基本假设选择会计确认、计量和报告原则与方法，就不能客观地反映企业的财务状况、经营成果和现金流量，会误导会计信息使用者的经济决策。

（3）会计分期

会计分期，是指将一个企业持续经营的生产经营活动划分为一个个连续的、长短相同的期间。会计分期的目的，在于通过会计期间的划分，将持续经营的生产经营活动划分成连续、相等的期间，据以结算盈亏，按期编报财务报告，从而及时向财务报告使用者提供有关企业财务状况、经营成果和现金流量的信息。

根据持续经营假设，一个企业将按当前的规模和状态持续经营下去。但是，无论是企业的生产经营决策还是投资者、债权人等的决策都需要及时的信息，都需要将企业持续的生产经营活动划分为一个个连续的、长短相同的期间，分期确认、计量和报告企业的财务状况、经营成果和现金流量。明确会计分期假设意义重大，由于会计分期，才产生了当期与以前期间、以后期间的差别，才使不同类型的会计主体有了记账的基准，进而出现了折旧、摊销等会计处理方法。在会计分期假设下，企业应当划分会计期间，分期结算账目和编制财务报告。会计期间通常分为年度和中期。中期，是指短于一个完整的会计年度的报告期间。

（4）货币计量

货币计量，是指会计主体在财务会计确认、计量和报告时以货币计量，反映会计主体的生产经营活动。

在会计的确认、计量和报告过程中之所以选择货币为基础进行计量，是由货币的本身属性决定的。货币是商品的一般等价物，是衡量一般商品价值的共同尺度，具有价值尺度、流通手段、贮藏手段和支付手段等特点。其他计量单位，如重量、长度、容积、台、件等，只能从一个侧面反映企业的生产经营情况，无法在量上进行汇总和比较，不便于会计计量和经营管理。只有选择货币尺度进行计量，才能充分反映企业的生产经营情况，因此，基本准则规定，会计确认、计量和报告选择货币作为计量单位。

在有些情况下，统一采用货币计量也有缺陷，某些影响企业财务状况和经营成果的因素，如企业经营战略、研发能力、市场竞争力等，往往难以用货币来计量，但这些信息对于使用者决策来讲也很重要，企业可以在财务报告中补充披露有关非财务信息来弥补上述缺陷。

3. 会计基础

企业会计的确认、计量和报告应当以权责发生制为基础。权责发生制基础要求，凡是当期已经实现的收入和已经发生或应当负担的费用，无论款项是否收付，都应当作为当期的收入和费用，记入利润表；凡是不属于当期的收入和费用，即使款项已在当期收付，也不应当作为当期的收入和费用。

在实务中，企业交易或者事项的发生时间与相关货币收支时间有时并不完全一致。例如，款项已经收到，但销售并未实现；或者款项已经支付，但并不是为本期生产经营活动而发生的。为了更加真实、公允地反映特定会计期间的财务状况和经营成果，基本准则明确规定，企业在会计确认、计量和报告中应当以权责发生制为基础。

收付实现制是与权责发生制相对应的一种会计基础，它是以收到或支付的现金作为确认收入和费用等的依据。目前，我国的行政单位会计采用收付实现制，事业单位会计除经营业务可以采用权责发生制外，其他大部分业务采用收付实现制。

基本准则将权责发生制作为会计基础，列入总则中而不是在会计信息质量要求中规定。其原因是权责发生制是相对于收付实现制的会计基础，贯穿于整个企业会计准则体系的总过程，属于财务会计的基本问题，层次较高，统驭作用强。

（三）会计信息质量要求

会计信息质量要求是对企业财务报告中所提供会计信息质量的基本要求，是使财务报告中所提供会计信息对投资者等使用者决策有用应具备的基本特征，根据基本准则规定，它包括可靠性、相关性、可理解性、可比性、实质重于形式、重要性、谨慎性和及时性等。其中，可靠性、相关性、可理解性和可比性是会计信息的首要质量要求，是企业财务报告中所提供会计信息应具备的基本质量特征；实质重于形式、重要性、谨慎性和及时性是会计信息的次级质量要求，是对可靠性、相关性、可理解性和可比性等首要质量要求的补充和完善，尤其是在对某些特殊交易或者事项进行处理时，需要根据这些质量要求来把握其会计处理原则。另外，及时性还是会计信息相关性和可靠性的制约因素，企业需要在相关性和可靠性之间寻求一种平衡，以确定信息及时披露的时间。

1. 可靠性

可靠性要求企业应当以实际发生的交易或者事项为依据进行确认、计量和报告，如实反映符合确认和计量要求的各项会计要素及其他相关信息，保证会计信息真实可靠、内容完整。为了贯彻可靠性要求，企业应当做到：①以实际发生的交易或者事项为依据进行确认、计量，将符合会计要素定义及其确认条件的资产、负债、所有者权益、收入、费用和利润等如实反映在财务报表中，不得根据虚构的、没有发生的或者尚未发生的交易或者事项进行确认、计量和报告。②在符合重要性和成本效益原则的前提下，保证会计信息的完整性，其中包括应当编报的报表及其附注内容等应当保持完整，不能随意遗漏或者减少应予披露的信息，与使用者决策相关的有用信息都应当充分披露。

2. 相关性

相关性要求企业提供的会计信息应当与投资者等财务报告使用者的经济决策需要相关,有助于投资者等财务报告使用者对企业过去、现在或者未来的情况做出评价或者预测。

会计信息是否有用、是否具有价值,关键是看其与使用者的决策需要是否相关,是否有助于决策或者提高决策水平。相关的会计信息应当能够有助于使用者评价企业过去的决策,证实或者修正过去的有关预测,因而具有反馈价值。相关的会计信息还应当具有预测价值,有助于使用者根据财务报告所提供的会计信息预测企业未来的财务状况、经营成果和现金流量。

会计信息质量的相关性要求,需要企业在确认、计量和报告会计信息的过程中,充分考虑使用者的决策模式和信息需要。但是,相关性是以可靠性为基础的,两者并不矛盾,不应将两者对立起来。也就是说,会计信息在可靠性前提下,要尽可能地做到相关性,以满足投资者等财务报告使用者的决策需要。

3. 可理解性

可理解性要求企业提供的会计信息应当清晰明了,以便于投资者等财务报告使用者的理解和使用。

企业编制财务报告、提供会计信息的目的在于使用,而要使使用者有效使用会计信息,应当能让其了解会计信息的内涵,弄懂会计信息的内容,这就要求财务报告所提供的会计信息应当清晰明了,易于理解。只有这样,才能提高会计信息的有用性,实现财务报告的目标,满足向投资者等财务报告使用者提供决策有用信息的要求。

4. 可比性

可比性要求企业提供的会计信息应当相互可比。这主要包括以下两层含义。

(1) 同一企业不同时期可比

为了便于投资者等财务报告使用者了解企业财务状况、经营成果和现金流量的变化趋势,比较企业在不同时期的财务报告信息,全面、客观地评价过去、预测未来,从而做出决策,会计信息质量的可比性要求同一企业不同时期发生的相同或者相似的交易或者事项,应当采用一致的会计政策,不得随意变更。但是,满足会计信息可比性要求,并非表明企业不得变更会计政策,如果按照规定或者在会计政策变更后可以提供更可靠、更相关的会计信息,可以变更会计政策。有关会计政策变更的情况,应当在附注中予以说明。

(2) 不同企业相同会计期间可比

为了便于投资者等财务报告使用者评价不同企业的财务状况、经营成果和现金流量及其变动情况,会计信息质量的可比性要求不同企业在同一会计期间发生的相同或者相似的交易或者事项,应当采用规定的会计政策,确保会计信息口径一致、相互可比,以使不同企业按照一致的确认、计量和报告要求提供有关会计信息。

5. 实质重于形式

实质重于形式要求企业应当按照交易或者事项的经济实质进行会计确认、计量和报告，不仅仅以交易或者事项的法律形式为依据。

企业发生的交易或事项在多数情况下其经济实质和法律形式是一致的，但在有些情况下也会出现不一致。例如，企业按照销售合同销售商品但又签订了售后回购协议，虽然从法律形式上看实现了收入，但如果企业没有将商品所有权上的主要风险和报酬转移给购货方，没有满足收入确认的各项条件，即使签订了商品销售合同或者已将商品交付给购货方，也不应当确认销售收入。

6. 重要性

重要性要求企业提供的会计信息应当反映与企业财务状况、经营成果和现金流量有关的所有重要交易或者事项。

如果财务报告中提供的会计信息的省略或者错报会影响投资者等使用者据此做出决策，该信息就具有重要性。重要性的应用需要依赖职业判断，企业应当根据其所处环境和实际情况，从项目的性质和金额大小两方面加以判断。

7. 谨慎性

谨慎性要求企业对交易或者事项进行会计确认、计量和报告时保持应有的谨慎，不应高估资产或者收益、低估负债或者费用。

在市场经济环境下，企业的生产经营活动面临着许多风险和不确定性，如应收款项的可收回性、固定资产的使用寿命、无形资产的使用寿命、售出存货可能发生的退货或者返修等。会计信息质量的谨慎性要求，需要企业在面临不确定性因素的情况下做出职业判断时，应当保持应有的谨慎，充分估计各种风险和损失，既不高估资产或者收益，也不低估负债或者费用。例如，要求企业对售出商品所提供的产品质量保证确认一项预计负债，就体现了会计信息质量的谨慎性要求。谨慎性的应用也不允许企业设置秘密准备，如果企业故意低估资产或者收入，或者故意高估负债或者费用，将不符合会计信息的可靠性和相关性要求，损害会计信息质量，扭曲企业实际的财务状况和经营成果，从而对使用者的决策产生误导，这是会计准则所不允许的。

8. 及时性

及时性要求企业对于已经发生的交易或者事项应当及时进行确认、计量和报告，不得提前或者延后。

会计信息的价值在于帮助所有者或者其他方面做出经济决策，具有时效性。即使是可靠的、相关的会计信息，如果不及时提供，就失去了时效性，对于使用者的效用就大大降低，甚至不再具有实际意义。在会计确认、计量和报告过程中贯彻及时性，一是要求及时收集会计信息，即在经济交易或者事项发生后，及时收集整理各种原始单据或者凭证；二是要求及时处理会计信息，即按照会计准则的规定，及时对经济交易或者事项进行确认或者计量，并编制财务报告；三是要求及时传递会计信息，即按照国家规定的有关时限，及时地将编制的财务报告传递给财务报告使用者，便于其及时使用和决策。

在实务中，为了及时提供会计信息，可能需要在有关交易或者事项的信息全部获得之前即进行会计处理，这样就满足了会计信息的及时性要求，但可能会影响会计信息的可靠性；如果企业等到与交易或者事项有关的全部信息获得之后再进行会计处理，这样的信息披露可能会由于时效性问题，对于投资者等财务报告使用者决策的有用性大大降低。这就需要在及时性和可靠性之间做出相应权衡，以最好地满足投资者等财务报告使用者的经济决策需要作为判断标准。

（四）会计要素及其确认与计量原则

会计要素是根据交易或者事项的经济特征所确定的财务会计对象的基本分类。基本准则规定，会计要素按照其性质分为资产、负债、所有者权益、收入、费用和利润，其中，资产、负债和所有者权益要素侧重于反映企业的财务状况，收入、费用和利润要素侧重于反映企业的经营成果。会计要素的界定和分类可以使财务会计系统更加科学严密，为投资者等财务报告使用者提供更加有用的信息。

1.资产的定义及其确认条件

（1）资产的定义

资产是指企业过去的交易或者事项形成的、由企业拥有或者控制的、预期会给企业带来经济利益的资源。根据资产的定义，资产具有以下特征。

①资产应为企业拥有或者控制的资源

资产作为一项资源，应当由企业拥有或者控制，具体是指企业享有某项资源的所有权，或者虽然不享有某项资源的所有权，但该资源能为企业所控制。

企业享有资产的所有权，通常表明企业能够排他性地从资产中获取经济利益。通常在判断资产是否存在时，所有权是考虑的首要因素。在有些情况下，资产虽然不为企业所拥有，即企业并不享有其所有权，但企业控制了这些资产，同样表明企业能够从资产中获取经济利益，符合会计上对资产的定义。例如，某企业以融资租赁方式租入一项固定资产，尽管企业并不拥有其所有权，但是如果租赁合同规定的租赁期相当长，接近于该资产的使用寿命，表明企业控制了该资产的使用及其所能带来的经济利益，应当将其作为企业资产予以确认、计量和报告。

②资产预期会给企业带来经济利益

资产预期会给企业带来经济利益，是指资产直接或者间接导致现金和现金等价物流入企业的潜力。这种潜力可以来自企业日常的生产经营活动，也可以是非日常活动；带来经济利益可以是现金或者现金等价物形式，也可以是能转化为现金或者现金等价物的形式，或者是可以减少现金或者现金等价物流出的形式。

资产预期能否为企业带来经济利益是资产的重要特征。例如，企业采购的原材料、购置的固定资产等可以用于生产经营过程，制造商品或者提供劳务，对外出售后收回货款，货款即为企业所获得的经济利益。如果某一项目预期不能给企业带来经济利益，那么就不能将其确认为企业的资产。前期已经确认为资产的项目，如果不能再为企业带来经济利益，也不能再确认为企业的资产。例如，某企业在年末盘点存货时，发现存货毁损，企业以该存货管理责任不清为由，将毁损的存货计入"待处理财产损溢"，并在资产负债表中作为流动资产予以反映。因为"待处理财产损溢"预期不能为企业带来经济利益，不符合资产的定义，因此，不应再在资产负债表中确认为一项资产。

③资产是由企业过去的交易或者事项形成的

资产应当由企业过去的交易或者事项所形成，过去的交易或者事项包括购买、生产、建造行为或者其他交易或事项。换句话说，只有过去的交易或者事项才能产生资产，企业预期在未来发生的交易或者事项不形成资产。例如，企业有购买某存货的意愿或者计划，但是购买行为尚未发生，就不符合资产的定义，不能因此而确认存货资产。

（2）资产的确认条件

将一项资源确认为资产，需要符合资产的定义，还应同时满足以下两个条件。

①与该资源有关的经济利益很可能流入企业

从资产的定义来看，能否带来经济利益是资产的一个本质特征，但在现实生活中，由于经济环境瞬息万变，与资源有关的经济利益能否流入企业或者能够流入多少实际上有不确定性。因此，资产的确认还应与对经济利益流入的不确定性程度的判断结合起来。如果根据编制财务报表时所取得的证据，与资源有关的经济利益很可能流入企业，那么就应当将其作为资产予以确认；反之，不能确认为资产。

②该资源的成本或者价值能够可靠地计量

财务会计系统是一个确认、计量和报告的系统，其中计量起着枢纽作用，可计量性是所有会计要素确认的重要前提，资产的确认也是如此。只有当有关资源的成本或者价值能够可靠地计量时，资产才能予以确认。在实务中，企业取得的许多资产是发生了实际成本的，如企业购买或者生产的存货，企业购置的厂房或者设备等，对于这些资产，只要实际发生的购买成本或者生产成本能够可靠计量，就视为符合了资产确认的可计量条件。在某些情况下，企业取得的资产没有发生实际成本或者发生的实际成本很小，如企业持有的某些衍生金融工具形成的资产，对于这些资产，尽管它们没有实际成本或者发生的实际成本很小，但是如果其公允价值能够可靠计量的话，也被认为符合了资产可计量性的确认条件。

2. 负债的定义及其确认条件

（1）负债的定义

负债是指企业过去的交易或者事项形成的，预期会导致经济利益流出企业的现时义务。根据负债的定义，负债具有以下特征。

①负债是企业承担的现时义务

负债必须是企业承担的现时义务，这是负债的一个基本特征。其中，现时义务是指企业在现行条件下已承担的义务。未来发生的交易或者事项形成的义务，不属于现时义务，不应当确认为负债。这里所指的义务可以是法定义务，也可以是推定义务。其中，法定义务是指具有约束力的合同或者法律法规规定的义务，通常必须依法执行。例如，企业购买原材料形成应付账款，企业向银行贷入款项形成借款，企业按照税法规定应当交纳的税款等，均属于企业承担的法定义务，需要依法予以偿还。推定义务是指根据企业多年来的习惯做法、公开的承诺或者公开宣布的政策而导致企业将承担的责任，这些责任也使有关各方形成了企业将履行义务解脱责任的合理预期。例如，某企业多年来制定有一项销售政策，对于售出商品提供一定期限内的售后保修服务，预期将为售出商品提供的保修服务就属于推定义务，应当将其确认为一项负债。

②负债预期会导致经济利益流出企业

预期会导致经济利益流出企业也是负债的一个本质特征，只有企业在履行义务时会导致经济利益流出企业的，才符合负债的定义，如果不会导致企业经济利益流出，就不符合负债的定义。在履行现时义务清偿负债时，导致经济利益流出企业的形式多种多样，如用现金偿还或以实物资产形式偿还；以提供劳务形式偿还；以部分转移资产、部分提供劳务形式偿还；将负债转为资本等。

③负债是由企业过去的交易或者事项形成的

负债应当由企业过去的交易或者事项所形成。换句话说，只有过去的交易或者事项才形成负债，企业将在未来发生的承诺、签订的合同等交易或者事项，不形成负债。

（2）负债的确认条件

将一项现时义务确认为负债，需要符合负债的定义，还应当同时满足以下两个条件。

①与该义务有关的经济利益很可能流出企业

从负债的定义可以看到，预期会导致经济利益流出企业是负债的一个本质特征。

在实务中，履行义务所需流出的经济利益带有不确定性，尤其是与推定义务相关的经济利益通常需要依赖于大量的估计。因此，负债的确认应当与对经济利益流出的不确定性程度的判断结合起来。如果有确凿证据表明，与现时义务有关的经济利益很可能流出企业，就应当将其作为负债予以确认；如果企业承担了现时义务，但是导致经济利益流出企业的可能性若已不复存在，就不符合负债的确认条件，不应将其作为负债予以确认。

②未来流出的经济利益的金额能够可靠地计量

负债的确认在考虑经济利益流出企业的同时，对于未来流出的经济利益的金额应当能够可靠计量。对于与法定义务有关的经济利益流出金额，通常可以根据合同或者法律规定的金额予以确定，考虑到经济利益流出的金额通常在未来期间，有时未来期间较长，有关金额的计量需要考虑货币时间价值等因素的影响。对于与推定义务有关的经济利益流出金额，企业应当根据履行相关义务所需支出的最佳估计数进行估计，并综合考虑有关货币时间价值、风险等因素的影响。

3. 所有者权益的定义及其确认条件

（1）所有者权益的定义

所有者权益是指企业资产扣除负债后，由所有者享有的剩余权益。股份公司的所有者权益又称为股东权益。所有者权益是所有者对企业资产的剩余索取权，它是企业资产中扣除债权人权益后应由所有者享有的部分，既可反映所有者投入资本的保值增值情况，又体现了保护债权人权益的理念。

（2）所有者权益的来源构成

所有者权益的来源包括所有者投入的资本、直接计入所有者权益的利得和损失、留存收益等，通常由实收资本（或股本）、资本公积、盈余公积和未分配利润构成，商业银行等金融企业在税后利润中提取的一般风险准备，也构成所有者权益。

所有者投入的资本是指所有者投入企业的资本部分，它既包括构成企业注册资本或者股本部分的金额，也包括投入资本超过注册资本或者股本部分的金额，即资本溢价或者股本溢价，这部分投入资本在我国企业会计准则体系中被计入了资本公积，并在资产负债表中的资本公积项目下反映。

直接计入所有者权益的利得和损失，是指不应计入当期损益、会导致所有者权益发生增减变动的、与所有者投入资本或者向所有者分配利润无关的利得或者损失。其中，利得是指由企业非日常活动所形成的、会导致所有者权益增加的、与所有者投入资本无关的经济利益的流入，利得包括直接计入所有者权益的利得和直接计入当期利润的利得。损失是指由企业非日常活动所发生的、会导致所有者权益减少的、与向所有者分配利润无关的经济利益的流出，损失包括直接计入所有者权益的损失和直接计入当期利润的损失。直接计入所有者权益的利得和损失主要包括可供出售金融资产的公允价值变动额、现金流量套期中套期工具公允价值变动额（有效套期部分）等。

留存收益是企业历年实现的净利润留存于企业的部分，主要包括累计计提的盈余公积和未分配利润。

（3）所有者权益的确认条件

所有者权益体现的是所有者在企业中的剩余权益，因此，所有者权益的确认主要依赖于其他会计要素，尤其是资产和负债的确认；所有者权益金额的确定也主要取决于资产和负债的计量。例如，企业接受投资者投入的资产，在该资产符合企业资产确认条件时，就相应地符合了所有者权益的确认条件；当该资产的价值能够可靠计量时，所有者权益的金额也就可以确定。

所有者权益反映的是企业所有者对企业资产的索取权，负债反映的是企业债权人对企业资产的索取权，两者在性质上有本质区别，因此企业在会计确认、计量和报告中应当严格区分负债和所有者权益，以如实反映企业的财务状况，尤其是企业的偿债能力和产权比率等。在实务中，企业某些交易或者事项可能同时具有负债和所有者权益的特征，在这种情况下，企业应当将属于负债和所有者权益的部分分开核算和列报。例如，企业发行的可转换公司债券，企业应当将其中的负债部分和权益性工具部分进行分拆，分别确认负债和所有者权益。

4. 收入的定义及其确认条件

（1）收入的定义

收入是指企业在日常活动中形成的、会导致所有者权益增加的、与所有者投入资本无关的经济利益的总流入。根据收入的定义，收入具有以下特征。

①收入是企业在日常活动中形成的

日常活动是指企业为完成其经营目标所从事的经常性活动以及与之相关的活动。例如，工业企业制造并销售产品、商业企业销售商品、保险公司签发保单、咨询公司提供咨询服务、软件企业为客户开发软件、安装公司提供安装服务、商业银行对外贷款、租赁公司出租资产等，均属于企业的日常活动。明确界定日常活动是为了将收入与利得相区分，因为企业非日常活动所形成的经济利益的流入不能确认为收入，而应当计入利得。

②收入会导致所有者权益的增加

与收入相关的经济利益的流入应当会导致所有者权益的增加，不会导致所有者权益增加的经济利益的流入不符合收入的定义，不应确认为收入。例如，企业向银行借入款项，尽管也导致了企业经济利益的流入，但该流入并不导致所有者权益的增加，反而使企业承担了一项现时义务。企业对于因借入款项所导致的经济利益的增加，不应将其确认为收入，应当确认为一项负债。

③收入是与所有者投入资本无关的经济利益的总流入

收入应当会导致经济利益的流入，从而导致资产的增加。例如，企业销售商品，应当收到现金或者在未来有权收到现金，才表明该交易符合收入的定义。但是，经济利益的流入有时是所有者投入资本的增加所导致的，所有者投入资本的增加不应当确认为收入，应当将其直接确认为所有者权益。

（2）收入的确认条件

企业收入的来源渠道多种多样，不同收入来源的特征有所不同，其收入确认条件也往往存在差别，如销售商品、提供劳务、让渡资产使用权等。一般而言，收入只有在经济利益很可能流入从而导致企业资产增加或者负债减少、经济利益的流入额能够可靠计量时才能予以确认。即收入的确认至少应当符合以下条件：一是与收入相关的经济利益应当很可能流入企业；二是经济利益流入企业的结果会导致资产的增加或者负债的减少；三是经济利益的流入额能够可靠计量。

5. 费用的定义及其确认条件

（1）费用的定义

费用是指企业在日常活动中发生的、会导致所有者权益减少的、与向所有者分配利润无关的经济利益的总流出。根据费用的定义，费用具有以下特征。

①费用是企业在日常活动中形成的

费用必须是企业在其日常活动中所形成的，这些日常活动的界定与收入定义中涉及的日常活动的界定相一致。因日常活动所产生的费用通常包括销售成本（营业成本）、管理费用等。将费用界定为日常活动所形成的,目的是将其与损失相区分,企业非日常活动所形成的经济利益的流出不能确认为费用,而应当计入损失。

②费用会导致所有者权益的减少

与费用相关的经济利益的流出应当会导致所有者权益的减少,不会导致所有者权益减少的经济利益的流出不符合费用的定义,不应确认为费用。

③费用是与向所有者分配利润无关的经济利益的总流出

费用的发生应当会导致经济利益的流出,从而导致资产的减少或者负债的增加(最终也会导致资产的减少)。其表现形式包括现金或者现金等价物的流出,存货、固定资产和无形资产等的流出或者消耗等。鉴于企业向所有者分配利润也会导致经济利益的流出,而该经济利益的流出显然属于所有者权益的抵减项目,不应确认为费用,应当将其排除在费用的定义之外。

(2)费用的确认条件

费用的确认除了应当符合定义外,也应当满足严格的条件,即费用只有在经济利益很可能流出从而导致企业资产减少或者负债增加、经济利益的流出额能够可靠计量时才能予以确认。因此,费用的确认至少应当符合以下条件:一是与费用相关的经济利益应当很可能流出企业;二是经济利益流出企业的结果会导致资产的减少或者负债的增加;三是经济利益的流出额能够可靠计量。

6.利润的定义及其确认条件

(1)利润的定义

利润是指企业在一定会计期间的经营成果。通常情况下,如果企业实现了利润,表明企业的所有者权益将增加,业绩得到了提升;如果企业发生了亏损(利润为负数),表明企业的所有者权益将减少,业绩下滑了。利润往往是评价企业管理层业绩的一项重要指标,也是投资者等财务报告使用者在进行决策时的重要参考。

(2)利润的来源构成

利润包括收入减去费用后的净额、直接计入当期利润的利得和损失等。其中收入减去费用后的净额反映的是企业日常活动的经营业绩,直接计入当期利润的利得和损失反映的是企业非日常活动的业绩。直接计入当期利润的利得和损失,是指应当计入当期损益、最终会引起所有者权益发生增减变动的、与所有者投入资本或者向所有者分配利润无关的利得或者损失。企业应当严格区分收入和利得、费用和损失之间的区别,以更加全面地反映企业的经营业绩。

(3)利润的确认条件

利润反映的是收入减去费用、利得减去损失后的净额的概念,因此,利润的确认主要依赖于收入和费用以及利得和损失的确认,金额的确定也主要取决于收入、费用、利得、损失金额的计量。

7.会计要素计量属性及其应用原则

(1)会计要素的计量属性

会计计量是为了将符合确认条件的会计要素登记入账并列报于财务报表而确定其金额的过

程。企业应当按照规定的会计计量属性进行计量，确定相关金额。计量属性是指所予计量的某一要素的特性方面，如桌子的长度、物件的重量、楼房的面积等。从会计角度，计量属性反映的是会计要素金额的确定基础，主要包括历史成本、重置成本、可变现净值、现值和公允价值等。

①历史成本

历史成本，又称实际成本，就是取得或制造某项财产物资时所实际支付的现金或其他等价物。在历史成本计量下，资产按照其购置时支付的现金或者现金等价物的金额，或者按照购置资产时所付出的对价的公允价值计量。负债按照其因承担现时义务而实际收到的款项或者资产的金额，或者承担现时义务的合同金额，或者按照日常活动中为偿还负债预期需要支付的现金或者现金等价物的金额计量。

②重置成本

重置成本又称现行成本，是指按照当前市场条件，重新取得同样一项资产所需支付的现金或现金等价物金额。在重置成本计量下，资产按照现在购买相同或者相似资产所需支付的现金或者现金等价物的金额计量。负债按照现在偿付该项债务所需支付的现金或者现金等价物的金额计量。在实际工作中，重置成本多应用于盘盈固定资产的计量等。

③可变现净值

可变现净值，是指在正常生产经营过程中，以预计售价减去进一步加工成本和预计销售费用以及相关税费后的净值。在可变现净值计量下，资产按照其正常对外销售所能收到现金或者现金等价物的金额扣减该资产至完工时估计将要发生的成本、估计的销售费用以及相关税费后的金额计量。可变现净值通常应用于存货资产减值情况下的后续计量。

④现值

现值是指对未来现金流量以恰当的折现率进行折现后的价值，是考虑货币时间价值的一种计量属性。在现值计量下，资产按照预计从其持续使用和最终处置中所产生的未来净现金流入量的折现金额计量。负债按照预计期限内需要偿还的未来净现金流出量的折现金额计量。现值通常用于非流动资产可收回金额和以摊余成本计量的金融资产价值的确定等。例如，在确定固定资产、无形资产等可收回金额时，通常需要计算资产预计未来现金流量的现值；对于持有至到期投资、贷款等以摊余成本计量的金融资产，通常需要使用实际利率法将这些资产在预期存续期间或适用的更短期间内的未来现金流量折现，再通过相应的调整确定其摊余成本。

⑤公允价值

公允价值，是指在公平交易中，熟悉情况的交易双方自愿进行资产交换或者债务清偿的金额。在公允价值计量下，资产和负债按照在公平交易中熟悉情况的交易双方自愿进行资产交换或者债务清偿的金额计量。公允价值主要应用于交易性金融资产、可供出售金融资产的计量等。

（2）各种计量属性之间的关系

在各种会计要素计量属性中，历史成本通常反映的是资产或者负债过去的价值，而重置成本、可变现净值、现值以及公允价值通常反映的是资产或者负债的现时成本或者现时价值，是与历史成本相对应的计量属性。当然这种关系也并不是绝对的。比如，资产或者负债的历史成本有时就是根据交易时有关资产或者负债的公允价值确定的，在非货币性资产交换中，如果交换具有商业实质，且换入、换出资产的公允价值能够可靠计量，换入资产入账成本的确定应当以换出资产的公允价值为基础，除非有确凿证据表明换入资产的公允价值更加可靠；在非同一控制下的企业合并交易中，合并成本也是以购买方在购买日为取得对被购买方的控制权而付出的资产、发生或承担的负债等的公允价值确定的。再如，在应用公允价值时，当相关资产或者负债不存在活跃市场的报价或者不存在同类或者类似资产的活跃市场报价时，需要采用估值技术来确定相关资产或者负债的公允价值，而在采用估值技术估计相关资产或者负债的公允价值时，现值往往是比较普遍的一种估值方法，在这种情况下，公允价值就是以现值为基础确定的。另外，公允价值相对于历史成本而言，具有很强的时间概念，也就是说，当前环境下某项资产或负债的历史成本可能是过去环境下该项资产或负债的公允价值，而当前环境下某项资产或负债的公允价值也许就是未来环境下该项资产或负债的历史成本。

（3）计量属性的应用原则

基本准则规定，企业在对会计要素进行计量时，一般应当采用历史成本，采用重置成本、可变现净值、现值、公允价值计量的，应当保证所确定的会计要素金额能够取得并可靠计量。

在企业会计准则体系建设中适度、谨慎地引入公允价值这一计量属性，是因为随着我国资本市场的发展，股权分置改革的基本完成，越来越多的股票、债券、基金等金融产品在交易所挂牌上市，使这类金融资产的交易已经形成了较为活跃的市场，因此，我国已经具备了引入公允价值的条件。在这种情况下，引入公允价值，更能反映企业的实际情况，对投资者等财务报告使用者的决策更加有用，而且也正因如此，我国准则才实现了与国际财务报告准则的趋同。

在引入公允价值过程中，我国充分考虑了国际财务报告准则中公允价值应用的三个级次，即第一，资产或负债等存在活跃市场的，活跃市场中的报价应当用于确定其公允价值；第二，不存在活跃市场的，参考熟悉情况并自愿交易的各方最近进行的市场交易中使用的价格，或参照实质上相同或相似的其他资产或负债等的市场价格确定其公允价值；第三，不存在活跃市场，且不满足上述两个条件的，应当采用估值技术等确定公允价值。

我国引入公允价值是适度、谨慎和有条件的。原因是考虑到我国尚属新兴的市场经济国家，如果不加限制地引入公允价值，有可能出现公允价值计量不可靠，甚至借机人为操纵利润的现象。因此，在投资性房地产和生物资产等具体准则中规定，只有存在活跃市场、公允价值能够取得并可靠计量的情况下，才能采用公允价值计量。

（五）财务报告

1. 财务报告及其编制

财务报告是企业对外提供的反映企业某一特定日期的财务状况和某一会计期间的经营成果、

现金流量等会计信息的文件。

"财务报告"从国际范围来看是一个比较通用的术语,但是在我国现行有关法律、行政法规中使用的术语是"财务会计报告",为了保持法规体系上的一致性,基本准则仍然沿用了"财务会计报告"的术语,但同时引入了"财务报告"这一术语,并指出"财务会计报告"又称"财务报告",从而较好地解决了立足国情与国际趋同的问题。在所有具体准则的制定中则统一使用了"财务报告"的术语。

根据财务报告的定义,财务报告具有以下几层含义:一是财务报告应当是对外报告,其服务对象主要是投资者、债权人等外部使用者,专门为了内部管理需要的、特定目的的报告不属于财务报告的范畴;二是财务报告应当综合反映企业的生产经营状况,包括某一时点的财务状况和某一时期的经营成果与现金流量等信息,以勾画出企业整体和全貌;三是财务报告必须形成一个系统的文件,不应是零星的或者不完整的信息。

财务报告是企业财务会计确认与计量的最终结果体现,投资者等使用者主要是通过财务报告来了解企业当前的财务状况、经营成果和现金流量等情况,从而预测未来的发展趋势。因此,财务报告是向投资者等财务报告使用者提供决策有用信息的媒介和渠道,是沟通投资者、债权人等使用者与企业管理层之间信息的桥梁和纽带。

随着我国改革开放的深入和市场经济体制的完善,财务报告的作用日益突出,我国会计法、公司法、证券法等出于保护投资者、债权人等利益的需要,也规定企业应当定期编报财务报告。

2. 财务报告的构成

财务报告包括财务报表和其他应当在财务报告中披露的相关信息和资料。其中,财务报表由报表本身及其附注两部分构成,附注是财务报表的有机组成部分,而报表至少应当包括资产负债表、利润表和现金流量表等报表。考虑到小企业规模较小,外部信息需求相对较低,因此,小企业编制的报表可以不包括现金流量表。

第一,资产负债表是反映企业在某一特定日期的财务状况的会计报表。企业编制资产负债表的目的是通过如实反映企业的资产、负债和所有者权益金额及其结构情况,从而有助于使用者评价企业资产的质量以及短期偿债能力、长期偿债能力、利润分配能力等。

第二,利润表是反映企业在一定会计期间的经营成果的会计报表。企业编制利润表的目的是通过如实反映企业实现的收入、发生的费用以及应当计入当期利润的利得和损失等金额及其结构情况,从而有助于使用者分析评价企业的盈利能力及其构成与质量。

第三,现金流量表是反映企业在一定会计期间的现金和现金等价物流入和流出的会计报表。企业编制现金流量表的目的是通过如实反映企业各项活动的现金流入、流出情况,从而有助于使用者评价企业的现金流和资金周转情况。

第四,附注是对在会计报表中列示项目所做的进一步说明,以及对未能在这些报表中列示项目的说明等。企业编制附注的目的是通过对财务报表本身作补充说明,以更加全面、系统地反映企业财务状况、经营成果和现金流量的全貌,从而有助于向使用者提供更为有用的决策信息,帮助其做出更加科学合理的决策。

财务报表区别于现行法律、行政法规中使用的会计报表,财务报表除了包括会计报表本身外,还包括附注,而会计报表没有包括附注。附注是财务报表的重要组成部分。

财务报表是财务报告的核心内容,但是除了财务报表之外,财务报告还应当包括其他相关信息,具体可以根据有关法律法规的规定和外部使用者的信息需求而定。如企业可以在财务报告中披露其承担的社会责任、对社区的贡献、可持续发展能力等信息,这些信息对于使用者的决策也是相关的,尽管属于非财务信息,无法包括在财务报表中,但是如果有规定或者使用者有需求,企业应当在财务报告中予以披露,有时企业也可以自愿在财务报告中披露相关信息。

第八章 会计规范理论

第一节 会计制度规范

会计工作管理体制是划分管理会计工作职责权限关系的制度，包括会计工作管理组织形式、管理权限划分、管理机构设置等内容。

会计工作是一项经济管理活动，为了规范会计工作，保证会计工作在经济管理中发挥作用，政府部门应在宏观上对会计工作进行必要的指导、监督和管理，政府部门如何指导、监督和管理会计工作，世界各国有不同的做法。在我国社会主义市场经济条件下，公有制占主导地位，会计工作在维护社会主义市场经济秩序中有其特殊的作用，它要求基层单位的会计工作者在为本单位的经营管理和业务活动服务的同时，要为国家宏观调控服务。要做到这一点，政府部门必须加强对会计工作的指导和管理，包括会计政策、标准的制定，政策、标准贯彻执行情况的检查，会计专业技术资格的确认和会计从业资格的管理，以及督促基层单位加强会计工作和提高会计工作水平等。所有这些，就构成了我国的会计工作管理体制。

我国的会计工作管理体制，主要包括三个方面的内容：一是明确会计工作的主管部门；二是明确国家统一的会计制度的制定权限；三是明确对会计工作的监督检查部门和监督检查范围。

一、会计工作组织的意义

会计工作既是一项复杂、细致的综合性经济管理活动，又是一项系统的工作，有系统就必然存在系统的组织和管理。只有对系统的各个组成部分进行科学、有效的组织和管理，使系统中的各个部分互相协调、合理有序，才能保证系统的正常运行。科学地组织好会计工作，对于顺利完成会计的各项任务，保证实现会计目标，充分发挥会计的职能作用，促进国民经济健康、有序发展等方面都具有十分重要的意义。

（一）有利于提高会计工作效率和保证会计工作的质量

会计是通过对社会再生产过程中的经济活动和财务收支情况进行反映和监督，为管理者及社会各界提供准确、可靠的会计信息。具体来说，对于各项经济活动及财务收支，会计需要经过凭证—账簿—表等一系列计算、记录、分类、汇总、分析、检查的手续和处理程序。全部过程包括一系列程序，需要履行各种手续，各程序及手续之间环环相扣、紧密相连，在任何一个环节上出现差错，都必然造成整个核算结果不正确或不能及时完成，进而影响整个会计核算工作的质量和效率。所以必须结合会计工作的特点，科学地设置会计机构并配备高素质的会计人员，认真制定并严格执行会计法规和会计制度，为了保证会计工作质量，提高会计工作效率，就必须科学地组织会计工作，使其按规定的程序和手续有条不紊地进行。

（二）有利于加强经济管理，提高企业整体管理水平

会计是经济管理的一个重要组成部分，同时是为经济管理提供信息的一个信息系统。正确组织会计工作，协调会计工作内部及其他管理工作之间的关系，提高会计信息质量，对于加强经济管理、保证正确决策具有重要意义。

（三）有利于加强企业单位的内部经济责任制

会计是经济管理的一个重要组成部分，而经济管理的一个很重要的手段就是实行各单位的内部经济责任制，所以实行内部经济责任制离不开会计，其具体包括科学的经济预测、正确的经济决策，以及业绩考评等。总之，科学地组织好会计工作，可以促使企业单位内部各有关部门管好、用好资金、增收节支，通过提高经营管理水平，达到提高经济效益、取得最佳经济效果的目的。

（四）有利于维护好财经法纪，贯彻经济工作的方针政策

会计工作是一项错综复杂的系统工作，政策性很强，必须通过核算如实地反映各单位的经济活动和财务收支，通过监督来贯彻执行国家的有关政策、方针、法令和制度。因此，科学地组织好会计工作，可以促使各单位更好地贯彻实施各项方针政策，维护好财经纪律，为建立良好的社会经济秩序打下基础。

二、会计工作组织的原则

科学地组织会计工作，应遵循以下原则。

（一）遵从国家宏观会计管理的统一要求

在我国市场经济条件下，宏观调控在国民经济发展过程中起着重要作用，而宏观调控的有效实施又依赖于经济信息系统的适时支持。会计工作是提供会计信息的一项基础工作，其目标必须是服从和服务于国家宏观经济管理的需要，所以会计工作组织必须遵从国家宏观会计管理的统一要求。

（二）适应本单位特点

由于不同行业、不同规模、不同经营方式的企业，经济业务的内容、数量等也不相同，因此在设置会计机构、配备会计人员、建立会计制度时，必须从实际出发，适应企业生产经营的特点和管理要求，以便充分发挥会计的职能和作用。

（三）注意协调与其他经济管理工作的关系

会计工作既有其独立的工作内容和业务范围，又与其他经济管理部门存在十分密切的联系，即同其他经济管理工作之间既有分工，又有协作，会计工作具有很强的综合性和政策性。这些特

点要求在组织会计工作时，要与其他各项经济管理工作互相配合、互相协调，共同实现经济管理的目标。

（四）以提高工作质量和效率为目标

会计工作以提供有用信息和参与经济管理为目标。会计信息同其他产品一样，是有质量要求的，所以应当精心设计和科学组织会计工作，保证会计工作质量。会计工作组织，是进行会计工作所必需的，更是提高会计工作效率的必要条件。所以会计工作组织，还要注意提高会计工作效率，力争节约会计工作时间和费用。因而，会计机构的繁简、内部分工的精细等，都必须以提高工作效率为出发点，优化内部组合，减少多余环节，防止机构重叠、手续繁杂、重复劳动等不合理现象。

三、会计工作的组织形式

企业会计部门承担哪些会计工作，与企业的其他职能部门、车间、仓库等部门之间如何分工，这些都与会计工作的组织形式有关。为了科学地组织会计工作，就必须根据企业规模的大小、业务的繁简及企业内部其他各组织机构的设置情况，来确定企业会计工作组织形式。企业会计工作的组织形式，一般分为集中核算形式和非集中核算形式两种。

（一）集中核算形式

集中核算是指在厂部一级设置专业的会计机构，企业单位的主要会计核算工作都集中在单位会计部门，单位内各部门一般不单独核算，只是对发生的经济业务进行原始记录，编制原始凭证并进行适当汇总，定期把原始凭证和汇总原始凭证送到会计部门，由会计部门进行总分类核算和明细分类核算。采用集中核算形式，由于核算工作集中在会计部门进行，便于会计人员进行合理的分工，采用科学的凭证整理程序，在核算过程中运用现代化手段，可以简化和加速核算工作，提高核算效率，节约核算费用，并可根据会计部门的记录，随时了解企业内部各部门的生产经营活动情况。只是各部门领导不能随时利用核算资料检查和控制本部门的工作。

（二）非集中核算形式

非集中核算又称为分散核算，是指企业单位内部各部门核算本身发生的经济业务，包括凭证的整理、明细账的登记、成本的核算、有关会计报表特别是内部报表的编制和分析等工作，而会计部门只是根据企业内部各部门报来的资料进行总分类核算、编报全厂综合性会计报表，并负责指导、检查和监督企业内部各部门的核算工作。采用非集中核算形式，可以使企业内部各部门随时利用有关核算资料检查本部门工作，随时发现问题、解决问题。但这种核算组织形式对企业会计部门而言，不便于采用最合理的凭证整理办法，会计人员的合理分工会受到一定的限制，就整个企业来说，核算的工作总量有所增加，核算人员的编制加大，相应的核算费用也会增多。

在实行内部经济核算制的情况下，企业所属各部门和车间，特别是业务部门，都由企业拨给一定数量的资金，都有一定的业务经营和管理的权利，都负有完成各项任务的责任，并可按照工作成果取得一定的物质利益。这些部门和车间为了反映和考核各自的经营成果，可以进行比较全面的核算，单独计算盈亏，按期编报会计报表。但这些部门和车间不能单独与企业外部其他单位发生经济业务往来，也不能在银行开设结算账户。

对于一个企业单位而言，采用集中核算组织形式还是非集中核算组织形式并不是绝对的，可以单一地选用集中核算或非集中核算形式，也可以二者兼而有之，即对某些业务采用集中核算而对另外的业务采用非集中核算。但是无论采取哪一种组织形式，企业采购材料物资、销售商品、结算债权债务、现金往来等对外业务都应由厂部会计部门办理。

第二节 会计准则规范

近年来，一些大陆法系国家（如德国、法国等）也相继成立了会计准则制定机构，开始制定本国的会计准则。会计准则的影响风靡世界，已成为适应市场经济和资本市场发展、促进国际资本流动的一种最有效的会计规范形式。

一、会计准则规范的基本理论

（一）会计准则的制定

一般而言，会计准则的制定可以有两种方式：一是由政府或立法机构制定；二是由民间职业团体制定。

1. 政府或立法机构制定

该模式下的准则制定机构一般为政府机构或者被政府控制的立法机构，其在准则的制定和执行上具有很大的权力。该类模式下的准则制定机构不但具有机构设置上的相对稳定性，而且其在制定和修订会计准则的过程中，一般也不会"陷入过量、短见、无效及失败的泥沼"，效率较高。

制定机构本身的政府属性赋予了其法定的强制力。该类模式下的会计准则就如政府机构的指令一样，即使是建设性的规范或制度，也因为带有政府的色彩而具有高度的权威性，这是其最主要的特点。

权威性直接降低了该类准则的推行成本。在该类模式下，会计准则一旦被发布，就获得了类似于法律的效力，从而获得广大企业的"自动执行"，推行效率很高；同时避免了民间机构模式下的制定机构因利益分配上的争论而导致的制定效率偏低。

2. 民间职业团体制定

理论上，民间机构模式下的会计准则制定机构很少或几乎不受政府的干预。实际上，单纯民间团体制定和运作的模式在当代各国会计准则制定机构模式中是比较少见的，一般存在于会计准则制定机构发展的早期。典型代表是20世纪中期的美国会计程序委员会（CAP），以及由其改组而来的会计原则委员会（APB）。

民间制定机构成员来自公司成员，具有很强的实践工作经验，精通实务。准则制定者的专业背景能够加强对会计准则的实际应用性，增强其可操作性。但是，非官方组织天然缺乏法律强制力支持，权威性不足，使准则推行困难，因此制定者必须设法赢得使用者对准则的普遍认同，这在很大程度上提升了准则的质量，但也加大了执行成本，带来效率低下的弊端。

（二）会计准则制定导向

这个问题涉及会计准则制定本身，而且关乎对会计的基本问题的认识，是一个实践与理论相结合的问题，包括实务界、理论界和会计准则制定机构在内的各个层面都回避不了。更由于"安然事件"激发了对准则制定"导向"问题的广泛争论，并由此改变了世界会计发展的走向。

1. 以规则为导向的会计准则制定方式

规则导向的会计准则，通常含有大量的例外和界限检验、详尽的解释和操作指南，更多地偏向于细致的会计规定。大量的例外容易造成准则内部的前后矛盾，相互抵触，不注重交易的实质；大量的界限检验使别有用心的公司和个人容易通过"交易策划"和"组织安排"进行规避。经济实质相似的交易和事项可以完全采用不同的会计处理方法；过于详尽的解释和指南，使准则对新出现的情况缺乏灵活性，同时延误准则指南发布的及时性。

在美国的规则导向下，准则的制定应用了概念框架，但概念框架并未提供解决会计和报告问题的所有必要工具，因为概念框架在某些方面是不完善、内在不一致以及模糊的。以规则为导向，久而久之就会形成机械套用的氛围，弱化专业判断，可能使公司和注册会计师过分关注细节而忽略对财务报表整体公允性的判断。由于考虑到准则运用的方方面面，可操作性强，不需要太多的专业判断，所以将更多的判断空间留给了准则制定机构和组织。

2. 以原则为导向的会计准则制定方式

21世纪初的"安然事件"，强化了会计准则制定的原则导向。

原则导向的会计准则，几乎没有例外和界限检验，解释和指南也大大减少，它将更多的判断空间留给了产生会计信息的企业和组织，同时给了会计信息的供给方更大的风险和责任。

原则导向会计准则不同于规则导向会计准则的几点原则导向会计准则比规则导向会计准则应用范围更广；即使有例外情况也只是极少数，准则的解释和指南也会减少，按准则的精神和意图运用专业判断的机会将会增加。在成本效益分析中，美国财务会计准则委员会（FASB）认为，以原则为基础的会计准则具有以下优点：①其适用范围更广，更容易理解。②可以更清晰地传递交易和事项的经济实质。③极少数的例外情况，有利于增强会计信息的可比性。④对不断变化的金融和经济环境的反应更快。⑤能促进FASB和国际会计准则理事会之间的合作，共同致力高质量、高透明度的会计准则。

原则导向的会计准则应具备以下特征：①以改善了的概念框架为基础并与概念框架保持一致。②清楚地阐明会计准则的目标。③提供足够的细节和结构，保证会计准则的可操作性以及在应用过程中的一致性。④将准则中的例外减至最少。⑤避免使用明线测试，以防止财务操纵者只在技术上遵循会计准则，而实际上却背离了准则本来的意图。

二、会计准则国际趋同

经济的国际化,决定了会计的国际化。为了适应经济业务国际化和全球资本市场发展的需要,必须提高财务报表信息在国际的可比性以协调各国会计实务。

(一)国际会计准则委员会的推动

国际会计准则委员会(IASC)的工作语言为英语,其秘书处设在伦敦,历任主席和所有秘书均来自应用英、美或者荷兰会计的国家,而且大多数准则紧跟英、美两国的准则或者为其折中,这些情况当然是不足为奇的。

国际会计准则委员会的目标之一,是尽可能地协调不同国家之间相互分歧的会计准则和会计政策。根据公众利益,制定和公布编报财务报表时应当遵循的会计准则,并推动这些准则在世界范围内被接受和遵守。国际会计准则委员会全体成员相信,在他们国家采用国际会计准则并公布遵守准则的情况,在今后年代中会发生重大影响。财务报表的质量将会改进,可比程度将会增加。财务报表在全世界范围内的可信程度以及由其带来的有用程度都将得到提高。

随着国际资本市场的深化和国际经济一体化的推进,大家普遍感到,由会计职业组织组成的IASC,在国际社会广泛参与、资金筹措、专家资源充分投入及权威性等方面都存在一定缺陷,与国际经济环境对国际会计准则的需求存在很大差距。IASC改组方案的实质是,将由会计职业主导的国际会计准则制定机制改造为由专家主导的新机制,其构架是,成立国际会计准则理事会(IASB)、国际财务报告解释委员会(IFRIC)和咨询委员会。

(二)建立全球统一的高质量会计准则已是大势所趋

制定和实施全球统一的高质量会计准则,推动独立审计公共监管,提高金融市场透明度,强化金融监管,促进金融稳定和发展,已经成为包括各国领导人在内的国际社会的广泛共识。

第三节 会计职业道德规范

职业道德是职业品德、职业纪律、专业胜任能力及职业责任等的总称。职业道德规范则是会计工作者在长期的会计实践中,根据会计职业特点形成并自觉维护和普遍遵守的职业道德标准。与法规、制度和准则不同,职业道德规范不一定成文,但它确实存在于人们的观念意识当中。

当今世界,经济全球化、金融国际化加速发展。建立在高质量的准则和完善的监管体系之上的财务信息,是经济发展的关键因素。制定一套高质量的财务报告准则、审计准则和职业道德守则,是投资者信赖财务信息的基础,在推动经济发展和保持金融稳定方面发挥着重要作用。如何从制度建设层面规范会计职业道德,成为各国会计监管部门面临的重大问题。

近年来,国内外各会计专业协会组织纷纷修订其职业道德规范和标准,由此可见,职业道德规范在会计相关工作领域中发挥着愈加重要的作用,尤其强调会计工作人员的客观性、独立性、专业胜任能力和应有的谨慎,以及在工作中的保密义务。修订后的职业道德规范,内涵更加丰富,更加具有针对性和现实性,顺应了准则国际趋同的新趋势。

注册会计师应当遵循诚信、客观和公正原则,在执行审计和审阅业务以及其他鉴证业务时保持独立性;应当获取和保持专业胜任能力,保持应有的关注,勤勉尽责;应当履行保密义务,对职业活动中获知的涉密信息保密;应当维护职业声誉,树立良好的职业形象。

关于诚信。会计师应当在所有的职业活动中保持正直、诚实、守信。如果认为业务报告、申报资料或其他信息存在含有严重虚假或误导性的陈述,含有缺少充分依据的陈述或信息,存在遗漏或含糊其词的信息,那么不得与这些有问题的信息发生牵连;如果注意到已与有问题的信息发生牵连,应当采取措施,消除牵连。

关于独立性。会计师应当从实质上和形式上保持独立性,不得因任何利害关系影响其客观性。

关于客观和公正。会计师应当公正处事、实事求是,不得由于偏见、利益冲突或他人的不当影响而损害自己的职业判断。

关于专业胜任能力和应有的关注。会计师应当通过教育、培训和执业实践获取和保持专业胜任能力。会计师应当持续了解并掌握当前法律、技术和实务的发展变化,将专业知识和技能始终保持在应有的水平,确保提供具有专业水准的服务。在应用专业知识和技能时应当合理运用职业判断。会计师应当保持应有的关注,遵守职业道德规范,勤勉尽责,认真、全面、及时地完成工作任务。会计师应当采取适当的措施,确保在其领导下工作的人员得到应有的培训和督导。

关于保密。会计师应当对职业活动中获知的涉密信息保密,不得有下列行为:未经授权或法律允许向第三方披露其所获知的涉密信息;利用所获知的涉密信息为自己或第三方谋取利益。会计师应当对拟受雇的工作单位向其披露的涉密信息保密。会计师应当在社会交往中履行保密义务,警惕无意中涉密的可能性,特别是警惕无意中向近亲属或关系密切的人员泄密的可能性。

关于良好的职业行为。会计师应当遵守相关法律、法规,避免发生任何损害职业声誉的行为。会计师在向公众传递信息以及推介自己和工作时,应当客观、真实、得体,不得损害职业形象。

第四节 构建我国会计规范体系

一、我国会计规范体系建设的基本成就

会计规范既要立足本国实际,符合国情,又要面向世界,便于国际交流。我国会计规范体系的制定和变迁主体,是以政府为主导的经济改革系统工程的一个子系统,是一个政府主导的改革历程。中国会计改革和国际化在短短的时间内就走在了世界前列,得到许多国际组织的肯定,说明这种机制的有效性,也是中国会计改革经验的重要组成部分。

其基本成就可以概括为:初步形成以企业会计准则、企业会计制度、金融企业会计制度和小企业会计制度为主体的企业会计核算制度体系,以及行政单位会计制度、事业单位会计准则、事业单位会计制度和民间非营利组织会计制度为主体的政府及民间非营利组织会计核算制度体系,

规范了我国企业、政府及非营利组织的会计核算。成功实现了会计标准从计划经济模式向市场经济模式的转换，实现了会计、审计准则的国际趋同。

二、我国会计规范体系改革的展望

在新一轮国际财务报告准则的修改和制定中，美国会计的国际话语权正逐步降低，目前主导相关国际财务报告准则修订的力量已经呈现"三足鼎立"的局面，因此中国的意见对于国际财务报告准则的修订工作具有非常重要的影响。中国能否在本次国际金融危机爆发以来的新一轮国际财务报告准则改革中抓住机遇、占据主动权和增强话语权，对于维护中国国家经济利益具有重要意义。

（一）持续推进新准则体系建设

会计原则是促进企业稳健经营和可持续发展的重要管理制度，也是完善资本市场的重要市场规则，同时是会计监管的重要标准和尺度。一方面，要继续跟踪分析上市公司实施会计准则的情况，充分发挥会计准则的整体功效，并为非上市企业（含企业集团）实施会计准则积累经验；另一方面，要积极扩大会计准则的实施范围，逐步统一全国范围内各类企业（小企业除外）的会计标准，届时对全社会企业的稳健经营和可持续发展必将产生巨大的推动作用。

（二）认真做好国际趋同和持续趋同

会计国际趋同已成为历史潮流。为进一步做好与国际会计准则的持续趋同，我国财政部确立了"密切关注、积极参与、把握先机、争取主动，在国际会计准则制定中赢得更大的影响力和话语权"的战略选择。持续趋同路线图明确了我国会计准则与国际财务报告准则趋同的具体任务和进程，也是中国向世界做出的庄严承诺。在趋同的基础上推进中欧、中美的会计等效，意义同样重大。当今世界，美国是最大的经济体，中国也正以第二大经济体向前推进。中国会计准则如果得到美国等效认可，对全球其他国家和地区将产生很大的示范效应和辐射效应。总之，我国会计发展的奋斗目标是"力争跨入会计国际舞台的制高点"。

第九章 会计凭证

第一节 会计凭证的概念、作用和种类

一、会计凭证的概念及作用

会计凭证是记录交易或者事项发生和完成情况的书面证明,也是登记账簿的依据。

各单位在进行会计核算时,应当以实际发生的交易或者事项为依据,这是会计核算应遵循的基本原则。任何单位在处理任何交易或者事项时,都必须由执行和完成该项交易或者事项的有关人员,从单位外部取得或自行填制有关凭证,以书面形式记录和证明所发生交易或者事项的性质、内容、数量、金额等,并在凭证上签名或盖章,以对交易或者事项的合法性和凭证的真实性、正确性负责。例如,企业从外部购买材料,必须由业务经办人员取得购货发票,并签名或盖章;企业生产中领用材料,应填制领料单等。各种发票、领料单等,都属于会计凭证。任何会计凭证都必须经过有关人员的严格审核、确认无误后,才能作为记账的依据。

合法地取得、正确地填制和审核会计凭证,是会计核算的基本方法之一,也是会计核算工作的起点,其在会计核算中的作用体现在以下几方面。

(一)记录交易或者事项,提供记账依据

会计凭证是登记账簿的依据,会计凭证所记录有关信息是否真实、可靠、及时,对于能否保证会计信息质量,具有至关重要的影响。

(二)明确经济责任,强化内部控制

任何会计凭证除记录有关交易或者事项的基本内容外,还必须由有关部门和人员签章,对会计凭证所记录交易或者事项的真实性、正确性、合法性、合理性负责,以防止舞弊行为,强化内部控制。

(三)监督经济活动,控制经济运行

通过会计凭证的审核,可以查明每一项交易或者事项是否符合国家有关法律、法规、制度的规定,是否符合计划、预算进度,是否有违法乱纪、铺张浪费行为等。对于查出的问题,应积极采取措施予以纠正,实现对经济活动的事中控制,保证经济活动的健康运行。

二、会计凭证的种类

会计凭证的种类很多，可以按照不同的标准予以分类。最基本的分类方法是按其编制的程序和用途不同，分为原始凭证和记账凭证两类。

原始凭证又称单据，是在交易或者事项发生或完成时取得或填制的，用以记录或证明交易或者事项的发生或完成情况的文字凭证。原始凭证是会计核算的原始资料和重要依据。

记账凭证又称记账凭单，是会计人员根据审核无误的原始凭证，按照交易或者事项的内容加以归类，并据以确定会计分录后所填制的会计凭证。它是登记账簿的直接依据。记账凭证根据复式记账法的基本原理，确定应借、应贷的会计科目及其金额，将原始凭证中的一般数据转化为会计语言，是介于原始凭证与账簿之间的中间环节，是登记明细分类账户和总分类账户的依据。

第二节 原始凭证

前面讲过，原始凭证是在交易或者事项发生或完成时取得或填制的，用以记录或证明交易或者事项的发生或完成情况的文字凭证，原始凭证可以作为登记账簿的依据，其在强化经济责任和会计监督方面发挥重要作用。

一、原始凭证的种类

原始凭证的种类很多，归纳起来可以按以下三个标准分类。

（一）按照来源不同分类

按原始凭证取得来源的不同，可以分为外来原始凭证和自制原始凭证两种。

1. 外来原始凭证

外来原始凭证是指在交易或者事项发生或完成时，从其他单位或个人直接取得的原始凭证，外来原始凭证应在企业同外单位发生经济业务时，由外单位的相关人员填制完成。外来原始凭证一般由税务局等部门统一印制，或经税务部门批准由经营单位印制，在填制时加盖出具凭证单位公章方为有效。对于一式多联的原始凭证，必须用复写纸套写或打印机套打。如购买货物取得的发货票，增值税专用发票及铁路运单，对外单位支付款项时取得的收据，职工出差取得的飞机票、火车票等。

2. 自制原始凭证

自制原始凭证是指由本单位内部经办业务的部门和人员，在执行或完成某项交易或者事项时填制的、仅供本单位内部使用的原始凭证。如收料单、领料单、限额领料单、产品入库单、产品出库单、单位内部职工出差借款时填制的借款单、工资发放明细表、折旧计算表、销售部门销售商品时开出的提货单等。

（二）按照填制手续及内容不同分类

原始凭证按照内容和填制方法的不同，又可分为一次凭证、累计凭证、汇总原始凭证和记账编制凭证。

1. 一次凭证

一次凭证是指一次填制完成，只记录一笔经济业务且仅一次有效的原始凭证。一次凭证是由相关业务人员一次填制完成，该凭证往往只能反映一项经济业务，或者同时反映若干项同一性质的经济业务。大部分自制原始凭证都是一次凭证，如领料单、借款单、提货单等。

2. 累计凭证

累计凭证是指在一定时期内多次记录发生的同类交易或者事项且多次有效的原始凭证。其特点是在一张凭证内，可以连续登记相同性质的交易或者事项，随时结出累计数及结余数，并按照限额进行费用控制，期末按实际发生额记账。累计凭证是多次有效的原始凭证。如限额领料单就是累计凭证。

限额领料单上标明了某种材料在规定期限内的领用限额，每次领料或退料时，经办人都要在限额领料单上逐笔登记，并结出限额余额。期末结出实际领用数量和金额，送交有关部门和会计部门作为核算的依据。

使用累计凭证，可以随时计算发生额累计数和余额，便于同计划或定额比较，能起到事前控制的作用，而且可以减少凭证数量，简化会计核算工作。但由于这种凭证需多次反复使用，因此必须加强日常管理。

3. 汇总原始凭证

汇总原始凭证，也称原始凭证汇总表，是指对一定时期内反映交易或者事项内容相同的若干张原始凭证，按照一定标准综合填制原始凭证。汇总原始凭证合并了同类型交易或者事项，简化了记账工作量。常用的汇总原始凭证有：发料汇总表、收货汇总表、工资汇总表、差旅费报销单等。

4. 记账编制凭证

记账编制凭证是指根据账簿记录，将某类交易或者事项进行归类、整理而填制的原始凭证。大部分的自制原始凭证是根据交易或者事项的实际发生、完成情况，由经办人填制的，但有些原始凭证则是由会计人员根据账簿记录，将某类交易或者事项进行归类、整理、计算编制的，如月末根据"制造费用""产成品"等账簿记录编制的"制造费用分配表""产品成本计算表"等就是记账编制凭证。

（三）按照格式不同分类

原始凭证按格式的不同，可以分为通用原始凭证和专用原始凭证两种。

1. 通用原始凭证

通用原始凭证是指由有关部门统一印制、在一定范围内使用的具有统一格式和使用方法的原始凭证。通用原始凭证的使用范围可以是某一地区、某一行业，也可以是全国，由其主管部门制定。如全国通用的增值税专用发票，统一的商业零售发票，银行转账的结算凭证等。

2. 专用原始凭证

专用原始凭证是指由单位自行印制、仅在本单位内部使用的原始凭证,如收料单、领料单、工资费用分配表、折旧计算表等。

以上是按不同标准对原始凭证进行的分类,它们之间是相互依存、密切联系的。如"销货发票"对销货单位来讲是自制原始凭证,对购货单位来说则是外来原始凭证。

二、原始凭证的基本内容

各个单位的交易或者事项是多种多样、各不相同的,其经营管理的要求也不同,因而作为记录交易或者事项、明确经济责任的原始凭证的内容和格式也各不相同。但无论何种原始凭证,都必须做到所载明的交易或者事项的发生或完成情况清晰,经济责任明确。原始凭证一般具备以下基本内容(也称为原始凭证要素)。

(一)原始凭证的名称

它标明了所记录业务的性质和用途,便于核算分类。如"发票""领料单"等。

(二)填制原始凭证的日期、编号

原始凭证的日期标明了交易或者事项发生或完成的时间,便于按期对交易或者事项进行序时核算;也便于确定成本费用和收入的归属期。原始凭证的编号,标明了原始凭证的顺序,便于查对,以加强对凭证的管理,有的原始凭证是预先印好编号。

(三)接受凭证单位的名称

它标明了接受单位名称,以便查证,防止弄虚作假。

(四)交易或者事项的内容(含计量单位、单价、金额等)

它注明了交易或者事项的内容,以反映交易或者事项的性质,便于检查其是否符合有关政策、法规。实物数量、单价和金额,标明了经济责任的大小和交易或者事项的性质,可以对交易或者事项从实物量和价值量两方面进行计量。

(五)填制单位和填制人签章

它标明了填制单位名称及签字或盖章,填制人名称及签字或盖章,反映该项交易或者事项的负责单位和人员,便于明确经济责任。

(六)经办人员签章

它标明了该项交易或者事项的经办人员签字或盖章,便于明确经济责任。

(七)凭证附件

它注明了该项交易或者事项所附带的凭证,便于完整了解该笔交易或者事项的详细情况。

在实际工作中,根据经营管理和特殊业务的需要,除上述基本内容外,可以增加必要的项目。对于不同单位经常发生的共同性交易或者事项,国家有关部门制定了一些统一的凭证格式。例如,国家税务总局统一制定了增值税专用发票,标明了购销双方的名称、电话、经济活动的金额、税率、税额等;中国人民银行统一制定的银行转账结算凭证,标明了结算双方单位名称、账号等内容；相关部门统一制定的铁路运单，标明了发货单位、收货单位、提货方式等。

三、原始凭证的填制

（一）原始凭证填制的基本要求

原始凭证是具有法律效力的书面证明，是记账的依据，是会计核算最基础、最重要的原始资料。要保证会计核算工作的质量，必须从保证原始凭证的质量做起，必须正确填制原始凭证。具体地说，原始凭证的填制必须符合下列基本要求。

1. 记录要真实

原始凭证所填列的交易或者事项内容和数字，必须真实可靠，符合实际情况。任何单位不得以虚假的交易或者事项的资料进行会计核算。

2. 内容要完整

原始凭证所要求填列的项目必须逐项填列齐全，不得遗漏和省略，需要注意的是：年、月、日要按照填制原始凭证的实际日期填写；名称要齐全，不能简化；品名或用途要填写明确，不能含混不清；有关人员的签章必须齐全。

3. 手续要完备

单位自制的原始凭证必须有经办单位领导人或者其他指定人员的签名盖章，对外出示的原始凭证必须加盖本单位公章等；从外部取得的原始凭证，必须盖有填制单位的公章；从个人取得的原始凭证，必须有填制人员的签章。总之，取得的原始凭证必须符合手续完备的要求，以明确经济责任，确保凭证的真实性。

4. 书写要清楚、规范

原始凭证要按规定填写，文字要简要，字迹要清楚，易于辨认，不得使用未经国务院公布的简化汉字。大小写金额的填写要规范，小写金额用阿拉伯数字逐个书写，不得写连笔字，在金额前要填写人民币符号，人民币符号与阿拉伯数字之间不得留有空白，金额数字一律填写到角分，无角分的，用"00"或符号"-"，有角无分的，分位写"0"，不得用符号"-"。大写金额用汉字壹、贰、叁、肆、伍、陆、柒、捌、玖、拾、佰、仟、万、亿、元、角、分、零、整等，一律用正楷或行书体书写，大写金额前未印有"人民币"字样的，应加写"人民币"三个字，"人民币"字样和大写金额之间不得留有空白，大写金额到元或角为止的，后面要写"整"或"正"字，有分的，不写"整"或"正"字，如小写金额为1008.00，大写金额应写成"壹仟零捌元整"。

5. 编号要连续

各种凭证要连续编号，以便查考。如果凭证已预先印制编号，如发票、支票等重要凭证，在写坏作废时，应加盖"作废"戳记，妥善保管，不得撕毁。

6. 不得随意涂改、刮擦、挖补

原始凭证填写错误需要更改时，应采用画线更正法更改，将错误的文字画一条红线注销，但须使原来的文字仍然可以看清楚，然后将正确的文字用蓝字写在画线部分的上方，并加盖出具单位公章,以明确责任;原始凭证金额填写有错误的,应当由出具单位重开,不得在原始凭证上更正;提交银行的各种结算凭证的大小写金额,也一律不准更改,如果填写错误,应在填错的凭证上加盖"作废"戳记并在新凭证上重新填写。

7. 填制要及时

各种原始凭证一定要及时填写,并按规定的程序及时送交会计机构,会计人员进行审核,并据以填制记账凭证,不得拖延,以便及时提供会计信息。

(二)自制原始凭证的填制要求

不同的自制原始凭证,填制要求也有所不同。

1. 一次凭证的填制

一次凭证应在经济业务发生或完成时,由相关业务人员一次填制完成。该凭证往往只能反映一项经济业务,或者同时反映若干项同一性质的经济业务。

2. 累计原始凭证的填制

累计原始凭证在每次经济业务完成后,由相关人员在同一张凭证上重复填制完成。该凭证在一定时期内不断反复地反映同类经济业务的完成情况。

3. 汇总原始凭证的填制

汇总原始凭证应由相关人员在汇总一定时期内反映同类经济业务的原始凭证后填制完成。该凭证只能将类型相同的经济业务进行汇总,不能汇总两类或两类以上的经济业务。

(三)外来原始凭证的填制要求

外来原始凭证应在企业同外单位发生经济业务时,由外单位的相关人员填制完成。外来原始凭证一般由税务局等部门统一印制,或经税务部门批准由经营单位印制,在填制时加盖出具凭证单位公章方为有效。对于一式多联的原始凭证必须用复写纸套写或打印机套打。

四、原始凭证的审核

原始凭证送交会计部门后,为了如实反映交易或者事项的发生和完成情况,充分发挥会计的监督职能,保证会计信息的真实、合法、完整和准确,会计人员必须对原始凭证进行严格审核。只有经过审核无误的原始凭证,才能作为编制记账凭证和登记账簿的依据。

(一)原始凭证的审核内容

原始凭证的审核内容主要包括以下几个方面。

1. 审核原始凭证的真实性

原始凭证作为会计信息的基本信息源,其真实性对会计信息的质量具有至关重要的影响。真实性审核包括凭证日期是否真实、业务内容是否真实、数据是否真实等。对外来原始凭证,必须有填制单位公章和填制人员的签章;对自制原始凭证,必须有经办部门和经办人员的签名或盖章。

2. 审核原始凭证的合法性

原始凭证的合法性,是指原始凭证所表述的交易或者事项符合有关法律、法规的规定。不合法的原始凭证,是指原始凭证所表述的经济内容与交易或者事项是相符的,但交易或者事项本身不符合法律、法规、规章、制度的规定。对不合法的原始凭证,会计机构、会计人员有权不予受理,并向单位负责人报告,请求查明原因,追究当事人的责任。

3. 审核原始凭证的合理性

会计人员应审核原始凭证所记录的交易或者事项是否符合企业生产经营活动的需要,是否符合有关的计划和预算等。

4. 审核原始凭证的完整性

会计人员应审核原始凭证各项基本要素是否齐全,是否有漏项情况,日期是否完整,数字是否清晰,文字是否工整,有关人员签章是否齐全,凭证联次是否正确,凭证应附的附件是否齐全等。

5. 审核原始凭证的正确性

会计人员审核原始凭证各项计算及其相关部分是否正确无误。包括:阿拉伯数字分开填写,不得连写;小写金额前要标明" "字样,中间不能留有空位,金额要标至"分"。无角分的,要以"0"补位;金额大写部分要正确,大写金额前要加"人民币"字样,大写金额与小写金额要相符;凭证中有书写错误的,应采用正规的方法更正,不得任意涂改、刮擦、挖补等。

6. 审核原始凭证的及时性

原始凭证的及时性是保证会计信息及时性的基础。为此,要求在交易或者事项发生或完成时及时填制有关原始凭证,及时进行凭证传递。审核时应注意原始凭证的填写时间,尤其是支票、银行汇票、银行本票等时效性较强的原始凭证,更应验证其签发日期。

(二)原始凭证审核结果的处理

原始凭证的审核是一项十分重要、严肃的工作,会计人员必须熟悉国家有关法规和制度以及本单位的有关规定,确定交易或者事项是否合理、合法,从而做好原始凭证的审核工作。对于审核结果应根据不同情况处理。

第一,对于完全符合要求的原始凭证,应及时据以编制记账凭证入账。

第二,对于真实、合法、合理但内容不够完整,填写有错误的原始凭证,应退回给有关经办人员,由其负责将有关凭证补充完整、更正错误或重开后,再办理正式会计手续。

第三,对于不真实、不合理的原始凭证,会计机构和会计人员有权不予受理;对于违法的原始凭证,会计机构和会计人员应当制止和纠正并向单位负责人报告并请求处理。

五、原始凭证的更正

第一,原始凭证所记载的各项内容均不得涂改。随意涂改的原始凭证即为无效凭证,不能作为填制记账凭证或登记会计账簿的依据。

第二,原始凭证记载的内容有错误的,应当由开具单位重开或更正。更正工作必须由原始凭证出具单位进行,并在更正处加盖出具单位印章;重新开具原始凭证当然也应当由原始凭证开具单位进行。

第三,原始凭证金额出现错误的不得更正,只能由原始凭证开具单位重新开具。因为原始凭证上的金额,是反映交易或者事项情况的最重要数据,如果允许随意更改,容易产生舞弊,不利于保证原始凭证的质量。

第四,原始凭证开具单位应当依法开具准确无误的原始凭证,对于填制有误的原始凭证,负有更正和重新开具的法律义务,不得拒绝。

第三节 记账凭证

记账凭证又称记账凭单,是会计人员根据审核无误的原始凭证按照交易或者事项的内容加以归类,并据以确定会计分录后所填制的凭证。它是登记账簿的直接依据。

一、记账凭证的种类

由于各单位交易或者事项的内容和复杂程度不同,设计和选用的记账凭证就存在差异。一般来说,记账凭证可以进行如下分类。

(一)按凭证的用途分类

1. 专用记账凭证

专用记账凭证是指分类交易或者事项的记账凭证。按其反映内容的不同,专用记账凭证一般可分为收款凭证、付款凭证和转账凭证。

(1)收款凭证

收款凭证是指用于记录现金和银行存款收款业务的记账凭证。它是根据有关现金和银行存款收入业务的原始凭证编制的。收款凭证又分为现金收款凭证和银行存款收款凭证两种。现金收款凭证是指根据有关现金收入业务的原始凭证编制的收款凭证。银行存款收款凭证是指根据有关银行存款收入业务的原始凭证编制的收款凭证。

(2)付款凭证

付款凭证是指用于记录现金和银行存款付款业务的记账凭证。它是根据有关现金和银行存款付出业务的原始凭证编制的。付款凭证又分为现金付款凭证和银行存款付款凭证两种。现金付款凭证是指根据有关现金付出业务的原始凭证编制的付款凭证。银行存款付款凭证是指根据有关银行存款付出业务的原始凭证编制的付款凭证。

收款凭证和付款凭证,既是登记现金日记账、银行存款日记账、明细分类账和总分类账等有关账簿的依据,也是出纳人员收款和付款的依据。出纳人员不能直接依据有关收款和付款业务的原始凭证来收、付款,而必须根据会计主管人员或其指定人员审核批准的收款凭证和付款凭证来收、付款。根据收、付款凭证收、付款后,要在凭证上加盖"收讫"或"付讫"的戳记,以免重收或重付。只有加盖"收讫""付讫"后的收、付款凭证,才能作为登记账簿的依据。

从上述过程可以看出,通过编制收、付款凭证,可以对现金和银行存款的收付业务进行监督,从而加强对货币资金的管理。

（3）转账凭证

转账凭证是指用于记录不涉及现金和银行存款业务的记账凭证。它是根据有关转账业务（即不涉及现金、银行存款收付的各项业务）的原始凭证编制的。转账凭证是登记转账日记账、明细分类账和总分类账等有关账簿的依据。

上述收款凭证、付款凭证和转账凭证，可以用不同颜色的纸张或用不同颜色印刷，以便于识别，提高工作效率。

2.通用记账凭证

通用记账凭证是指用来反映所有经济业务的记账凭证，为各类经济业务所共同使用，其格式与转账凭证基本相同。在业务量少、凭证也不多的小型企业，可以使用通用记账凭证，即各类交易或者事项都采用统一格式的记账凭证，以简化记账工作。

（二）按填制方式分类

按填制方式不同，记账凭证可分为复式记账凭证和单式记账凭证。

1.复式记账凭证

复式记账凭证简称"复式凭证"，是指将每一笔交易或者事项所涉及的全部会计科目及其发生额在同一张记账凭证中反映的记账凭证。复式记账凭证可以集中反映一项交易或者事项的会计科目的对应关系，便于了解有关交易或者事项的全貌，有利于检查会计分录的正确性，而且减少了凭证数量。但它不便于会计岗位上的分工记账，也不便于汇总每一会计科目的发生额。上述收款凭证、付款凭证和转账凭证都属于复式记账凭证，因此它是实际工作中应用最普遍的记账凭证。

2.单式记账凭证

单式记账凭证亦称"单项记账凭证"，简称"单式凭证"，是指每一张记账凭证只填列交易或者事项所涉及的一个会计科目及其金额的记账凭证。采用单式记账凭证，一项交易或者事项的会计分录涉及几个对应的账户，就分别填制几张记账凭证，填列借方账户的称为借项记账凭证，填列贷方账户的称为贷项记账凭证。为了便于识别，借项记账凭证和贷项记账凭证一般采用不同颜色的纸张。

单式记账凭证反映的内容单一，便于分工记账，便于汇总计算每一会计科目的发生额，但制证工作量大，而且反映分散，不能集中完整地反映交易或者事项的全貌，不便于查账。因此，单式记账凭证除银行系统外，采用的单位不多。

记账凭证既可以根据每一张原始凭证单独编制，也可以根据同类交易或者事项的若干原始凭证或直接根据汇总原始凭证填制。总之，编制记账凭证就是根据原始凭证所记录的交易或者事项的内容，确定会计分录，从而把大量的原始凭证进一步按会计科目加以归类。这就便于分类、保管和查阅原始凭证，也简化了记账工作。

如果一个单位反映同类交易或者事项的记账凭证的数量很多，为了简化登记总分类账的工作，可以将许多记账凭证汇总编制成若干汇总记账凭证或科目汇总表，再据以登记总分类账。

二、记账凭证的基本内容

在不同的记账方法下，记账凭证的格式有所不同，即使采用同一种记账方法，各单位所使用的记账凭证也有可能不同。但作为登记账簿的依据，无论采用哪种格式，都必须具备以下基本内容。

记账凭证的名称：如"收款凭证""付款凭证""转账凭证"。

填制记账凭证的日期：记账凭证是在哪一天编制的，就写上哪一天。记账凭证的填制日期与原始凭证的填制日期不一定相同，但一般稍后于原始凭证的填制。

记账凭证的编号：记账凭证要根据交易或者事项发生的先后顺序按月编号，按编号顺序记账。企业既可以按收款、付款、转账三类业务分收、付、转三类编号，也可以分为现收、现付、银收、银付、转账五类编号。

交易或者事项的内容摘要：摘要应能清晰地揭示交易或者事项的内容，同时要简明扼要。

交易或者事项所涉及的会计科目（包括一级科目、二级科目或明细科目）及其记账方向。

交易或者事项的金额：交易或者事项涉及的应借应贷金额。

记账标记。

所附原始凭证的张数：原始凭证是编制记账凭证的根据，缺少它就无从审核记账凭证正确与否。

会计主管、制证、审核、记账、出纳等有关人员的签名或盖章。

三、记账凭证的编制

明确了记账凭证应具备的内容后，还应掌握记账凭证的填制方法和要求，记账凭证根据审核无误的原始凭证或原始凭证汇总表填制。记账凭证填制正确与否，直接影响整个会计系统最终提供信息的质量。与原始凭证的填制相同，记账凭证也有记录真实、内容完整、手续齐全、填制及时等要求。由于记账凭证是登记账簿的直接依据，如果记账凭证填制错误，不仅会影响会计账簿的登记，而且会影响资产、负债、所有者权益的计价，收入、费用的计算，进而影响财务会计报告的编制，最终影响会计信息的正确性。因此，填制记账凭证是一项重要的会计工作。

（一）记账凭证编制的基本要求

记账凭证的各项内容必须完整：如在摘要栏应简明扼要地概括交易或者事项的内容，这对于查阅凭证、登记账簿都是十分重要的。

记账凭证应连续编号：这样便于查考，一笔交易或者事项需要填制两张以上记账凭证的，可以采用分数编号法编号。例如，一项交易或者事项需要填写三张转账凭证，凭证的序号为转字第8号，则这三张的编号为转字第8（1/3）号、第8（2/3）号、第8（3/3）号。每月最后一张记账凭证的编号旁边，可加注"全"字，以免凭证散失。

记账凭证的书写应清楚、规范，相关要求与原始凭证相同。记账凭证也必须按照会计制度规定的科目及其核算内容，结合交易或者事项的性质，正确地编制会计分录，不得任意改变会计科目的名称和核算内容，以保证核算资料的一致性和可比性，便于综合汇总核算指标，也便于根据正确的科目对应关系了解有关交易或者事项的完成情况。

记账凭证可以根据每一张原始凭证填制，或根据若干张同类原始凭证汇总编制，也可以根据原始凭证汇总表填制；但不得将不同内容和种类的原始凭证汇总填制在一张记账凭证上，以防止科目对应关系混淆不清。一张原始凭证所列的支出需要由几个单位共同负担，应当将其他单位负担的部分，开给对方原始凭证分割单，进行结算。

除结账和更正错误的记账凭证可以不附原始凭证外，其他记账凭证必须附有原始凭证。附有原始凭证的记账凭证上，必须注明所附原始凭证的张数，以便复核"摘要"栏中所说明的交易或者事项内容和所编制的会计分录是否正确，也便于日后查阅原始凭证。如果根据同一张原始凭证填制两张记账凭证，则应在未附原始凭证的记账凭证上注明：单据×张，附在第×号记账凭证上，以便日后复核和查阅。

填制记账凭证时若发生错误，应当重新填制。已登记入账的记账凭证在当年内发现填写错误时，可以用红字填写一张内容相同的记账凭证，在摘要栏注明"注销某月某日某号凭证"字样，同时再用蓝字重新填制一张正确的记账凭证，注明"订正某月某日某号凭证"字样。如果会计科目没有错误，只是金额错误，也可将正确数字与错误数字之间的差额另编一张调整的记账凭证，调增金额用蓝字，调减金额用红字。发现以前年度记账凭证有错误的，应当用蓝字填制一张更正的记账凭证。

记账凭证填制完交易或者事项后，应加计合计数，检查借贷双方及总账科目与二级科目或明细科目的金额是否平衡。记账凭证填制完毕如有空行，应当自金额栏最后一笔金额数字下的空行处至合计数上的空行处画线注销。

（二）记账凭证的编制方法

编制记账凭证，就是根据审核无误的原始凭证资料，按照登记的要求，由会计人员在记账凭证上按规定的基本内容进行填写。

1. 收款凭证的编制

要求该凭证左上角的"借方科目"按收款的性质填写"库存现金"或"银行存款"；日期填写的是编制本凭证的日期；右上角填写编制收款凭证的顺序号；"摘要"填写对所记录的交易或者事项的简要说明；"贷方科目"填写与收入现金或银行存款相对应的会计科目；"记账"是指该凭证已登记账簿的标记，防止交易或者事项重记或漏记；"金额"是指该项交易或者事项的发生额；该凭证右边"附件张"是指本记账凭证所附原始凭证的张数；最下边分别由有关人员签章，以明确经济责任。

2. 付款凭证的编制

付款凭证的编制方法与收款凭证基本相同，只是左上角由"借方科目"换为"贷方科目"，凭证中间的"贷方科目"换为"借方科目"。对于涉及"库存现金"和"银行存款"之间的交易或者事项，如将现金存入银行或从银行提取现金，为了避免重复记账，一般只编制付款凭证，不编收款凭证。出纳人员应根据会计人员审核无误的收款凭证和付款凭证办理收付款业务，出纳人员在办理收款或付款业务后，应在原始凭证上加盖"收讫"或"付讫"的戳记，以免重收或重付。

3. 转账凭证的编制

转账凭证通常是根据有关转账业务的原始凭证填制的。转账凭证中"总账科目"和"明细科目"栏应填写应借、应贷的总账科目和明细科目，借方科目应记金额应在同一行的"借方金额"栏填列，贷方科目应记金额应在同一行的"贷方金额"栏填列，"借方金额"栏合计数与"贷方金额"栏合计数应相等。

此外，某些既涉及收款业务，又涉及转账业务的综合性业务，可分开填制不同类型的记账凭证。

4. 科目汇总表的编制

首先，根据分录凭证编制"T"形账户，将本期各会计科目的发生额一一计入有关"T"形账户；其次计算各个账户的本期借方发生额与贷方发生额合计数；最后将此发生额合计数填入科目汇总表中与有关科目相对应的"本期发生额"栏中，并将所有会计科目本期借方发生额与贷方发生额进行合计，借贷相等后，一般说明无误，可用以登记总账。

为了简化记账凭证的填制工作，对于转账业务，也可以将当天发生的属于同一类业务的若干张原始凭证加以整理，编制一张记账凭证；或者将同类原始凭证加以整理，编制原始凭证汇总表，根据原始凭证汇总表编制记账凭证。原始凭证汇总表还可以采用定期汇总、按月累计的方法编制，以进一步简化核算手续。例如，可以将一个月之内的"发票"每10天汇总一次，月末加计总数后，据以编制一张转账凭证；或者用自制的原始凭证或汇总原始凭证代替记账凭证。但应在凭证格式中预先印有应借、应贷科目专栏，或在凭证空白处加盖能够填列应借、应贷科目的专门戳记，以便会计人员确定会计分录。这种同时具备原始凭证和记账凭证的基本内容、兼有原始凭证和记账凭证作用的会计凭证，称为联合凭证。如印有应借、应贷科目专栏的发料凭证汇总表就是一种联合凭证。

四、记账凭证的审核

记账凭证是登记账簿的依据，收、付款凭证还是出纳人员收、付款项的依据。因此，为了保证账簿记录的正确性，监督款项的收付，提高会计信息的质量，必须建立必要的专人或相互审核制度，在登记账簿之前应由有关人员对记账凭证进行审核。记账凭证审核的主要内容包括以下几方面。

（一）审核记账凭证内容是否真实

审核人员审核记账凭证是否以原始凭证为依据，摘要栏中的内容填写是否清楚，是否真实、正确地描述了所附原始凭证记录的交易或者事项，记账凭证所记录的内容是否与原始凭证的内容一致。

（二）审核记账凭证上项目的填写是否齐全

审核人员审核记账凭证上所有的项目是否填写齐全，填制日期是否正确，有关人员是否均已签名或盖章等。

（三）审核记账凭证会计科目的使用是否正确

审核人员审核记账凭证上会计科目的借方、贷方科目及明细科目的名称填写使用是否正确，账户对应关系是否清晰，所使用的会计科目是否符合国家统一的会计制度的规定等。

（四）审核记账凭证上金额的填写是否正确

审核人员审核记账凭证填写的金额是否与所附原始凭证相符、记账凭证的金额大小写数字是否书写正确、借贷方合计金额是否相等。

（五）审核记账凭证上的书写是否正确

审核人员审核记账凭证的所有内容书写是否正确明了，数字和文字的填写是否清晰规范，是否按规定进行更正等。

（六）审核记账凭证办理手续是否完备

审核人员审核各级负责人和有关经办人的签章是否齐备，其会计责任是否明确，有无手续不清、责任不明的现象等。

在审核记账凭证的过程中，发现错误应及时查明原因，按照有关规定进行处理。

五、记账凭证的更正

如果在填制记账凭证时发生错误，应当重新填制。

已登记入账的记账凭证，在当年内发现填写错误时，可以用红字填写一张与原内容相同的记账凭证，在摘要栏注明："注销某月某日某号凭证"字样，同时再用蓝字重新写一张正确的记账凭证，注明："订正某月某日某号凭证"字样。如果会计科目没有错误，只是金额错误，也可以将正确数字与错误数字之间的差额，另编一张调整的记账凭证，调增金额用蓝字，调减金额用红字。发现以前年度记账凭证有错误的，应当用蓝字填制一张更正的记账凭证。

第四节 会计凭证的传递和保管

一、会计凭证的传递

会计凭证的传递是指从会计凭证的取得或填制时起至归档保管过程中，在单位内部有关部门和人员之间的传送程序。会计凭证的传递，要求能够满足内部控制制度的要求，使传递程序合理有效，同时尽量节约传递时间，减少传递的工作量。各单位应根据具体情况确定每一种会计凭证的传递程序和方法。

会计凭证的传递主要包括两个方面的内容，即凭证传递的程序和在各个环节停留及传递的时间。由于企业生产组织特点不同、交易或者事项的内容不同和管理要求不同，会计凭证传递也有所不同。为此，企业应根据具体情况制定每一种凭证的传递程序和方法。

会计凭证的传递程序应根据会计凭证所反映的交易或者事项的特点，结合本单位的机构组织

第九章 会计凭证

和人员分工情况，以及各职能部门和人员利用凭证进行经济管理的需要来具体确定。要注意防止经过不必要的环节，造成"公文旅行"。

会计凭证的传递时间应根据有关部门和人员办理交易或者事项的各项必要手续以及业务管理的需要来确定。传递时间的确定要合理，避免造成凭证的积压。例如，对于商品购入业务，应明确规定，商品运达后需要多少时间进行验收，由谁填制入库单，一式几联各联次的用途是什么，在何时将入库单和发票交采购部门及会计部门，会计部门在收到入库单和发票后，由谁审核及填制记账凭证，由谁据以登记账簿，由谁整理保管等。

会计凭证的传递是否科学、严密、有效，对于能否及时利用会计凭证所反映的各项交易或者事项的情况进行会计核算，实行会计监督，加强企业内部管理，提高会计信息的质量具有十分重要的意义。

第一，科学地组织会计凭证的传递，能够把反映在会计凭证上的有关交易或者事项完成情况的信息及时地传递到本单位内各个部门、各个环节，最后集中到会计部门来，这就能及时、正确地核算和监督各项交易或者事项的完成情况，提高工作效率。

第二，科学地组织会计凭证的传递，对于合理组织经济活动、加强岗位责任制、有效地进行会计监督具有重要意义。任何单位在经济活动中所发生的各项交易或者事项，以及本单位与各方面的经济联系，都要借助于会计凭证加以记录和证明。因此，正确组织会计凭证的传递，就能把本单位各有关部门和人员的活动紧密联系起来，协调各方面的经济关系，搞好分工协作，从而使正常的经济活动得以实现。而且会计凭证的传递实际上还起着相互牵制、相互监督的作用，可以督促各有关部门和人员及时、正确地完成各项交易或者事项，并按规定办理好各种凭证手续，进而强化会计监督，提高会计信息质量。

二、会计凭证的保管

会计凭证的保管是指会计凭证记账后的整理、装订、归档和存查工作，会计凭证作为记账的依据，是重要的会计档案和经济资料。本单位以及有关部门、单位，可能因各种需要查阅会计凭证，特别是发生贪污、盗窃、违法乱纪行为时会计凭证还是依法处理的有效证据。因此，任何单位在完成交易或者事项手续和记账之后，必须将会计凭证按规定的立卷归档制度形成会计档案资料妥善保管，防止丢失，不得任意销毁，以便日后随时查阅。

（一）会计凭证的保管方法

对会计凭证的保管，既要做到完整无缺也要便于翻阅查找。其主要要求有以下几点。

第一，会计凭证应定期装订成册，防止散失。会计部门在依据会计凭证记账以后，应定期（每天、每旬或每月）对各种会计凭证进行分类整理，将各种记账凭证按照编号顺序，连同所附的原始凭证一起加具封面、封底，装订成册，并在装订线上加贴封签，在封签处加盖会计主管的骑缝图章。当从外单位取得的原始凭证遗失时，应取得原签发单位盖有公章的证明，并注明号码、金额、内容等，由经办单位负责人批准后，才能作为原始凭证。若确实无法取得证明的，如车票丢失，则应由当事人写明详细情况，由经办单位会计机构负责人、会计主管人员和单位负责人批准后，代作原始凭证。

第二，会计凭证封面应注明单位名称、凭证种类、凭证张数、起止号数、年度、月份、会计主管人员、装订人员等有关事项，会计主管人员和保管人员应在封面上签章。

第三，会计凭证应加贴封条，防止抽换凭证。原始凭证不得外借，其他单位如有特殊原因确实需要使用时，经本单位会计机构负责人、会计主管人员批准，可以复制。向外单位提供的原始凭证复制件，应在专设的登记簿上登记，并由提供人员和收取人员共同签名、盖章。

第四，原始凭证较多时可单独装订，但应在凭证封面注明所属记账凭证的日期、编号和种类，同时在所属的记账凭证上应注明"附件另订"及原始凭证的名称和编号，以便查阅。对各种重要的原始凭证，如押金收据、提货单等，以及各种需要随时查阅和退回的单据，应单独保管，并在有关的记账凭证和原始凭证上分别注明日期和编号。

第五，每年装订成册的会计凭证，在年度终了时可暂由单位会计部门指定专人负责保管一年，期满后原则上应移交档案部门保管。

第六，严格遵守会计凭证的保管期限要求，期满前不得任意销毁，擅自销毁会计档案且情节严重的，将追究有关当事人的责任。

（二）会计凭证的保管期限

会计档案保管期限分为永久和定期两类，定期保管期限一般分为30年和10年。年度财务会计报告、会计档案保管清册为永久保管类，会计凭证、会计账簿、会计档案移交清册保管期限为30年，月度、季度、半年度财务会计报告和银行存款余额调节表、银行对账单、纳税申报表保管期限为10年。

（三）会计凭证的销毁

会计凭证保管期满、需要销毁时，必须开列清单，由本单位档案部门提出销毁意见，经本单位领导审核，报经上级主管部门批准后，会同会计部门共同鉴定、严格审查，由档案部门和会计部门共同派员监销，电子会计档案的销毁还应当符合国家有关电子档案的规定，并由单位档案管理机构、会计管理机构和信息系统管理机构共同派员监销。保管期满但未结清的债权债务会计凭证和涉及其他未了事项的会计凭证不得销毁，纸质会计档案应当单独抽出立卷，电子会计档案单独转存，保管到未了事项完结时为止。单独抽出立卷或转存的会计档案，应当在会计档案鉴定意见书、会计档案销毁清册和会计档案保管清册中列明。

第十章 会计账簿

第一节 会计账簿概述

会计主体日常发生的交易或者事项，通过会计人员以审核原始凭证、填制记账凭证的方式加工整理，也就是会计人员以"会计语言"如实记录会计主体每天发生的交易或者事项，明确经济责任。但是，由于会计主体交易或者事项内容千变万化，同类业务不断重复，导致记录交易或者事项的会计凭证数量繁多，其表达的"会计语言"信息十分分散，缺乏联系，难以令阅读者从中一目了然地了解会计主体经济活动的全貌，无法从中全面、完整、系统地了解会计主体的财务状况、经营成果的形成及现金流量变动的情况及其原因，也不便于会计信息的整理与报告，无法满足经营管理的需要。因此，必须引进一种能把会计凭证归纳、汇总与累积的载体，通过这种载体人们能较为清晰、便捷地了解会计主体经济活动的全貌，这种载体就是会计账簿。通过设置与登记会计账簿，可以系统地归纳、整理、积累、加工会计凭证所记载的原始信息，进而全面、系统、连续地核算和监督会计主体的经济活动情况及其结果。因而，了解会计账簿的分类及记账规则等基本原理，掌握设置、登记会计账簿，对账、错账更正与结账，还有账簿的更换与保管等的内容与方法，是每一位会计工作者必备的基本技能。

一、会计账簿的概念和作用

会计账簿是指由一定格式的账页组成的，以经过审核的会计凭证为依据，全面、系统、连续地记录各项经济业务的簿籍。设置和登记账簿，既是填制和审核会计凭证的延伸，也是编制财务报表的基础，是连接会计凭证和财务报表的中间环节。

从形式上看，账簿是由互相联系、具有专门格式的若干账页组成的；从内容上看，它以经过审核的会计凭证为依据，通过专门的方法，对交易或者事项进行分类和序时记录，反映各会计要素增减的变动情况，反映会计主体经济活动的全貌，并为会计报表的编制和会计监督提供依据。因此，在会计核算工作中，它发挥了类似计算机硬盘的作用，是记录、存储会计信息的载体。

各单位应当按照国家统一的会计制度的规定和会计业务的需要设置会计账簿。账簿的设置和登记在会计核算中的作用在于以下几方面：

（一）账簿的设置和登记，可以记载、储存会计信息

账簿的设置和登记就是把会计凭证所反映的交易或者事项，按交易或者事项发生的时间顺序进行分类、归纳、汇总，记录在账簿中，可以全面反映会计主体在一定时间内所发生的各项资金运动，存储所需要的会计信息。

（二）账簿的设置和登记，可以分类、汇总会计信息

账簿的设置和登记就是把原来以会计分录形式记录在会计凭证上的会计信息，按照每个会计科目在账簿中"对号入座"，把其所反映的信息分门别类地记录在账户中并进行汇总，为经营管理提供系统、完整的会计核算资料，使管理者随时掌握各项资产、负债、所有者权益的增减变动情况。

（三）账簿的设置和登记，可以检查、校正会计信息

通过对账等专门方法，可以检查账簿、凭证所反映的会计信息是否正确，若有误，则可以通过专门的方法进行校正，以保证会计信息的正确、完整。

（四）账簿的设置和登记，可以编报、输出会计信息

经过核对无误的账簿记录及其加工的数据，提供了总括、全面、连续、系统的会计信息资料，是编制会计报表的主要依据。

因而，设置和登记账簿是会计工作的重要环节，是会计核算的一种方法，是编制会计报表的基础，是连接会计凭证与会计报表的中间环节，在会计核算中具有重要意义。

二、会计账簿的基本内容

从外形上看，会计账簿主要由以下几个部分组成。

（一）封面

会计账簿的封面主要标明账簿的名称，以及使用单位名称、使用年度等。一般单位均设有总账、现金日记账、银行存款日记账、三栏式明细分类账、多栏式明细分类账、财产物资明细账等。

（二）扉页

会计账簿的扉页主要列明账簿启用和经管人员一览表、科目索引表。账簿启用和经管人员一览表又称账簿启用及交接表，在账簿启用时登记，用于明确责任。科目索引表又称目录表，在会计年度结束，账簿登记完毕、账簿装订之后登记每个账户的名称和页次，便于查账。

（三）账页

会计账簿内含的账页是账簿用来记录交易或者事项的载体，账页的格式因所属账簿的不同类别及记录交易或者事项的不同而有所不同，但每张账页的基本内容应包括以下几个方面。

账户的名称——总分类账户或明细账户的名称，即会计科目；

登记账户的日期栏；

凭证种类和号数栏；

摘要栏——简要说明所记录交易或者事项的内容；

金额栏——包括借方、贷方发生额及余额栏；

总页次、分户页次——总页次，即按整本账簿各账页顺序编的页次；分户页次，即按每个账户所含账页顺序编的页次。

在实际工作中，由于各种会计账簿所记录的经济业务不同，账簿的格式也多种多样，但各种账簿都应具备以下基本内容：①封面；②扉页；③账页。

三、会计账簿与账户的关系

会计账簿与账户的关系是形式和内容的关系。账户存在于账簿之中，账簿中的每一账页就是账户的存在形式和载体，没有账簿，账户就无法存在；账簿序时、分类地记载交易或者事项，是在个别账户中完成的，因此，账簿只是一个外在形式，账户才是它的真实内容。

会计科目、账户与账簿的关系体现在：会计科目是账户的名称，账户是会计科目的具体运用（账户是根据会计科目开设的）；账户存在于账簿之中，账簿中的每一账页是账户的存在形式和载体，所有账页组成账簿。因此，账簿与账户既是形式和内容的关系，又是整体与部分的关系。

四、会计账簿的分类

为了便于对账簿的认识与管理，可以按照不同标准把账簿进行分类。

（一）按用途分类

按照用途的不同，可以把会计账簿分为序时账簿、分类账簿、备查账簿三类。

1. 序时账簿

序时账簿又称日记账，是按照交易或者事项发生或完成时间的先后顺序，逐日逐笔进行登记的账簿。序时账簿按其结构和内容的不同，可以分为普通日记账与特种日记账。目前，在我国会计核算中最常用的序时账簿主要是现金日记账和银行存款日记账。

普通日记账又称分录簿，是指用来逐日逐笔记录全部交易或者事项发生情况的日记账，即根据会计主体日常发生的交易或者事项所取得的原始凭证，不作记账凭证，直接按照时间顺序逐日逐笔将交易或者事项直接转化为会计分录登记在账上，然后再转记列入分类账中。这种日记账起了记账凭证的作用，作为登记分类账簿的依据。采用普通日记账，可以逐日反映全部交易或者事项的发生与完成情况，但不便于分工记账，且逐笔记账工作量大。此外，普通日记账不能分类反映各类交易或者事项的发生或完成情况。因此，一般在手工簿籍发展的早期，会计主体只设一本普通日记账来记录所有的交易或者事项。随着经济的发展、业务的拓展和分工记账的需要，普通日记账的功能逐渐缩小。在我国，大多数单位一般不设普通日记账，只设特种日记账。

特种日记账是指用来逐日逐笔记录某一类型交易或者事项发生情况的日记账。比如，用于记录现金收付业务及其结存情况的现金日记账；用于记录银行存款收付业务及其结存情况的银行存款日记账；用于记录购货或销货业务变动及其累积情况的购货日记账或销货日记账，以及用于专门记录转账业务的转账日记账等。特种日记账的记账对象是特定交易或者事项，设定特种日记账是为了反映特定交易或者事项的发生情况。在我国，大多数单位一般只设现金日记账和银行存款日记账,其他日记账视单位业务需要而设定。

序时账簿的作用在于能够按照时间顺序,提供连续系统的信息,反映会计主体所有资金运动的全貌,便于会计资料的序时查询及日常会计监督。

2. 分类账簿

分类账簿是按照分类账户设置登记的账簿。账簿按其反映经济业务的详略程度,可分为总分类账簿和明细分类账簿。

总分类账簿,又称总账,是根据总分类账户开设的,能够全面地反映企业的经济活动。总分类账户对应一级会计科目,如现金、银行存款、应收账款、短期借款、实收资本、管理费用等。总分类账一般只登记金额,它可以直接根据记账凭证逐笔登记,也可以将凭证按照一定的方法定期汇总记账凭证后进行登记。

总分类账的作用在于进行总括分类核算,可以全面反映会计主体的经济活动情况。由于总分类账是由各个总分类账户组成的,总分类账的记录成为编制会计报表的主要依据,所以,任何会计主体都必须设置总分类账簿。

明细分类账簿,又称明细账,是根据明细分类账户开设的,用来提供明细的核算资料。总账对所属的明细账起统驭作用,明细账对总账进行补充和说明。明细分类账户是对总分类账户作进一步细分,对应二级及二级以上会计科目,如二级科目:银行存款——××银行,应收账款——××单位,短期借款——××银行,实收资本——张三;三级科目:管理费用——办公费——办公用品,固定资产——生产设备——××机床等。明细分类账簿就是按照二级或多级明细账户的设定,登记二级及二级以上明细账户所反映内容的账簿,要根据记账凭证或原始凭证逐笔详细登记。

明细分类账的主要作用在于分类记录某类交易或者事项增减变化的详细指标,分门别类地反映和监督各项资产、负债、所有者权益、收入、费用和利润的增减变动情况及其结果,提供明细核算资料。由于明细分类账是由各个明细分类账户组成的,它是对总分类账的补充和说明,各明细分类账的金额之和应与该总分类账的金额相等。明细分类账所提供的有关经济活动的详细核算资料,不仅有利于加强财产管理,而且可以保证账户核算资料的准确性和各账户之间的勾稽关系,为编制会计报表提供详细资料,因此,各会计主体要按照其生产特点及经营决策的需要设置明细分类账簿。

总账与明细账的关系体现在:总账提供总括的会计信息,反映会计主体经济活动的全貌,对所属明细账起统驭作用;明细账提供更为详细的会计信息,反映会计主体资金运动的各种状态、形式及其构成的明细动向,是对总账的补充和说明。各明细分类账的金额之和应与该总分类账的金额相等,即总账中的每个一级账户累计借贷方发生额及期初、期末余额与明细账中该一级账户所属明细分类账户累计借贷方发生额及期初、期末余额的合计数相等。

小型经济单位,若业务简单,记录的交易或者事项发生数不多,或所使用的总分类账户不多,可以简化核算手续，将序时账簿与分类账簿结合起来使用，设置联合账簿。联合账簿通过将序时账簿和分类账簿结合起来，在一本账簿中登记，兼具序时账和分类账的作用，可以提供更加详细的核算资料。在会计实务中，最常见的是序时账簿与总分类账的结合，如日记总账，在总账中按照账户分类逐日逐笔登记交易或者事项，既起总账的作用，又有日记账的功能。

3. 备查账簿

备查账簿亦称"辅助性账簿"，简称"备查簿"（或备查账、辅助账），是对某些在序时账簿和分类账簿等主要账簿中都不予登记或登记不够详细的交易或者事项进行补充登记时使用的账簿。备查账簿由会计主体根据经营管理的需要自行设定。

例如，为了登记那些以经营租赁方式租入、不属于本企业财产、不能记入本企业固定资产账户的机器设备情况，企业要设置"租入固定资产备查簿"，登记经营性租入固定资产的出租单位、设备名称、规格、编号、设备原值、净值、租用时间、月份或年度租金数额、租金支付方式、租用期间修理、改造的有关规定及损坏赔偿规定、期满退租方式及退租时间等，以便于经营性租入固定资产的管理；为了登记本企业已经贴现的应收票据情况，企业要设置"应收票据贴现备查簿"，登记已贴现应收票据的项目、票据付款人、贴现时间、到期时间、贴现金额等，以便于随时了解票据付款人可能到期不能支付票据款项而使本企业产生连带责任的情况；有担保业务的企业还要设置"担保备查簿"，以登记担保项目、金额、担保时间、到期时间等，便于随时了解担保情况，以控制担保风险等。上述信息不能在企业的序时账簿或分类账簿中反映，所以要备查登记。

备查账簿的作用主要在于提供备查信息，方便企业的管理。

备查账簿不同于序时账簿和分类账簿，其主要特点如下。

第一，登记备查簿不需要编制记账凭证。因为备查账簿的登记依据可能不需要记账凭证，甚至不需要一般意义上的原始凭证。例如，租入固定资产登记簿，它登记的依据主要就是租赁合同与企业内部使用单位收到设备的证明，这两者在企业一般交易或者事项的核算中，不能充当正式原始凭证，只能作为原始凭证的附件（如作为支付租金的依据）。

第二，账簿的格式和登记方法不同于以金额登记为主的一般账簿。备查账簿的主要栏目可能不记录金额，它更注重用文字来表述某项交易或者事项的发生情况，所以备查账簿没有固定的格式，可以根据实际需要设定。

第三，与其他账簿之间不一定存在严密的依存关系和勾稽关系，只是对其他账簿记录的一种补充。

在按照用途分类的账簿系列中，分类账簿占有特别重要的地位，因为只有通过分类账簿，才能把数据按账户来归集并汇总，最终形成总括、连续、系统的会计信息，满足编制会计报表的需要。序时账簿用于按照时间顺序提供连续系统的会计信息，反映会计主体资金运动的全貌，或者反映特定交易或者事项的发生情况。备查账簿则主要基于管理的需要，起备查、补充等辅助性作用。

（二）按账页格式分类

1. 两栏式账簿

两栏式账簿是指只有借方和贷方两个基本金额栏目的账簿。普通日记账和转账日记账一般采用两栏式账簿。

因为普通日记账和转账日记账只是对记账凭证的一种序时记录，没有按照账户分类，不需要结出余额，两栏式账簿没有余额栏。这两种日记账的格式区别在于，普通日记账没有"记账凭证号"栏，而多个"记账"栏，因为它不作记账凭证而是根据原始凭证直接登记，并作为登记总分类账的依据；转账日记账多个"转账凭证号"栏，因为它要根据有关转账凭证登记。

2. 三栏式账簿

三栏式账簿是设有借方、贷方和余额三个基本栏目的账簿。三栏式账簿适用于登记只需要进行金额核算而不需要数量核算的账户。各种特种日记账、总分类账以及资本、债权、债务明细账等都可采用三栏式账簿。具体登记的账户如实收资本、资本公积、盈余公积、应收账款、应付账款、其他应收款、其他应付款、应交税费（应交增值税明细账户除外）等明细账均可以采用三栏式账簿。

三栏式账簿又分为设对方科目和不设对方科目两种，区别是在摘要栏和借方科目栏之间是否有一栏"对方科目"。有"对方科目"栏的，称为设对方科目的三栏式账簿；不设"对方科目"栏的，称为不设对方科目的三栏式账簿。

设"对方科目"栏可以一目了然地看出该笔交易或者事项相对应的会计科目，可了解该笔会计分录的全貌。缺点是登记较为烦琐，若一借多贷或一贷多借的会计分录则不好登记。

3. 多栏式账簿

多栏式账簿是在账簿的借贷余三个基本栏目中的借方或贷方按需要分设若干专栏的账簿。这种账簿是根据交易或者事项的特点和管理的需要，把同一个一级账户或二级账户的明细账户，集中在一张账页上设专栏进行登记，反映各有关明细账户的核算资料。这种格式的账户一般适用于明细项目多、借贷方向单一的账户，如收入、成本、费用、利润等明细账一般均采用这种格式的账簿。至于在借方设专栏，还是在贷方设专栏，或者借贷方同时设专栏，是根据账户的核算内容及管理需要而定的。例如，主营业务收入明细账，收入的增加记在贷方，因此要在贷方栏目分设专栏反映二级科目；管理费用、生产成本、制造费用等费用类明细账，费用增加记在借方，因此要在借方栏目分设专栏反映二级科目；而应交税费——应交增值税明细账，既要反映来源（贷方），又要反映使用去向（借方），因而，借方和贷方均要按需要分设专栏。

多栏式账簿的优点是将一级账户或二级账户的明细账户均集中在一张账页上登记，可以清晰地反映该账户所属的明细账户变动情况。缺点是栏目多，登账时容易记错栏。

4. 数量金额式账簿

数量金额式账簿的借方、贷方和余额三个栏目内，都分设数量、单价和金额三小栏，借以反映财产物资的实物数量和价值量。这种账户适用于既要进行金额核算，又要进行实物数量核算的各种财产物资账户，如原材料、库存商品等明细账一般都采用数量金额式账簿。

数量金额式账簿的优点是可以清晰反映财产物资账户的收发存的数量、金额与单价，便于账实核对，方便管理。缺点是栏目多，登记烦琐。

5. 横线登记式账簿

横线登记式账簿，又称平行式账簿，是指将前后密切相关的经济业务登记在同一行上，以便检查每笔业务的发生和完成情况的账簿。材料采购、在途物资、应收票据和一次性备用金等明细账一般采用横线登记式账簿。

（三）按外形特征分类

1. 订本账

订本式账簿，简称订本账，是在启用前将编有顺序页码的一定数量的账页装订成册的账簿，这种账簿一般适用于总分类账、现金日记账和银行存款日记账。

订本账的优点是能够避免账页散失和防止非法抽换。缺点是账页数量及位置固定，不便于分工记账，不能根据记账需要增减账页，也难以准确为各账户预留账页，多则浪费，少则不够，影响账户的连续登记。

2. 活页账

活页式账簿，简称活页账，是将一定数量的账页置于活页夹内，可根据记账内容的变化而随时增加或减少部分账页的账簿。当账簿登记完毕之后（通常是一个会计年度结束之后），才将账页予以装订，加具封面，并给各账页连续编号。各种明细分类账一般采用活页账的形式。

活页账的优点是可以随时根据需要增减空白账页或重新排列账页，便于分工记账与归类汇总。缺点是若管理不善，账页容易散失，或被非法抽换。

3. 卡片账

卡片式账簿，简称卡片账，是将一定数量的卡片式账页存放于专设的卡片箱中，可以根据需要随时增添账页的账簿。可以说，卡片账是一种装在卡片箱内的活页账。在我国，单位一般只对固定资产的核算采用卡片账形式。因为固定资产在长期使用中实物形态不变，可能经常转移使用部门，其价值以折旧形式转移，设置卡片账可以登记累计折旧情况，也便于卡片账随同实物转移。为了便于管理，有的单位也设置低值易耗品登记卡。

卡片账的优点是使用灵活，可以随时取放，随时增减空白账卡，便于会计人员分工记账，也可以跨年登记使用。缺点是容易散失或被非法抽换。

为了妥善管理活页账与卡片账，防止散失与被非法抽换，在登记使用时，可让记账人员在活页账页或卡片上编号、盖章，使用完毕不再登记时应及时装订成册或封扎保管。

第二节 会计账簿的启用与登记要求

会计账簿是按照国家统一会计制度的规定设置的，它有统一内容与格式，账簿的启用、记账都要遵循相关规定。

一、会计账簿的启用

新创立的单位，开始进行会计工作时，就要根据相关法律和国家统一会计制度的规定，以及企业具体行业要求和将来可能发生的交易或者事项会计核算的需要，确定应该设置哪些会计科目，使用哪些会计账簿，账簿的格式、内容及登记方法是什么，这个过程就称为建账。简言之，第一次使用会计账簿的过程称为建账。

为了保证账簿记录的合法性、完整性，明确会计责任，每个单位第一次使用会计账簿及以后每个会计年度初启用新会计账簿时，应当在账簿封面上写明单位名称和账簿名称，并在账簿扉页上附会计账簿启用及交接表。

在填写会计账簿启用及交接表时应按要求填写单位名称、账簿名称、账簿编号、账簿页数、启用日期、单位主管、会计主管、记账人员、复核人员的姓名，加盖公章和相关人员名章。

中途更换记账人员或者会计机构负责人、会计主管人员调动工作时，应填写清楚原经管人员的职别、姓名、交出日期并盖章，并填写新经管人员职别、姓名、接收日期并盖章，同时需由会计主管人员监交并签章。

账簿页数栏的填写，订本账与活页账不一样，启用订本式账簿应当从第一页到最后一页顺序编定页数，不得跳页、缺号，页数总数填在账簿页数栏，使用活页式账页应当按账户顺序编号，在年度结束结完账后，装订成册，装订后再按实际使用的账页顺序编定页码，页数总数填在账簿页数栏。另外，账簿启用时应贴印花税票，一般贴在启用表右上方。

在会计年度结束，账簿登记完毕、装订、编定页码后，应在目录表上汇总登记每个账户的名称、编码、页次，以便于概括账簿登记内容，便于按照会计科目查账。

二、会计账簿的登记要求

登记账簿，简称记账，是会计核算的重要基础工作。登记账簿总体要求要及时认真，做到内容完整、数据真实、摘要清楚、便于查阅。为了保证账簿记录的真实、完整，便于及时准确反映交易或者事项，便于编制会计报表，满足会计信息使用者的需要，会计人员登记账簿时，必须依据审核无误的会计凭证及时登记各类账簿，总账与明细账应平行登记，并且必须遵循统一规定的会计账簿记账规则。

会计账簿记账规则包括如下几方面。

（一）书写完整

登记账簿之前，应把记账所需要的账户的名称填写在各账页上，一张账页只能开设一个账户。一级账户名称写在账页上端正中横线上，二级以上明细账户名称写在左上角；登记实物资产的数量金额明细账，除填写账户名称外，一般还要填写品名、规格、型号、保管地点、仓库、最高储备量、最低储备量等内容。

登记会计账簿时，应当将会计凭证日期、编号、业务内容摘要、金额和其他有关资料逐项记入账内，做到数字准确、摘要清楚、登记及时、字迹工整。

（二）登账记号

登记完毕后，要在记账凭证上签名或者盖章，并在记账凭证的"过账"栏内注明已经登账的符号表示已经记账，以避免重记或漏记。

（三）书写格式

账簿中书写的文字和数字上面要留有适当空格，不要写满格，一般应占格距的1/2，数字要登记在金额线内，没有角分的整数，小数点后面应写"00"，不可省略，也可用符号"-"代替，有角无分的，分位应写"0"，不可用"-"代替。

（四）用笔规定

为了使账簿记录清晰整洁，便于长期保存，防止篡改，登记账簿要用蓝黑墨水或者碳素墨水书写，不得使用圆珠笔（银行的复写账簿除外）或者铅笔书写。

（五）红笔规定

除结账、改错、冲账等按照国家统一的会计制度规定用红笔登账外，不得用红色墨水登记账簿，在会计中，红字表示负数。因此，在账簿记录中，使用红色墨水的，仅限于下列情况：①按照红字冲账的记账凭证，在账簿上冲销错误记录；②在不设借贷等栏的多栏式账页中，登记减少数；③在三栏式账户的余额栏前，如未印明余额方向的，在余额栏内登记负数余额；④结账画线；⑤画线更正错误；⑥根据国家统一的会计制度规定可以用红字登记的其他会计记录。

（六）顺序登记

记账时，各种账簿应按页次顺序逐页逐行连续登记，不得跳行、隔页，应将记账凭证的编号记入账簿内，同时应在记账凭证上注明过账记号。如果无意中发生跳行、隔页现象，应将空行、空页处用红色墨水画线注销，或者注明"此行空白""此页空白"字样，并由记账人员签名或者盖章。

（七）结余规定

凡需要结出余额的账户，结出余额后，应当在"借或贷"等栏内写明"借"或者"贷"等字样。没有余额的账户，应在"借或贷"栏内写"平"字，并在"余额"栏用"-0-"表示。

（八）过次承前

每一账页登记完毕结转下页时，应当结出本页合计数及余额，写在本页最后一行和下页第一行有关栏内,并在摘要栏内注明"过次页"和"承前页"字样;也可以将本页合计数及金额只写在下页第一行有关栏内,并在摘要栏内注明"承前页"字样。

对需要结计本月发生额的账户,结计"过次页"的本页合计数应当为自本月初起至本页末止的发生额合计数;对需要结计本年累计发生额的账户,结计"过次页"的本页合计数应当为自年初起至本页末止的累计数;对既不需要结计本月发生额,也不需要结计本年累计发生额的账户,可以只将每页末的余额结转次页。

(九)错账更正

账簿记录发生错误时,不可刮擦、挖补、涂抹、涂改更正或用褪色药水更改字迹,必须按照规定,视具体情况,采用画线更正法、红字更正法或补充登记法等适当的方法予以更正(详见第五节"二、错账更正方法)。

第三节 会计账簿的格式和登记方法

由于各会计账簿的类别不同,所记录的交易或者事项不同,在记录交易或者事项中所起的作用不同,因此,各账簿的格式和登记方法也有所不同。下面介绍日常会计实务中常见的日记账、总分类账、明细分类账的格式与登记方法。

一、日记账的格式和登记方法

为了序时反映交易或者事项发生状况,会计主体设置日记账逐笔登记,所以日记账是按照经济业务发生或完成的时间先后顺序逐日逐笔进行登记的账簿。日记账按其所核算和监督经济业务的范围,可分为特种日记账和普通日记账。在我国,大多数企业一般只设库存现金日记账和银行存款日记账。

(一)库存现金日记账的格式和登记方法

库存现金日记账是用来核算和监督库存现金日常收、付和结存情况的序时账簿。库存现金日记账的格式主要有三栏式和多栏式两种。

1. 三栏式库存现金日记账

三栏式库存现金日记账是用来登记库存现金的增减变动及其结果的日记账。设借方、贷方和余额三个金额栏目,一般将其分别称为收入、支出和结余三个基本栏目。

三栏式库存现金日记账是由出纳人员根据库存现金收款凭证、库存现金付款凭证以及银行存款的付款凭证,按照库存现金收、付款业务和银行存款付款业务发生时间的先后顺序逐日逐笔登记。

为了保证会计账簿记录的合法性和资料的完整性,明确记账责任,会计账簿记录应当由专人负责登记。现金日记账由出纳人员根据审核无误的同现金收付有关的记账凭证,即收款凭证与付款凭证,按时间顺序逐日逐笔进行登记,每天结出余额,做到日清月结。

三栏式现金日记账的登记方法为:

（1）日期栏

登记现金实际收付的日期。

（2）凭证号数栏

登记现金收付款凭证的种类及编号。如现金收款凭证种类即为"现金收款"，简称"现收"，编号即该凭证的号码。现金收付款凭证与银行收付款凭证可分别编号，记为现收×号、现付×号、银收×号、银付×号。为简化起见，也可把现金与银行存款收款凭证合并编号，现金与银行存款付款凭证合并编号，分别编号为收×号、付×号。另外，如果一张凭证中同时出现现金与银行存款科目，如从银行提取现金或现金存入银行，则编制付款凭证。凭证号数栏登记银付×号或现付×号。

（3）摘要栏

登记交易或者事项的简要说明，与记账凭证的摘要栏一致。

（4）对方科目栏

登记现金收入的来源科目或付出的用途科目。如报销差旅费，填制现金付款凭证，"借：管理费用，贷：库存现金"。现金付出的用途科目即为"管理费用"，则日记账中对方科目栏填列"管理费用"。

（5）收入、付出栏

登记现金实际收付金额。

（6）结余栏

登记现金的实际结余金额。即根据"上日余额＋本日收入－本日支出＝本日余额"的公式，逐日结出现金余额填列。

2. 多栏式库存现金日记账

多栏式库存现金日记账是在三栏式库存现金日记账基础上发展起来的。这种日记账的借方（收入）和贷方（支出）金额栏都按对方科目设专栏，也就是按收入的来源和支出的用途设专栏。这种格式在月末结账时，可以结出各收入来源专栏和支出用途专栏的合计数，便于对现金收支的合理性、合法性进行审核分析，便于检查财务收支计划的执行情况，其全月发生额还可以作为登记总账的依据。

借、贷方不分设的多栏式现金日记账的登记方法与三栏式现金日记账登记方法基本相同，只是登记多栏式日记账时，应按现金收入、付出的对应账户分栏登记，每日终了，分栏加计本日发生额，结出余额，到月末结账时，应分栏加计本月发生额，结计月末余额。

借、贷方分设的多栏式现金日记账的日期栏、凭证号数栏、摘要栏等基本栏目的登记方法与三栏式现金日记账相同，所不同的是现金收入、支出业务应分别登记在现金收入、支出账页上。

多栏式现金日记账的登记方法如下：

第一，根据有关现金收入业务的记账凭证登记现金收入日记账，根据有关现金支出业务的记账凭证登记现金支出日记账。

第二，每日营业终了，根据现金支出日记账结计的支出合计数，一笔转入现金收入日记账的"支出合计"栏中，并结出当日余额。

第三，到月末结账时，现金收入日记账、支出日记账各分栏应加计本月发生额，现金收入日记账应结计月末余额。

采用多栏式日记账格式，可以反映全月现金收入的具体来源、现金付出的详细去向，为分析经济活动和财务收支情况提供更详细的资料。不管采用三栏式还是多栏式日记账格式，每日终了，都应结出现金余额，并与库存现金实存数核对，以检查每日现金收付是否有误，即通常所说的"日清"，如果账款不符，应立即查明原因。每月终了，应分别计算出现金收入和付出的合计数，根据"上月余额＋本月收入－本月支出＝本月余额"的公式，计算出当月的结余数，即所谓的月结当月结余数应与当月最后一天结余数核对。若相符，说明本月合计无误；若不符，说明本月合计有误或者某日结余有误，应立即查明原因并更正。

（二）银行存款日记账的格式和登记方法

银行存款日记账是用来核算和监督银行存款每日的收入、支出和结余情况的账簿，银行存款日记账应逐日逐笔登记各银行存款账户每天的收入、支出和结存情况。通常由出纳人员每日根据审核无误的银行存款收付凭证逐日逐笔登记，并结出余额。月末，由会计人员将其与银行存款对账单进行核对，编制银行存款余额调节表，未达账项应查明原因，及时调整。银行存款日记账日常一般由出纳人员保管。

银行存款日记账应按照所开设的银行账户分别设置账簿登记。

1. 银行存款日记账的格式

银行存款日记账用来逐笔逐笔登记各银行存款账户每天的收入、支出和结余情况，其格式与现金日记账一样，有三栏式和多栏式两种。与现金日记账不同的是，银行存款日记账应按企业在银行开立的账户和币种分别设置，每个银行账户设置一本日记账，其账页格式与现金日记账基本一样。三栏式银行存款日记账格式可参阅三栏式现金日记账格式，有的三栏式银行存款日记账多设一栏结算凭证种类与号码；多栏式银行存款日记账格式可参阅多栏式现金日记账格式，银行存款收入日记账、银行存款支出日记账格式可参阅现金收入日记账、现金支出日记账格式，这里不再赘述。

2. 银行存款日记账的登记方法

由于每个银行账户都设置一本日记账，在登记银行存款日记账时应注意分清是哪个银行账户的业务内容，即要看清银行存款账户的明细科目，对号入座不要搞混。结算凭证种类与号码栏的银行存款日记账要根据支票存根等原始凭证登记。对于现金存入银行的收入数，应根据现金付款凭证登记，不要遗漏，其他登记方法均与现金日记账相同，可参阅现金日记账的登记方法。

综上所述，现金日记账与银行存款日记账登记要求如下：

第一，根据审核无误的会计凭证登记。即根据现金收付款凭证和银行收付款凭证（参考有关原始凭证）逐日逐笔序时登记。

第二，账簿所记载的内容必须与会计凭证相一致。即每笔业务都要根据记账凭证的日期、编号、摘要、金额和对应科目登记。

第三，当日逐笔序时登记并结出余额。为了及时掌握现金、银行存款收付和结余情况，现金、银行存款日记账必须当日逐笔序时登记并结计本日结存数，且不得出现贷方余额（红字余额）。

第四，必须连续登记。即登记应连续，不得跳行、隔页，不得随便更换账簿和撕去账页。如不慎发生跳行、隔页时，应在空行或空页中间画线加以注销，或注明"此行空白"或"此页空白"字样，并由记账人员盖章，以示负责。

二、总分类账的格式和登记方法

总分类账简称总账，是对各项经济活动业务按照总分类账户分类登记以提供总括会计信息的账簿。总账是根据总账科目（一级会计科目）开设的，用来分类登记企业的全部交易或者事项，能够提供资产、负债、所有者权益、收入、费用和利润等总括的核算资料，它是编制会计报表的主要依据。因此，每一会计主体都应设置总分类账。总账一般采用订本式，也可采用活页式。

（一）总分类账的格式

总分类账的格式有三栏式、多栏式两种。最常用的格式为三栏式，设置借方、贷方和余额三个基本金额栏目。企业可依据账务处理程序的需要选择总账格式。

多栏式总账一般是将一个企业使用的全部总账账户合设在一张账页上，按照会计科目，分设专栏。如果企业总账账户较多，则会造成账页过长，不便保管和记账。因此，除交易或者事项较为单一、使用会计科目较少的单位，一般单位很少采用多栏式总账。

（二）总分类账的登记方法

总分类账的记账依据和登记方法取决于企业采用的账务处理程序，它既可以根据记账凭证逐笔登记，也可以根据经过汇总的汇总记账凭证或科目汇总表登记。不管采用什么形式，月终都要在全部交易或者事项登记完了之后，结出各账户的本期发生额和期末余额。总账可以定期登记，但至少每月登记一次。登记总账时应注意，总账科目名称应与国家统一会计制度规定的会计科目名称一致。

1. 根据记账凭证逐笔登记总账

会计主体根据发生的交易或者事项取得原始凭证后，根据原始凭证或原始凭证汇总表作记账凭证，总账直接根据记账凭证逐笔登记。

2. 根据汇总记账凭证登记总账

根据汇总记账凭证登记总账，是指定期根据各种记账凭证，按照账户的对应关系进行汇总，分别编制汇总记账凭证，根据汇总收款凭证、汇总付款凭证及汇总转账凭证登记总分类账。通常每月末汇总收款凭证按照库存现金、银行存款的借方科目定期汇总，汇总付款凭证按库存现金、银行存款的贷方科目定期汇总，汇总转账凭证按照转账凭证的贷方科目定期汇总，一般每月编制（或定期编制）一张各科目汇总记账凭证，月末结出各汇总凭证的合计数，按照每一张汇总凭证的借贷方科目及金额登记总账。

3. 根据科目汇总表登记总账

根据科目汇总表登记总账，是指在作记账凭证之后，定期编制科目汇总表，以科目汇总表为依据登记总账。根据会计分录编制 T 形账户，汇总各科目的本期发生额，合计数填入科目汇总表的借贷方发生额，编制一张科目汇总表，登记一次总账，登记日期与科目汇总表汇总日期一致。

采用订本式账簿的总账，由于账簿页次固定，不能随时增添账页，也不能任意抽取账页，因而在启用时应根据各科目发生业务的多少适当估计预留页数。

三、明细分类账的格式和登记方法

明细分类账简称明细账，是对各项交易或者事项根据二级账户或明细账户开设账页，分类、连续地登记某一类交易或者事项以提供明细核算资料的账簿。明细账是根据总账科目所属的明细科目（二级及以上会计科目）开设的，能够详细反映企业资产、负债、所有者权益、收入、费用、利润等明细的核算资料。明细账是形成有用的会计信息的基本程序和基本环节，借助于明细账既可以对交易或者事项信息或数据做进一步的加工整理，进而通过总账形成适合于会计报表提供的会计信息，又能为了解会计信息的形成提供具体情况和有关线索，因此，明细账也是编制会计报表的依据。通过明细账还可以对各会计主体加强财产物资管理、债权债务往来款项结算、收入及费用开支监督等方面起重要作用。因此，每一会计主体应根据管理需要，按照不同类型交易或者事项设置不同格式的明细分类账。

（一）明细分类账的格式

明细分类账根据二级账户或明细账户开设账页，其格式有三栏式、多栏式、数量金额式和横线登记式（或称平行式）等多种。企业应根据财产物资管理的需要选择明细账的格式，明细账的外表形式一般采用活页式。

1. 三栏式明细分类账

三栏式明细分类账是设有借方、贷方和余额三个栏目，用以分类核算各项交易或者事项，提供详细核算资料的账簿，其格式与三栏式总账格式相同，同样可以分为一般三栏式与设对方科目三栏式，三栏式明细分类账适用于只进行金额核算的账户，如债权债务结算账户及资本账户等。现金、银行存款等货币资金账户因已在现金日记账、银行存款日记账（也是明细分类账的形式）登记，就不必再登记现金、银行存款明细账。

2. 多栏式明细分类账

多栏式明细分类账是将属于同一个总账科目的各个明细科目合并在一张账页上进行登记，也就是在这种格式账页的借方或贷方金额栏内按照明细项目分设若干专栏。这种格式适用于成本费用类或收入类科目的明细核算。成本费用类账户一般发生额在借方，因此，成本费用类账户的多栏式明细分类账可在借方栏分设各明细专栏,收入类账户一般发生额在贷方,故在贷方栏设专栏。

在实际工作中,为简化工作起见,成本费用类科目的明细账,也可以只按借方发生额设置账页,不设贷方及余额栏,因贷方发生额每月发生的笔数很少,可以在借方用红字冲记。如管理费用明细账,其借方按费用项目设专栏,发生贷方业务时,如结转至本年利润时,则在借方相应专栏用红字冲记。这种格式的缺点在于年末结转后,借方合计栏用红字冲掉,看不到全年的累计发生额,一般较少用。

多栏式明细分类账可以在一张账页上清晰地反映各费用(或收入)类账户的实际开支状况(或收入来源状况),便于加强单位收支项目的管理。

3. 数量金额式明细分类账

数量金额式明细分类账其借方(收入)、贷方(支出)和余额(结余)都分别设有数量、单价和金额三个专栏,适用于既要进行金额核算又要进行数量核算的账户,如原材料、库存商品、周转材料等存货账户。

采用数量金额式明细分类账登记企业财产物资账户,可以清晰反映财产物资账户的收发存的数量、金额与单价,便于账实核对,有利于加强实物管理与使用监督,保证财产物资的安全完整。

4. 横线登记式明细分类账

横线登记式明细分类账也叫平行式明细分类账,是采用横线登记,即账页设"借方"和"贷方"两栏,将每一相关的业务登记在一行,即业务发生与核销时在同一横格内进行登记,从而可依据每一行各个栏目的登记是否齐全来判断该项业务的进展情况,该明细分类账适用于登记材料采购业务、应收票据和一次性备用金业务,一般单位较少使用。

(二)明细分类账的登记方法

明细分类账中明细科目的名称应根据统一会计制度的规定和企业管理的需要设置。不同类型交易或者事项的明细分类账可根据管理需要,依据审核无误的记账凭证、原始凭证或汇总原始凭证逐日逐笔或定期汇总登记。债权债务及财产物资等明细账,应于交易或者事项发生时随时登记,并结出余额,以便随时掌握债权债务及财产物资等的动态情况,便于加强管理。

1. 三栏式明细分类账的登记

应收账款、其他应收款、应付账款、其他应付款、应交税费(增值税除外)等债权债务结算账户,实收资本、资本公积、盈余公积、本年利润等资本账户可采用三栏式明细分类账登记,可根据审核无误的记账凭证包括收款凭证、付款凭证、转账凭证等逐日逐笔登记。

2. 多栏式明细分类账的登记

生产成本、制造费用等成本类账户,管理费用、销售费用、财务费用、主营业务收入等损益类账户以及在建工程、固定资产清理等资产类账户可采用多栏式明细分类账登记,还有"应交税费——应交增值税"二级账户因三级细目较多,也可设为多栏式登记。多栏式明细分类账可根据记账凭证逐笔登记,也可定期汇总登记。

成本费用类账户采用借方多栏式明细账登记。借方多栏式明细账是由会计人员根据审核无误的记账凭证或原始凭证逐笔登记的，平时在借方登记费用成本的发生额，贷方登记月末将借方发生额一次转出的数额。如果平时发生某个明细项目的贷方发生额，要用红字在相应明细项目的借方进行登记；如果为不设贷方的借方多栏式明细账格式，月末将借方发生额一次转出时用红字记在借方。

主营业务收入账户采用贷方多栏式明细账格式登记，"应交税费——应交增值税"采用借贷方多栏式明细账格式登记，与借方多栏式明细账登记方法类似。

3. 数量金额式明细分类账的登记

固定资产、原材料、周转材料、库存商品、工程物资等财产物资类账户采用数量金额式明细分类账登记。该类账户可以根据审核无误的记账凭证及原始凭证或汇总原始凭证（数量、单价仅在原始凭证上反映）逐笔登记，也可定期汇总登记。

4. 横线登记式明细分类账的登记

横线登记式明细账登记时，将前后密切相关的交易或者事项在同一横线内进行详细登记，当交易或者事项发生时的一方进行登记后，与之相应的业务则不管什么时候再发生，均在同一行次的另一方平行登记，以便检查每笔业务的完成和变动情况。材料采购、在途物资、应收票据、其他应收款（一次性备用金）账户可采用横线登记式明细分类账登记。

四、总分类账户与明细分类账户的平行登记

（一）总分类账户与明细分类账户的关系

总分类账户是所属明细分类账户的统驭账户，对所属明细分类账户起着控制作用；明细分类账户则是总分类账户的从属账户，对其所隶属的总分类账户起着辅助作用。总分类账户及其所属明细分类账户的核算对象是相同的，它们所提供的核算资料互相补充，只有把二者结合起来，才能既总括又详细地反映同一核算内容。因此，总分类账户和明细分类账户必须平行登记。

（二）总分类账户与明细分类账户平行登记的要点

平行登记是指对所发生的每项经济业务都要以会计凭证为依据，一方面记入有关总分类账户，另一方面记入所属明细分类账户的方法。总分类账户与明细分类账户平行登记的要点是：①方向相同；②期间一致；③金额相等。

第四节 对账与结账

会计主体把所有交易或者事项全部登记入账后，即所有记账凭证均记入日记账、明细账、总账后，为了保证会计账簿记录的真实、完整，必须定期做好账簿核对工作，发现错账，要根据错账更正规定进行更正；在各会计期末（月末、季末、年末）要对会计记录进行总结，计算出各账户的本期发生额和期末余额，并作相应的结转工作。

一、对账

对账是指对账簿记录所进行的核对工作。它是基于复式记账原理形成的一套以会计账簿为中心，账簿与实物、凭证、报表之间，账簿与账簿之间的相互控制、稽核和自动平衡的保护性机制。因为按照复式记账原理，每发生一笔交易或者事项，均要以相同的金额在2个或2个以上相互联系的账户进行登记，遵循"有借必有贷，借贷必相等"的记账规则。因此，通过核对各种账簿记录中的有关数据以及账簿记录的自动平衡和相互勾稽关系，能够促使账证相符、账账相符、账实相符、账表相符。

对账的主要内容包括账证核对、账账核对、账实核对、账表核对等。对账工作应定期进行，至少每年进行一次。

（一）账证核对

会计账簿是依据经过审核无误的会计凭证登记的，但在实际工作中，可能因种种原因发生记账错误，导致账证不符，因此，需要进行账证核对。

账证核对是指核对会计账簿记录与记账凭证（及所附原始凭证）的时间、凭证字号、内容、金额是否一致，记账方向是否相符。

在实际工作中，账证核对应在登记会计账簿的过程中随时进行，以核查、验证账簿记录和会计凭证内容是否正确无误。一本记账凭证登记完毕，应把所有记账凭证浏览一下，若是有漏记，即刻补记。另外，在通过账账核对试算平衡时，若发现记账错误，也应按照一定的线索将账簿记录与相应的记账凭证及其所附原始凭证进行核对，找出错误原因并进行更正。

审核无误的记账凭证及其所附的原始凭证是登记会计账簿的依据，因此，只有保证账证相符，才能保证会计账簿记录的正确性和完整性。

（二）账账核对

会计账簿是一个有机的整体，各种账簿之间既有分工，又有衔接，存在相互依存的勾稽关系，因此，通过账簿的相互核对，可以发现账簿记录是否有误。

账账核对是指核对不同会计账簿之间的账簿记录是否相符，包括总分类账簿有关账户的核对、总分类账簿与所属明细分类账簿核对、总分类账簿与序时账簿核对、明细分类账簿之间的核对。

1. 总分类账簿有关账户的核对

总分类账簿有关账户的核对，包括总分类账簿各有关账户的发生额及期初、期末余额应核对相符。

按照会计恒等式"资产＝负债＋所有者权益"及借贷记账规则"有借必有贷，借贷必相等"，所有总分类账各账户的期初余额、本期发生额、期末余额存在对应的平衡关系，即：

全部账户的期初借方余额合计＝全部账户的期初贷方余额合计；

全部账户的借方发生额合计＝全部账户的贷方发生额合计；

全部账户的期末借方余额合计＝全部账户的期末贷方余额合计。

因此，核对总账主要核对所有总分类账各账户借方发生额的合计数与贷方发生额的合计数是否相符，所有总分类账各账户期初、期末的借方余额合计数与贷方余额合计数是否相符。若不相符，说明记账有误，应即刻查明原因，予以更正。

在实际工作中，总分类账簿有关账户的核对工作通常采用编制"总分类账户本期发生额和余额对照表"（又称"试算平衡表"）来完成。

如果试算平衡表中的借方合计与贷方合计不符，那就可能是记账过程中产生"漏记"，只登记会计科目的借方或贷方，漏记了另外一方。如果借方金额漏记，会使贷方合计大于借方合计；如果贷方金额漏记，会使借方合计大于贷方合计。这种差错要通过核对相关的记账金额来查找，一般可采用"逆查法"查找。

逆查法是沿着"试算—结账—过账—制证"逆账处理程序，从尾到头进行的普遍检查。其步骤为：

第一，检查试算平衡表本身，复核试算平衡表内各栏金额合计数是否平衡，检查平衡表内各账户的期初余额加减本期发生额是否等于期末余额，核对平衡表内该账户的各栏金额是否抄写错误。

第二，检查各账户的发生额及余额的计算是否正确。

第三，将记账凭证、原始凭证及账簿记录逐笔核对，检查过账有无错误。

第四，检查记账凭证的填制是否正确。

2. 总分类账簿与所属明细分类账簿的核对

总分类账簿与所属明细分类账簿的核对，包括总分类账簿各账户的期初余额、本期发生额、期末余额与所属明细分类账簿各账户的期初余额之和、本期发生额之和、期末余额之和应核对相符。

这是因为总账与明细账采用平行登记，即总账账户与其所属明细账各账户的登记依据、期间、金额、借贷方向完全一致。总账与所属明细账的核对可采用科目余额表进行，总账科目各发生额及期初、期末余额抄自总账，明细科目各发生额及期初、期末余额抄自明细账，再加总明细科目发生额、余额合计数看是否与总账科目发生额、余额一致，若不一致，则表明账簿记录有误，应即刻查明原因，予以更正。

3. 总分类账簿与序时账簿的核对

总分类账簿与序时账簿的核对，包括总分类账簿各账户发生额、余额与其相对应的序时账簿各账户的发生额、余额核对相符。

现金总账发生额及期初、期末余额与现金日记账发生额及期初、期末余额应核对相符，银行存款总账发生额及期初、期末余额与银行存款日记账发生额及期初、期末余额应核对相符。如"会计科目发生额及余额表"中，现金科目可分别取总账、日记账相关数据核对，银行存款明细科目相关数据取自银行存款日记账。

4. 明细分类账簿之间的核对

明细分类账簿之间的核对，包括会计账与有关的统计账、实物保管账、业务账应核对相符。

会计部门的财产物资明细账（原材料、库存商品、固定资产明细账等）与财产物资保管部门、使用部门的有关明细账余额应定期核对相符。核对方法一般是由财产物资保管部门或使用部门定期编制收发存汇总表报会计部门核对。如会计部门材料总账的余额及其相对应的数量金额式账簿的 A、B、C 材料明细账的数量、金额结存数应与仓库部门编制的材料收发存汇总表核对相符。

（三）账实核对

账实核对是指各项财产物资、债权债务等账面余额与实有数额之间的核对，包括现金日记账账面余额与库存现金数额核对、银行存款日记账账面余额与银行对账单余额核对、各项财产物资明细账账面余额与财产物资的实有数额核对、有关债权债务明细账账面余额与对方单位的账面记录核对。

1. 核对现金日记账账面余额与库存现金数额是否相符

现金日记账要求做到"日清月结"，每日结出账面余额与盘点库存现金数额核对，若不符，应把现金日记账与现金收付款凭证逐笔核对，即刻查明原因，做出账务处理；若当日无法查明的，应及时向会计主管人员报告，如实反映现金的溢余或短缺情况，不得隐瞒不报。

2. 核对银行存款日记账账面余额与银行对账单的余额是否相符

为了及时了解银行存款的收支情况，准确地掌握单位可运用的银行存款实有数，同时避免银行存款账目发生差错，会计主体要经常与银行核对存款账目，就是把银行存款日记账与银行开出的银行存款对账单核对。核对账目时如发现企业与银行双方余额不一致，要及时查找原因，属于记账差错的，应立即更正。除记账错误外，还可能有未达账项引起的差错，应作"银行存款余额调节表"进行调节。调节后的银行存款日记账的余额与银行对账单的余额应相符。"银行存款余额调节表"主要是用来核对企业与银行双方的记账有无差错，不能作为记账的依据。对于因未达账项而使双方账面余额出现差异，需待结算凭证到达后再进行账务处理，登记入账。

3. 核对各项财产物资明细账账面余额与财产物资的实有数额是否相符

通过定期或不定期盘点核对，确定财产物资的实存数，与各项财产物资明细账账面余额核对，查明账存数与实存数是否相符。若不相符，应查明财产物资盘盈盘亏数，并查明原因，及时作账务调整。

4. 核对有关债权债务明细账账面余额与对方单位的账面记录是否相符

会计账与有关单位或个人的债权、债务账的核对一般采用发函询证办法进行。通过编制、寄发"往来款项对账单"给各债权债务单位，对方单位回函确定余额是否相符，若不相符，应查明原因，及时调整账务。

（四）账表核对

账表核对是指会计报表有关数字与总账或相关明细账科目的余额或发生额核对，通过核查会计报表各项目的数据与会计账簿相关数据是否相符，可以核查、验证会计账簿记录和会计报表数据是否正确无误，确保会计信息的质量。

二、结账

结账是指会计期末对账簿记录进行总结，计算出各账户的本期发生额和期末余额并做相应结转的工作。通过结账工作，可以总结一定期间内的经济活动以及财务状况和经营成果，提高已记录和存储的会计信息的清晰性，为及时编制会计报表提供有益资料。结账是会计核算工作的重要步骤，应按照规定进行。

（一）结账的程序

结账工作主要包括以下几个方面，按照以下顺序进行。

1. 将本期发生的交易或者事项全部登记入账，并保证其正确性

结账前，应查明本期所发生的所有交易或者事项是否全部登记入账，如果有发现错记、漏记的，要依照规定方法予以补正。

2. 根据权责发生制的要求，调整有关账项，合理确定本期应计的收入和应计的费用

在全面入账的基础上，按照权责发生制的原则，将收入和费用归属于各个会计期间，编制调整分录，将应预计和摊配的收入与费用登记入账。

3. 将损益类科目转入"本年利润"科目，结平所有损益类科目

编制结账分录，将各种收入、费用类账户余额结转到有关账户去。如，在会计期末，企业应将"主营业务收入、其他业务收入、投资收益、营业外收入"等收入类科目结转到"本年利润"科目贷方，将"主营业务成本、营业税金及附加、其他业务成本、销售费用、财务费用、营业外支出"等成本费用类科目结转到"本年利润"科目借方，结平所有损益类科目，同时计算应缴所得税，将所得税结转到"本年利润"借方，然后将"本年利润"借方（或贷方）余额结转到"利润分配——未分配利润"，并根据董事会决议进行利润分配的具体账务处理。结账分录（转账凭证）编制完毕后，应登记到相应账簿中。

结账分录如下。

（1）结转收入类账户余额

借：主营业务收入

　　其他业务收入

　　投资收益

　　营业外收入

贷：本年利润

（2）结转成本、费用类账户余额

借：本年利润

贷：主营业务成本

营业税金及附加

　　其他业务成本

　　销售费用

　　财务费用

　　营业外支出

（3）结转所得税费用账户余额

借：本年利润

　贷：所得税费用

（4）结转本年利润账户余额

借：本年利润

　贷：利润分配——未分配利润

4.结算出资产、负债和所有者权益科目的本期发生额和余额，并结转下期

　　计算出各账户的本期发生额和期末余额，月份结账摘要栏写"本月合计"，自年初累计写"本年累计"，会计年度结束后，应将有关账户的期末余额结转下年，作为下一会计期间的期初余额。

　　（二）结账的方法

　　结账时应当根据不同的账户记录，分别采用不同的方法。

　　第一，对不需按月结计本期发生额的账户，如各项债权债务（应收账款、其他应收款、应付账款、其他应付款等）明细账，每次记账以后，都要随时结出余额，每月最后一笔余额即为月末余额，月末结账时，只需要在最后一笔交易或者事项记录之下通栏画单红线，不需要再结计一次余额。

　　第二，现金、银行存款日记账和需要按月结计发生额的收入、费用等明细账，每月结账时，要结出本月发生额和余额，在摘要栏内注明"本月合计"字样，并在下面通栏画单红线。需要结计本月发生额的账户，如果本月只发生一笔交易或者事项，由于这笔记录的金额就是本月发生额，结账时，只要在此行记录下画一单红线，表示与下月的发生额分开就可以了，不需另结出"本月合计"数。

　　第三，需要结计本年累计发生额的某些明细账户，如收入、成本、费用明细账，每月结账时，应在"本月合计"行下结出自年初起至本月末止的累计发生额，登记在月份发生额下面，在摘要栏内注明"本年累计"字样，并在下面通栏画单红线，12月末的"本年累计"就是全年累计发生额，全年累计发生额下通栏画双红线。

　　第四，总账账户平时只需结出月末余额。年终结账时，将所有总账账户结出全年发生额和年末余额，在摘要栏内注明"本年合计"字样，并在合计数下通栏画双红线。

　　也可如上例费用账户，每月结账时，结出本月发生额和余额，在摘要栏内注明"本月合计"字样，在下面通栏画单红线，并在"本月合计"行下结出自年初起至本月末止的累计发生额，登

记在月份发生额下面,在摘要栏内注明"本年累计"字样,并在下面通栏画单红线。12月末的"本年累计"就是全年累计发生额,全年累计发生额下通栏画双红线。

第五,年度终了结账时,有余额的账户,要将其余额结转下年,并在摘要栏注明"结转下年"字样;在下一个会计年度新建有关会计账户的第一行余额栏内填写上年结转的余额,并在摘要栏注明"上年结转"字样。

按照以上程序及方法结账,还应注意以下事项。

1. 结账画线规定

结账画线的目的,是为了突出本月合计数及月末余额,表示本会计期的会计记录已经截止或结束,并将本期与下期的记录明显分开,月结画单线,年结画双线。画线时,应画红线,画线应画通栏线,不应只在本账页中的金额部分画线。

2. 账户余额填写方法

每月结账时,应将月末余额写在本月最后一笔交易或者事项记录的同一行内。但在现金日记账、银行存款日记账和其他需要按月结计发生额的账户如各种成本、费用、收入的明细账等,每月结账时,还应将月末余额与本月发生额写在同一行内,在摘要栏注明"本月合计"字样。这样可以清晰地显示账户记录中的月初余额加减本期发生额等于月末余额,便于账户记录的稽核。

需要结计本年累计发生额的某些明细账户,每月结账时,"本月合计"行已有余额的,"本年累计"行就不必再写余额了。

3. 红字结账规定

账簿记录中使用的红字,具有特定的含义,它表示蓝字金额的减少或负数余额。因此,结账时,如果出现负数余额,可以用红字在余额栏登记,但如果余额栏前印有余额的方向(如借或贷),则应用蓝黑墨水书写,而不得使用红色墨水。

第五节 错账查找与更正的方法

经过对账程序,发现出现错账的原因可能有以下几种。

一是会计凭证填制错误,主要表现为记录内容有误、计算错误、会计科目错误、借贷方向错误、借贷金额有误。

二是会计账簿登记错误,主要表现在账簿记录出现重记、漏记、数字颠倒、数字错位、数字记错、科目记错、借贷方向记反等。

一、错账查找方法

(一)差数法

差数法是指按照错账的差数查找错账的方法。

如果发现总账与明细账或日记账余额不符,可采用"差额检查法"来查找错误,即直接从账账之间的差额数字来查找错误的方法，适用于重记、漏记账的查询。例如，现金日记账余额为 4 580 元，总账中现金账户的余额为 4 500 元，相差 80 元，可直接根据账面数（现金日记账余额）与核对数（总账中库存现金账户的余额）的差额来查找。记重账时，可从账簿记录中查找，如果发现同一账户记录中，有两个数相同并与这个差额(80 元)相等，则其中一个数可能是重记的数字。漏记时，可在记账凭证中直接查找 80 元的交易或者事项，看是否漏登。

（二）尾数法

尾数法是指对于发生的差错只查找末位数，以提高查错效率的方法。这种方法适合于借贷方金额其他位数都一致，而只有末位数出现差错的情况。

例如，银行存款明细账余额为 987,070 元，总账中银行存款账户的余额为 987,077 元，相差 7 元，则在银行存款记账凭证中直接查找尾数是 7 元的交易或者事项，看是否记错。

（三）除 2 法

除 2 法是指以差数除以 2 来查找错账的方法。当某个借方金额错记入贷方（或相反）时，出现错账的差数表现为错误的 2 倍，将此差数用 2 去除，得出的商即是反向的金额。

如果总账科目的借贷方发生额、期末余额与其所属的明细科目的借贷方发生额合计数、期末余额合计数不一致，且借贷方发生额差数恰好相等，期末余额差数为借（贷）方发生额差数的两倍，就可能是某个借方金额错记入贷方（或相反）。这种情况可采用"差额除 2 法"来查找错误。

"差额除 2 法"就是将总账与明细账之间差额数字除以 2，按商数来查找差错的方法，适用于查找方向记反账的错误。

（四）除 9 法

除 9 法是指以差数除以 9 来查找错账的方法，适用于以下三种情况：①将数字写小；②将数字写大；③邻数颠倒。

二、错账更正方法

会计凭证填制错误在未记账之前发现，应重新填制；记账之后发现，必须按规定的错账更正方法进行更正。账簿记录错误不准涂改、挖补、刮擦或者用药水消除字迹，不准重新抄写，必须按规定的错账更正方法进行更正，视错账产生的原因与结果不同，分别采用画线更正法、红字更正法、补充登记法进行更正。

（一）画线更正法

画线更正法是指画线注销记账错误并在线上填写正确记录的方法。它一般适用于在结账前发现账簿记录的文字或数字错误，而记账凭证没有错误，同时，账簿记录的错误主要是由于记账人员的笔误或计算上的错误所造成的情况。

更正的具体方法是：首先，在错误的文字或数字上画一条红线，表示注销，但必须使原有的字迹仍可辨认；然后，在红线的上方空白处用蓝字填写正确的文字或数字，并由更正人员在更正处盖章，以明确责任。在使用画线更正法时，对于错误的数字，应全部画红线更正，不得只更正其中的错误数字；对于文字错误，可只划去错误的部分。

（二）红字更正法

红字更正法是指用红字冲销或冲减原错误记录或有关记录，以更正或调整账簿记录的方法。它一般适用于以下三种情况。

第一种情况是记账以后，在当年内发现记账凭证所记的会计科目错误。

第二种情况是记账以后，发现记账凭证中的会计科目无误，而所记金额大于应记金额，从而引起记账错误。

第三种情况是没有发生记账错误，只是交易或者事项发生以后的退回，如生产车间退料、客户退货等，对账簿记录用红字进行调整。

具体的更正方法如下。

第一种情况，记账凭证会计科目错误时，首先用红字填写一张与原记账凭证完全相同的记账凭证，以示注销原记账凭证，然后用蓝字填写一张正确的记账凭证，并据以记账。

第二种情况，记账凭证会计科目无误而所记金额大于应记金额时，按多记的金额用红字编制一张与原记账凭证应借、应贷科目完全相同的记账凭证，以冲销多记的金额，并据以记账。

第三种情况，发生交易或者事项退回，直接用红字编制有关记账凭证进行调整。

（三）补充登记法

补充登记法是指用蓝字增记金额以更正账簿记录的方法。它一般适用于记账以后，发现记账凭证填写的会计科目无误，只是所记金额小于应记金额时，采用补充登记法进行更正。

更正方法是：按少记的金额用蓝字编制一张与原记账凭证应借、应贷科目完全相同的记账凭证，以补充少记的金额，并据以记账。

第六节 会计账簿的更换与保管

会计账簿是记录和反映交易或者事项的重要经济资料，它和会计凭证以及会计报表一样，都属于重要的会计档案，任何单位在完成交易或者事项手续和记账之后，必须按规定建立立卷归档制度，形成会计档案资料妥善保管起来，以便于日后随时查阅、分析和审计。会计账簿的日常使用、更换和保管都应按照国家规定进行。

一、会计账簿的更换

会计账簿的更换是指将本年度旧账更换为下年度新账，通常在新会计年度建账时进行。总账、日记账和多数明细账应每年更换一次，年度终了，账簿应立卷归档，新的会计年度使用新账簿，不得跨越年度使用账簿；但有些财产物资明细账和债权债务明细账，由于材料品种、规格和往来单位较多，更换新账，重抄一遍工作量较大，因此可以跨年度使用，不必每年度更换一次；固定资产卡片账也可跨年度使用，直到所记录的固定资产处置清理完毕，该卡片账归档；另外，各种备查簿也可连续使用。

更换新账的方法是：在年终结账时，将需要更换账的各账户的年末余额直接过入新启用的有关账户中去，不需要编制记账凭证，直接在旧账的"本年累计"双红线下摘要栏写上"结转下年"及其余额，表示把余额结转到下年，无余额的账户不结转。更换新账时，要注明各账户的年份，然后在第一行日期栏内写明"1月1日"，在摘要栏注明"上年结转"，把账户余额写入"余额"栏内，在此基础上登记新年度的会计事项。

二、会计账簿的保管

会计账簿暂由本单位财务会计部门保管1年，期满之后，由财务会计部门编造清册移交本单位的档案部门保管。

年度终了，各种账户在结转下年、建立新账后，一般都要把旧账送交总账会计集中统一管理。各会计主体每年形成的会计账簿，应由本单位财务会计部门按照归档要求，负责整理立卷，装订成册。活页式和卡片式账簿在使用完毕后即应装订成册或封扎保管。当年形成的会计账簿在会计年度终了后，暂由本单位财务会计部门保管1年，期满之后，由财务会计部门编造清册移交本单位的档案部门保管。未设立档案部门的应当在财务会计部门内部指定专人保管，出纳人员不得兼任账簿保管。

会计账簿的保管期限从会计年度终了后的第一天算起。各种不同类型会计账簿的最低保管期限不一样，一般总账、明细账、辅助账还有除现金、银行日记账以外的其他日记账的最低保管期限均是15年，现金、银行日记账最低保管期限为25年，固定资产卡片账最低保管期限为该固定资产报废清理后保管5年。

账簿保管期满销毁时，应由本单位档案机构会同会计机构提出销毁意见，编制账簿档案销毁清册，列明销毁档案的名称、卷号、册数、起止年度和档案编号，以及应保管期限、已保管期限、销毁时间等内容。单位负责人在会计账簿销毁清册上签署意见，销毁会计账簿时，应当由档案机构和会计机构共同派员监销。监销人员在销毁会计账簿前应当按照会计账簿销毁清册所列内容清点核对所销毁的会计账簿。销毁后，应当在会计账簿销毁清册上签名盖章，并将监销情况报告本单位负责人。

参考文献

[1] 麦绮敏. 成本会计管理实操全流程演练 [M]. 北京：中国铁道出版社，2019.

[2] 刘俊勇. 管理会计 [M].3 版. 大连：东北财经大学出版社，2019.

[3] 张晓雁，秦国华. 管理会计 [M].2 版. 厦门：厦门大学出版社，2019.

[4] 刘萍，于树彬，洪富艳. 管理会计 [M].4 版. 大连：东北财经大学出版社，2019.

[5] 徐伟丽. 管理会计 [M]. 上海：立信会计出版社，2019.

[6] 王桂华，李玉华. 管理会计 [M]. 北京：北京理工大学出版社，2019.

[7] 朱红波，叶维璇. 管理会计 [M]. 北京：北京理工大学出版社，2019.

[8] 刘晓峰，崔琳. 管理会计 [M]. 北京：中国原子能出版社，2019.

[9] 孙毅. 管理会计——使用者 [M]. 北京：中国财富出版社，2019.

[10] 加里森，诺琳，布鲁尔. 管理会计 [M]. 北京：机械工业出版社，2019.

[11] 刘金星. 管理会计 [M]. 大连：东北财经大学出版社，2020.

[12] 徐哲，李贺，李平. 管理会计 [M]. 上海：立信会计出版社，2019.

[13] 张洪君. 成本管理会计 [M]. 杭州：浙江大学出版社，2020.

[14] 蔡维灿，张华金，罗春梅. 管理会计 [M].4 版. 北京：北京理工大学出版社，2020.

[15] 加里森，诺琳，布鲁尔. 管理会计 [M] 原书第 16 版. 北京：机械工业出版社，2020.

[16] 邹丽，伍丽雅. 管理会计 [M]. 重庆：重庆大学出版社，2020.

[17] 刘群，李颖，王阿娜. 管理会计学 [M]. 南京：南京大学出版社，2020.

[18] 徐艳，张俊清. 管理会计 [M].2 版. 北京：中国人民大学出版社，2020.

[19] 杜燕蓉. 会计改革与会计管理研究 [M]. 北京：北京工业大学出版社，2020.

[20] 赵丽君，肖琼，刘卫民. 管理会计 [M]. 上海：上海交通大学出版社，2020.

[21] 赵国忠. 管理会计 [M]. 北京：北京大学出版社，2021.

[22] 程柯，姚晖. 管理会计 [M]. 北京：中国金融出版社，2021.

[23] 王红珠. 管理会计 [M]. 北京：北京大学出版社，2021.

[24] 刘智英，张雪飞，赵菊茹. 管理会计 [M].2 版. 北京：清华大学出版社，2021.

[25] 王芙蓉. 财务会计与统计管理 [M]. 哈尔滨：哈尔滨出版社，2021.

[26] 吴大军，牛彦秀. 管理会计 [M].6 版. 大连：东北财经大学出版社，2021.

[27] 彭志成，蔡军，苏锐静．管理会计学[M]．北京：经济科学出版社，2021．

[28] 肖康元．管理会计实践教程[M]．北京：清华大学出版社，2021．

[29] 崔国萍．成本管理会计[M]．5版．北京：机械工业出版社，2021．

[30] 陈春艳，钟莉．新编管理会计[M]．成都：西南财经大学出版社，2021．